ADAM DE LA HALLE

Dans *Le Livre de Poche*
« Lettres gothiques »

LETTRES GOTHIQUES
Collection dirigée par Michel Zink

Adam de la Halle

ŒUVRES COMPLÈTES

Edition, traduction et présentation
par Pierre-Yves Badel

Ouvrage publié avec le concours du Centre National du Livre

LE LIVRE DE POCHE

Pierre-Yves Badel est professeur de littérature française médiévale à l'Université de Paris VIII (Saint-Denis). Ses recherches portent en particulier sur les derniers siècles du Moyen Age, la description et l'histoire des genres, les relations entre littérature et tradition populaire. Il est l'auteur d'une *Introduction à la vie littéraire du Moyen Age* (Bordas, 1969), de *Le Sauvage et le Sot. Le fabliau de Trubert et la tradition orale* (Champion, 1979) et *Le Roman de la Rose au XIVe siècle. Etude de la réception de l'œuvre* (Droz, 1980). Il a publié une étude critique du *Dit du Prunier* (Droz, 1985).

INTRODUCTION

Adam d'Arras

Au commencement était Arras, — « Arras, ville puissante, de grande antiquité, pleine de trésors, avide au profit, enrichie par l'usure », puisque c'est ainsi que la décrivait Guillaume le Breton dans une *Philippide* composée à la gloire de Philippe Auguste. Arras n'avait-elle pas contribué de sa milice et de ses finances à la victoire de Bouvines ? Sa puissance économique et militaire faisait de cette ville, qui comptait de vingt à trente mille habitants, l'une des toutes premières de la France du XIIIᵉ siècle [1].

A vrai dire, Arras n'est pas alors une ville, mais l'agglomération de deux localités d'importance et de statut différents : la Cité et la Ville (C. 115-116 ; F. 483, 870) [2]. A l'ouest, la Cité, construite à l'emplacement de l'ancienne cité gallo-romaine, est le siège de l'évêque qui la « tient » directement du roi et qui l'administre. La cathédrale la domine de sa hauteur et de sa masse, mais la Cité a peu de maisons et de voies publiques. Vers l'est, un chemin empierré, le Pierre (C. 120), conduit à un pont qui, par-dessus les fossés de Bourriane, donne accès à la Ville.

Derrière sa muraille de pierres où s'ouvrent sept portes, traversée par les bras du Crinchon sur lesquels sont installés moulins et abreuvoirs, la Ville s'est construite au cours des ans autour de l'abbaye bénédictine de Saint-Vaast qui s'est installée au VIIᵉ siècle, à l'est du Crinchon. Au XIIIᵉ siècle, l'enclos propre à l'abbaye s'est beaucoup réduit : pour faire face à l'afflux de populations gênées par le manque de terrains et pour en tirer profit, les moines ont autorisé le lotissement de leur vaste jardin. Un peuple laborieux s'est installé au nord de la rue de la Garance (F. 294), quartier des tisse-

---

1. Lire R. Berger, *Littérature et société arrageoises au XIIIᵉ siècle : les chansons et dits artésiens*, Arras, 1981.
2. Nous renvoyons aux œuvres d'Adam : C. : Congé ; CH. : Chansons ; F. : Jeu de la Feuillée ; JP. : Jeux-Partis ; M. : Motets ; R. : Rondeaux ; RM. : Jeu de Robin et Marion ; S. : Roi de Sicile.

rands et paroisses de Sainte-Croix et de la Chapelette. Tout proche de ce quartier il y a celui du Pré (F. 843, 854). D'autres paroisses s'étendent au sud de l'abbaye — Saint-Jean en Ronville — et au sud-est — Saint-Nicolas (F. 1097).

La Ville est traversée par de nombreuses rues et aérée par deux vastes places : la Halle aux draps et les boutiques de change donnent sur le Petit Marché au milieu duquel se dresse la tour de la chapelle des Ardents ; on y garde la Chandelle, cierge miraculeux donné par la Vierge à deux humbles jongleurs ; des gouttes de sa cire mêlées à de l'eau ont le pouvoir de guérir du terrible mal ceux qui les reçoivent avec foi[3]. Le Grand Marché est lui assez vaste pour qu'on y organise des tournois et des tables rondes où les combattants se plaisent à tenir le rôle des compagnons du roi Arthur (F. 723, 735 ; C. 124-132).

Dans la Ville les pouvoirs sont concurremment exercés par l'abbaye, les représentants du comte d'Artois et du roi, les échevins enfin. Si l'histoire a rogné les pouvoirs de l'abbaye, Saint-Vaast reste un riche propriétaire foncier ; en dehors d'Arras, l'abbaye a en charge des prévôtés, dont celle de Haspres (F. 333) où l'on mène les déments pour qu'ils y approchent les reliques d'Acaire, le saint guérisseur de la folie. Le seigneur de la Ville est le comte Robert II, fils d'un frère de saint Louis, héros de la croisade d'Egypte tué au combat de La Mansourah (S. 28). Le comte (F. 790, 807) est représenté dans la Ville par le châtelain et, surtout, par le bailli nommé par le roi ou le comte : salarié, révocable, il est responsable de l'ordre public. La gestion et la justice courantes sont aux mains de douze échevins qui sont à la fois les agents du seigneur et les représentants de la commune des bourgeois d'Arras. Les échevins (F. 506) exercent un mandat de quatorze mois, après quoi ils cooptent directement ou indirectement leurs successeurs. Le maire exécute leurs décisions ; depuis 1272, sa fonction est héréditaire et appartient à la famille Le Faverel (F. 214).

Au temps de saint Louis et de son fils Philippe III, roi de 1270 à 1285, l'économie d'Arras est prospère. Elle repose sur la production du drap et son commerce ; on achète la laine en Angleterre, on vend le drap jusqu'en Italie. Surtout, Arras est une capitale du prêt à intérêt ; ses bourgeois prêtent aux grandes villes de Flandre, aux abbayes et aux comtes. L'Eglise a beau stigmatiser l'usure, le commerce de l'argent a fait la fortune de dynasties de financiers où se recrutent souvent les échevins, qui se marient entre eux, mènent un train de vie noble et se piquent de poésie : les

---

3. Le mal des Ardents ou feu Saint-Antoine, associé à une sensation de brûlures intenses, se manifestait par des contractions qui tordaient les membres et par une gangrène mutilante ; il résultait d'un empoisonnement dû à la consommation de farines faites avec du seigle ergoté.

L'Anstier (F. 242, 296), Cosset, Crespin (F. 219, 795), Esturion (C. 76), Faverel, Huquedieu, Joie (C. 123), Louchard (F. 795 ; JP. I, IV, XI, XVII), Nazard (CH. XVIII, XXX, XXXI ; C. 122, 134), Paris (F. 219), Pouchin (C. 100, 109), Wagon (F. 241). Nul doute que ces fortunes comme la façon dont elles sont acquises n'entretiennent dans la Ville des tensions sociales dont l'un des signes est l'hostilité que rencontrent tout au long du siècle les associations professionnelles ou gueudes, en particulier celle des tisserands. La prospérité est toutefois longtemps assez partagée pour que ces tensions ne dégénèrent pas. Mais que surgisse une crise, et c'est l'émeute populaire comme celle de 1285, sanctionnée par des exécutions capitales.

Cette crise n'était pas sans rapport non plus avec les problèmes fiscaux de la Ville. Car si des bourgeois sont excessivement riches, la Ville a de lourdes charges d'entretien du domaine public et de gestion, sans parler des exigences comtales. Les droits d'usage et de succession, les impôts sur la consommation, les amendes sont de trop maigres ressources. La Ville emprunte à de riches particuliers ou leur vend des rentes viagères. Certaines années, on lève la taille (F. 480, 501) : les bourgeois ont à déclarer leur fortune ; ensuite, en fonction de la cible visée, les échevins taxent chaque contribuable. Parfois très lourde, la taille est impopulaire et très fraudée. Il arrive que, plutôt que de payer, de riches habitants de la Ville renoncent aux avantages de leur bourgeoisie, paient un droit de sortie et s'installent en Cité (C. 115 ; M. I, 2, 14). Aussi les échevins veulent-ils accroître le nombre des contribuables en s'en prenant aux clercs *bigames* (F. 426). Au XIIIe siècle, être clerc, appartenir au clergé (F. 2), c'est être d'Eglise ; mais dès lors qu'on est un simple tonsuré ou qu'on ne va pas au-delà des ordres mineurs, cet état ne vous interdit ni d'exercer un métier ni d'être marié. Et il ne va pas sans avantages ou franchises (F. 448) : possibilité d'étudier comme écolier (F. 959), puis d'enseigner comme maître (F. 164) ; privilège d'être jugé par un tribunal ecclésiastique qui passe pour plus indulgent que la justice laïque ; exemption de taille. Les clercs sont nombreux à Arras ! Les échevins cherchent comment les faire contribuer. Or il se trouve que la papauté entreprend depuis plus de deux siècles de mieux séparer les clercs des laïcs, dans le domaine sexuel en particulier : aux premiers le célibat, voire le mariage dans les conditions qu'on vient de dire ; aux seconds le mariage et le remariage. L'intérêt financier de la Ville rejoint le souci spirituel du Saint-Père : leur cible commune en cette seconde moitié du siècle sera la « bigamie ». Pour l'essentiel, un clerc bigame est un clerc qui, veuf, se remarie (F..493) ou vit en concubinage ; c'est encore un clerc qui épouse une veuve (F. 450). Les papes Innocent IV en 1254, Alexandre IV en 1256, le concile de Lyon et Grégoire X en 1274 condamnent la bigamie (F. 462). Les échevins entendent faire payer les bigames réduits à l'état laïc qui protestent et plaident. L'affaire à Arras n'est tranchée qu'en 1284 par le roi.

Ville d'argent, Arras est aussi ville de culture : l'un et l'autre font rarement mauvais ménage. De la fin du XIIᵉ siècle à celle du XIIIᵉ on a pu y dénombrer quelque 80 poètes. Arras est célèbre par son *Puy*, l'un des plus anciens qui soient. Il est animé par un notable, le Prince. Comment était-il désigné ? Pour combien de temps ? Nous l'ignorons. Ce Puy n'a pas le caractère exclusivement marial des Puys des siècles suivants ; ses séances publiques accueillent bourgeois et étrangers — comme en 1263 le comte Charles d'Anjou, futur roi de Sicile, et le prince Edouard qui allait devenir roi d'Angleterre —, chevaliers et clercs, amateurs de la poésie née dans les cours des seigneurs avec les troubadours et acclimatée par les trouvères de Champagne. On y présente des chansons et des jeux-partis. Les meilleurs poèmes sont couronnés (F. 415 ; JP. XI, 129). De recrutement plus large, la *Charité ou Confrérie des jongleurs et des bourgeois* est d'abord une société d'entraide mortuaire[4] ; son objet est d'assurer un service funéraire décent à ses membres, de les faire participer aux bienfaits du culte de Marie, de prendre soin aussi des Ardents. Car elle doit son existence aux jongleurs depuis que la Vierge a remis à deux d'entre eux une Chandelle miraculeuse. A l'époque d'Adam il y a longtemps que les bourgeois, y compris les plus riches, s'honorent d'appartenir à la confrérie, leurs femmes aussi. La confrérie a son local, la halle des Ardents, entre les rues de la Garance et de l'Aiguillerie, non loin du Petit Marché. Elle s'y réunit trois fois l'an : à la Saint-Remy, à la Chandeleur et, pour son « grand siège », du jeudi au samedi suivant la Trinité. Ont lieu au cours de cette dernière réunion l'assemblée corporative des jongleurs, l'élection des responsables, la réception des nouveaux confrères. La piété y a aussi sa part, on y sort pour une procession solennelle, la Chandelle. Et comme il n'est pas de vraie fête qui ne soit joyeuse, on s'y adonne à de longues « beuvées » nocturnes qui pourraient avoir été le lieu de la déclamation de ces chansons et dits satiriques qui commentent les incidents ou scandales de l'heure ou raillent avec impertinence certains confrères. La confrérie, qui en principe mettait à l'honneur le métier si décrié de jongleur, n'était-elle pas le cadre le mieux fait pour s'adonner à la fête qui est une transgression ou inversion réglée des valeurs, une débauche de vin, de mots, de gestes et de rires ? Comment ne pas imaginer avec Roger Berger qu'aient été écrits et joués pour cette fête ces rares vestiges d'un théâtre de plus en plus profane que sont trois pièces sans conteste arrageoises : le *Jeu de saint Nicolas* de Jean Bodel, *Courtois d'Arras* et le *Jeu de la Feuillée* ? Avec leur longue et plaisante scène nocturne de taverne, elles pourraient être pour une

4. R. Berger, *Le Nécrologe de la confrérie des jongleurs et des bourgeois d'Arras (1194-1361)*, Arras, 2 vol., 1963-1970.

part comme une image de la « beuvée » au cours de laquelle elles auraient été représentées.

Les Arrageois bâtissent leur prospérité, avides d'argent, de foi et de poésie — assez forts pour être conscients de leurs travers, de leurs désirs et prétentions, pour s'en moquer avec une belle humeur et pour les mettre joyeusement en scène. A leur école Adam chantera l'amour, se moquera des personnes et des passions, il donnera à voir Arras sans illusion, mais sans révolte.

Adam de la Halle

Copié à la fin du XIIIe siècle, le manuscrit de la Bibliothèque Nationale, fr. 25566 (sigle *W*) est un gros recueil de poésies écrites dans le Nord. A côté d'œuvres aussi importantes que *Renard le Nouvel* du lillois Jacquemard Gielée, le *Bestiaire d'amour* du chanoine d'Amiens, Richard de Fournival, le *Saint Nicolas* de l'arrageois Bodel, on y trouve des textes souvent anonymes, de moindre valeur, en particulier des *dits* moraux et allégoriques. Or la première partie de *W* est une copie des œuvres d'Adam [5]. Celui qui a écrit *W* avait sous les yeux un manuscrit où, soit un proche du poète, soit un amateur de ses poésies, avait tenté d'en rassembler tous les vers : du f. 10 au f. 68 on lit successivement 34 chansons, une strophe pascale latine [6], 16 jeux-partis, à nouveau la strophe latine, 16 rondeaux, 5 motets, le *Jeu du Pèlerin*, le *Jeu de Robin et Marion*, le *Jeu de la Feuillée*, le *Roi de Sicile*, les *Vers d'Amour*, le *Congé*, les *Vers de la Mort*. Œuvres complètes d'Adam ? Pas tout à fait, puisque d'autres manuscrits font connaître deux chansons et deux jeux-partis supplémentaires et que, inversement, le *Jeu du Pèlerin*, qui donne des informations sur la carrière de l'artiste, n'est pas de lui [7]. A ces corrections près, la première partie de *W* résulte bien d'un effort pour que ne se perdent les œuvres d'Adam et pour les présenter comme un ensemble ordonné [8]. Les textes sont classés par

5. Abstraction faite des f. 2-9 constitués par l'insertion malencontreuse dans *W* du fragment d'un autre manuscrit (*W'*) qui d'ailleurs est aussi une copie des chansons d'Adam.

6. *Adest dies hec tertia Passi Redemptoris Qua surrexit caro pia ! Et si vobis oris Non sufficit testimonium, Ecce locus, sudarium, Lapis, signum foris. Hic sepultus Et occultus Erat fons dulcoris. Alleluya !* : « Voici le troisième jour De la Passion du Rédempteur Où ressuscita sa sainte chair ! Et si de la bouche Le témoignage ne vous suffit pas, Voici pour preuves l'endroit, le suaire, La pierre dehors. Ici était ensevelie Et cachée La fontaine de douceur. Alléluia ! »

7. L'attribution du jeu-parti XII a été contestée par les éditeurs précédents avec des arguments solides, quoique non décisifs ; l'Adam de ce jeu-parti serait un autre poète picard, Adam de Givenchy.

8. S. Huot, *From Song to Book : the Poetics of Writing in Old French Lyric and Lyrical Narrative Poetry*, Ithaca-London, 1987, p. 64-74.

genres : d'abord l'œuvre lyrique avec en premier le genre-roi de la chanson ; puis l'œuvre dramatique ; enfin les œuvres diverses en strophes. Cet ordre en recoupe un autre, qui oppose les poésies accompagnées de musique (des chansons à *Robin et Marion* inclus) aux poésies seulement dites (de *La Feuillée*, où il n'y a de chanté qu'un refrain, aux *Vers de la Mort*) : opposition du chant au dit [9]. Enfin, les premiers mots d'Adam sont : « D'amoureux cœur », le dernier est « Dieu ». Heureux hasard que préparait l'ordre symbolique voulu par le copiste : cet ordre, s'il ne nous dit rien sur l'ordre réel d'écriture des textes, est celui d'une vie en quelque sorte idéale : les chansons et les pièces qui suivent, dont *Robin et Marion*, appartiennent pour les poètes au temps de la jeunesse, qui est celui de l'amour et de l'artifice [10] ; *La Feuillée* et *Le Roi de Sicile* à celui de la maturité, âge de l'action lucide ; après quoi le poète prend congé de l'amour (*Vers d'Amour*), de la société d'Arras (*Congé*), de la vie (*Vers de la Mort*).

Trois quarts de siècle avant Adam, Arras avait eu un premier grand poète en la personne de Jean Bodel à l'œuvre si variée : il a laissé une chanson de geste, un jeu dramatique, des fabliaux, des pastourelles et un *Congé*. Aucun manuscrit pourtant ne recueille tous ses textes ; car longtemps les manuscrits ont trouvé leur unité, quand ils en ont cherché une, dans leur matière : ils rassemblent des romans arthuriens, ou des chansons de geste aux héros communs ; ou bien ce sont des *chansonniers* ou anthologies de chansons d'amour dues à des dizaines de trouvères. Le manuscrit *W* est l'un des premiers, avec ceux de Rutebeuf, à réunir les œuvres d'un auteur et, sans doute, avec ceux de Philippe de Remi ou Robert de Blois, bien avant Guillaume de Machaut, à présenter ces mêmes œuvres de façon réfléchie. Le talent d'un auteur comme principe d'unité et comme invitation à la lecture commence à prévaloir sur la diversité des matières et des formes. Des manuscrits tels que le modèle de *W* enseignent à le reconnaître et à le goûter dans la diversité même des textes qu'on lui doit, dans leur inégale réussite aussi. Sans l'admiration qui allait à Adam, nous ignorerions tout du *Roi de Sicile* et des *Vers de la Mort*, presque tout du *Congé* et de *La Feuillée*.

Si *W* a un caractère exceptionnel, d'autres manuscrits témoignent de l'admiration portée à Adam comme auteur : le manuscrit de Cambrai 1328 contient le fragment d'une copie qui pourrait avoir été analogue à *W*, car le jeu-parti XVI y est suivi des rondeaux I à IV. La tradition manuscrite des chansons et jeux-partis est largement indépendante de ces grandes anthologies que nous venons de

---

9. A noter que *La Feuillée* a d'abord été intitulée *Li dis Adan* avant que *dis* ne soit corrigé en *jus* ; le copiste a dû jeter un coup d'œil trop rapide sur les premiers vers de son modèle, les quatrains d'alexandrins monorimes, que ne précèdent pas le nom du personnage ; or les quatrains sont par excellence la forme du genre du dit moral.

10. Voir ce que dit Adam dans son *Congé*, v. 42.

mentionner [11]. Quant au manuscrit *a* (Vatican, Reg. 1490), son copiste a eu accès à un ensemble d'œuvres d'Adam : chansons, jeux-partis, rondeaux, motets, *Feuillée, Vers d'Amour*.

Ainsi Adam est-il reconnu. A la fin du siècle, plusieurs de ses chansons sont citées par Nicole de Margival dans le *Dit de la Panthère* ; vers 1350 le médiocre *Roi de Sicile* est même mentionné par Gilles le Muisit, abbé de Saint-Martin de Tournai, dans sa chronique latine. Adam est d'un temps où la marque personnelle donnée par un individu de talent à l'expression d'une pensée souvent largement répandue fait toujours davantage le prix de la littérature, où l'on se prend à aimer la reconnaître d'œuvre en œuvre, de genre en genre. En ce sens, il est l'un de nos premiers auteurs. La présente édition de ses œuvres complètes n'a d'autre raison d'être que de permettre à chacun de juger personnellement de ce talent.

Adam le Bossu

Aucun document administratif n'a gardé la trace d'Adam. Nous ne connaissons guère sa vie que par ses œuvres. Il est né dans une famille qui n'a pas un nom — on disait alors surnom —, mais deux : on dit Adam de la Halle et aussi Adam le Bossu, et c'est ainsi que ses concitoyens l'appelaient. A l'étranger, il était Adam d'Arras [12]. Il paraît avoir supporté avec quelque humeur son second surnom (JP. XI, 88 ; S. 68-70). Son père, maître Henri, clerc bigame (F. 493), avait été employé par les échevins (F. 506). Il devait mourir en 1291, après son fils.

Adam et son père sont nommés dans le *Congé* de leur concitoyen Baude Fastoul en 1272. A cette date, Adam a déjà écrit des jeux-partis puisque le sire Jehan avec qui il y débat le plus souvent est sans conteste Jean Bretel (JP. XIV, 9), mort en 1272. Ces jeux-partis montrent que la compétence poétique d'Adam est reconnue et qu'il fait figure d'intellectuel (JP. VI, 4 ; IX, 21 ; X, 29). Il a dû étudier assez longtemps à l'Université de Paris (F. 6) pour y obtenir avant 1272 (?) la maîtrise. Parallèlement il écrit des vers et leur musique. Pour doué qu'il ait été, il est difficile qu'il soit né après 1250.

A la fin du printemps 1276, il se trouve à Arras où il écrit et joue son *Jeu de la Feuillée*. Il est alors marié et, probablement, depuis assez peu de temps : sinon, la tirade de *La Feuillée* sur les illusions de l'amant perdrait de son piquant, sa peur de voir enceinte Marie (F. 35), sa femme, se comprendrait moins bien (F. 171).

Le *Jeu du Pèlerin* nous parle de la fin d'Adam : un jongleur de

---

11. E. Schwan, *Die altfranzösischen Liederhandschriften*, Berlin, 1886, p. 223-227.
12. « Maistre Adans li Bochus estoit *chi* apelés Et *la* Adans d'Arras » (*Jeu du Pèlerin*, 25-26).

retour de Sicile et de Pouille, qui semble ramener dans ses bagages le *Jeu de Robin et Marion*, apprend à des Arrageois qu'il a entendu louer là-bas un clerc d'Arras, maître Adam. A la demande du comte d'Artois qui en faisait grand cas, Adam écrivit un dit «bel à ouïr et bon à retenir». Hélas, Adam est mort, le comte a montré sa tombe au jongleur. Si cet ultime détail n'est peut-être qu'un cliché poétique, il n'y a pas lieu de mettre en doute le reste. Adam a, de fait, écrit un éloge de Charles, roi de Sicile et oncle du comte d'Artois, qui pourrait être le dit mentionné dans *Le Pèlerin*. Il est donc quasi certain que le poète accompagna en Italie Robert d'Artois qui conduisit en 1282 des renforts à son oncle. Quant à la date de sa mort, elle doit être d'assez peu antérieure au 2 février 1289 (n. st.), date d'une brève notice versifiée où un copiste d'Arras, Jean Madot, parle de son oncle Adam le Bossu «Qui pour le plaisir de vivre en agréable compagnie quitta Arras : bien à tort, car il était respecté et aimé. Sa mort fut un grand dommage, car jamais ne mourut homme de plus de talent» [13].

Chansons

«Mieux que personne il savait l'art d'écrire et il était un parfait musicien [...]. Il savait faire des chansons, des jeux-partis, des motets entés. Il en fit en quantité, et des ballades je ne sais combien» (*Pèlerin* 86-87, 90-93). Dans le manuscrit *W*, le *Jeu du Pèlerin* est soudé à *Robin et Marion*. Pourtant, l'éloge d'Adam ne dit pas un mot de l'auteur des jeux théâtraux ; tout au plus fait-il obliquement mérite au poète des parties chantées de *Robin et Marion*. Le prestige d'Adam tient à ses chansons, jeux-partis, motets entés, ballades [14] : à son œuvre lyrique. La tradition manuscrite le confirme : quatorze copies ont conservé des chansons, dix des jeux-partis, mais trois *Robin et Marion*, deux le *Congé* et les *Vers d'Amour*, une seule le *Roi de Sicile*. Adam ne s'était-il pas défini lui-même comme un «bon faiseur de chansons» (F. 665) ?

Il est pour ses contemporains un mainteneur de la poétique née vers 1100 en Poitou avec le premier troubadour connu, Guillaume IX d'Aquitaine. C'est dire que, si ses chansons sont faites pour le chant — et le poète était aussi un excellent musicien [15] —,

13. «Qui pour revol et compaignie Laissa Arras : ce fu folie, Car il ert cremus en amés ; Quant il morut, ce fu pités, Car onques plus enginez hon Ne morut» (*Roman de Troie*, éd. Constans, VI, p. 28-29). On négligera la thèse qui retrouve Adam de la Halle en 1306 à Londres ; cf. F. Gégou, «Adam le Bossu était-il mort en 1288 ?», *Romania* 86 (1965), p. 111-117.

14. On ne sait trop ce qu'était la ballade au temps d'Adam et ses ballades n'ont pas été conservées, sauf à en reconnaître dans les rondeaux IV et XVI.

15. Comme la plupart des manuscrits, *W* a conservé la mélodie des poésies faites pour le chant ; voir J. Maillard, *Adam de la Halle : Perspective musicale*, Paris, 1982.

elles n'ont rien de populaire, de naïf ou facile, mais se recommandent de leur fidélité aux modèles donnés par les héritiers des troubadours qu'étaient les trouvères champenois (Gace Brulé, Thibaud de Champagne) et picards (le Châtelain de Coucy, Richard de Fournival, Guillaume le Vinier). Adam chante l'amour et sa dame en respectant les canons courtois. Il dit ses émotions dans des termes qui définissent ce qu'on appelle l'amour courtois et qu'il nomme *Bonne Amour.* La poésie énonce les règles que respecte l'amant parfait ou *fin ami* et c'est souvent par une référence à ces règles qu'Adam définit l'excellence de son amour [16].

Ses chansons ne se distinguent pas par des recherches formelles. Pour la plupart, elles ont cinq strophes suivies éventuellement d'une reprise. Sauf dans la chanson XVI, toutes les strophes sont bâties sur les mêmes rimes. Adam a le goût manifeste du mélange des rythmes qui met de la vivacité dans un discours par ailleurs convenu. Car la chanson est un discours où on raisonne et Adam ne se prive pas d'argumenter. Il connaît aussi les métaphores qui valent à l'amour de passer pour un service ou une religion. Il sait louer Amour et sa dame, évoquer les effets de ses regards ou de son silence, expliquer qu'il vaut mieux attendre la grâce, la *merci,* de sa dame que la demander, qu'il y a plus de joie à souffrir et à patienter qu'à jouir et que le désir perd à être satisfait. Il se décrit incapable de se déclarer, paralysé par la présence de la dame, conscient qu'il est de l'abîme qui les sépare, elle si haut, lui si bas. Il dit le divorce entre le corps et le cœur, entre le cœur et les yeux. Autant qu'un autre, Adam condamne les *losengiers* (XXIV, 22), les médisants et envieux, les faux amants, les présomptueux ou *soursaillis* (XXIX, 36); il sait aussi condamner sa propre jalousie. L'amour est un *joli mal* (II, l), oxymore qui plaît à Adam. Le tourment, l'inquiétude, en quoi consiste *Bonne Amour*, en fait le prix délicieux. Plus que d'autres peut-être, Adam parle avec joie de ce mal, comme s'il était plus sensible aux promesses de l'avenir qu'aux déceptions du présent [17].

Il arrive que le discours ait l'air de s'ouvrir sur l'anecdote : dans la chanson XXIII où le poète s'emporte contre sa dame, avant de s'excuser dans les derniers vers ; dans la chanson X, chanson à refrain, qui évoque la rencontre de l'aimée ; dans la chanson XXXIII, qui dit le retour au pays natal. S'il vaut mieux éviter de bâtir à partir de ces semblants d'anecdotes une biographie, il n'en demeure pas moins que ces chansons nous touchent plus directe-

16. S. Huot, «Transformations of lyric voice in the songs, motets and plays of Adam de la Halle », *Romanic Review* 78 (1987), p. 148-164.
17. R. Dragonetti, *La Technique poétique des trouvères dans la chanson courtoise. Contribution à l'étude de la rhétorique médiévale*, Bruges, 1960 ; G. Zaganelli, «Sul Canzoniere di Adam de la Halle ; Sistema lessicale e itinerario idelogico», *Medioevo Romanzo* 6 (1979), p. 245-270.

ment que d'autres. De même, nous sommes plus sensibles aujourd'hui à la chanson XV qui est une chanson de femme [18], voire aux chansons mariales XXVIII et XXXIV. La convention y paraît plus discrète, l'expression plus directe. A vrai dire, il y a de l'artifice à vouloir décrire les chansons d'un poète, car la véritable unité de lecture reste la chanson, non le recueil [19].

Nous ne savons assigner à chaque chanson une date. Les manuscrits nous sont de peu de secours. Aucun n'a conservé toutes les chansons d'Adam et leur ordre varie d'une copie à l'autre. Comme il semble pourtant que leur premier recueil ait placé en tête les chansons I à XIV, il se peut qu'elles soient les plus anciennes. La chanson X est rappelée, sinon citée, dans _La Feuillée_ : faut-il donc ne pas trop l'écarter de 1276 ? De même, trois chansons montrent Adam très lié au riche Robert Nazard : sont-elles contemporaines ? et contemporaines du _Congé_ où le même Nazard est salué ? S'il est sûr qu'Adam a composé des chansons avant 1272, rien ne prouve que les chansons conservées soient toutes aussi anciennes.

Partures

Le jeu-parti (ou parture) est défini par les éditeurs du _Recueil général_ comme «une pièce lyrique de six couplets suivis de deux envois : dans le premier couplet, l'un des deux partenaires propose à l'autre une question dilemmatique et, celui-ci ayant fait son choix, soutient lui-même la proposition restée disponible. Dans les deux envois, chacun des deux partenaires nomme un juge. Il n'y a dans les textes aucune trace d'un jugement que ceux-ci auraient prononcé » [20]. Le _Recueil_ est l'édition de 182 jeux-partis auxquels il faut ajouter un jeu-parti découvert par R. Crespo [21] — et le jeu-parti XI d'Adam, exclu sans raison du _Recueil_ : s'il est clair que ses vingt strophes ne correspondent pas à la définition des éditeurs, ces derniers ont à bon droit admis des textes qui s'écartent de cette définition, et tout texte qui repousse les limites d'un genre défini à partir d'un groupe central n'en appartient pas moins à ce genre dont il rend manifestes des possibilités et l'ouverture.

On ignore comment étaient écrits les jeux-partis. Ecartant l'idée d'une double improvisation — comment ses résultats auraient-ils été notés ? — on peut envisager que tout le jeu-parti soit l'œuvre d'un seul partenaire ; mais duquel ? Et l'usurpation de l'identité

---

18. La grande majorité des chansons de femme ont été écrites par des hommes.
19. Les chansons V et VI sont cependant à lire ensemble.
20. _Recueil général des jeux-partis français_, éd. A. Långfors, A. Jeanroy et L. Brandin, 2 vol., Paris, 1926, p. V.
21. R. Crespo, «Un "jeu-parti" inedito », _Studi Medievali_ 3 s., 23 (1982), p. 957-969.

d'autrui supposerait pour le moins son accord. Le plus probable est que deux poètes préparaient ensemble la poésie avant de la chanter devant le Puy. Né au XIIᵉ siècle, le jeu-parti s'est épanoui à Arras sous l'autorité de Jean Bretel, « sergent de Saint-Vaast », l'un des administrateurs des intérêts de l'abbaye, prince du Puy dès 1268, interlocuteur principal d'Adam qu'il interroge treize fois, à qui il répond trois fois. Adam interroge encore le poète Jean de Grévillers (XV) et répond à l'obscur Roger (XIII). Adam est donc le plus souvent celui qui répond, qui a en somme une strophe de plus que son partenaire pour soutenir son point de vue, celui qui a le dernier mot. Les juges mentionnés dans les envois ou reprises sont des Arrageois, comme le financier Audefroi Louchard, le clerc Lambert Ferri, Jean de Grévillers, Jean le Cuvelier, le « sire de la Thieuloye », chevalier. La plupart des textes sont nécessairement antérieurs à la mort de Bretel en 1272 et, si le thème du jeu-parti XIII n'est pas pure hypothèse d'école, il date d'un temps où Adam est marié.

Le jeu-parti dérive de la chanson d'amour. Il en a les caractères formels, la structure strophique, la longueur, l'usage de la reprise. Chez l'un et chez l'autre la mélodie de la première strophe est répétée dans les suivantes. La thématique est celle de l'amour courtois. Le tissu de la chanson est fait de variations sur les antinomies de l'amour, désir avivé par l'espoir, mais toujours en attente, amour qui se veut consentement réfléchi à l'éblouissement des yeux par la beauté, « doux mal », joie et souffrance, spirituel et charnel, secret chanté. La chanson écrit l'union des contraires, le jeu-parti les oppose[22]. Car l'amour est-il encore jouissance quand il n'en est que l'espoir ? Est-il raison si la seule sagesse en amour est d'être fou ? Est-il silence s'il pousse impérieusement au chant ? Les jeux-partis d'Adam opposent ainsi l'espoir à la jouissance (I, VII, X, XVII), la discrétion à l'entrain (IV, XIV), voire Amour à la dame (V). Tel autre s'interroge sur la valeur de l'amour (III). Le discours didactique et raisonneur inhérent à la chanson s'épanouit dans le débat institué par le jeu-parti. Non sans effets, car si dans la chanson le poète chante et aime d'un même mouvement, dans le jeu-parti il est invité à discuter une hypothèse : « S'il arrivait que votre amie… » ; le sujet chantant se dissocie du sujet aimant pour le juger ; le poète savant du jeu-parti n'est plus le poète ébloui de la chanson. Pour chacun des partenaires il s'agit de soutenir une joute verbale, de défendre ses arguments, d'anéantir ceux de l'autre. L'agressivité qui dans la chanson errait d'une cible à l'autre, du losengier à Amour, à la dame, au poète, se fixe sur le partenaire. Violence

22. M. Gally, « Jeux-partis de Thibaut de Champagne : poétique d'un genre mineur », dans *Thibaut de Champagne* (Y. Bellenger et D. Quéruel éd.), Lyon, 1987, p. 89-97 ; de la même, « Disputer d'amour : les Arrageois et le jeu-parti », *Romania* 107 (1986), p. 55-76.

réglée, le jeu-parti commence par des compliments, il se poursuit dans l'ironie ou la condescendance pour s'achever par des arguments *ad hominem*. Bretel et Adam affectent de débattre comme le feraient le laïc et le clerc, l'homme mûr et le jeune, mais c'est pour dénier à l'autre toute autorité en amour (VII, XI). L'argumentation introduit avec ses comparaisons et métaphores satire et pittoresque : satire des gens d'Eglise, moines ou chanoines (II, IV, XVII), pittoresque des proverbes et locutions familières plus nombreuses. L'anecdote contamine le jeu-parti. Le point de départ en est une histoire possible, voire une histoire connue comme celle du sage Aristote qui accepta d'être chevauché par la belle fille qu'il convoitait (IX) : anecdote comique qui jette sur l'amour un jour plus cru que celui de la chanson. Car là où la chanson laisse dans l'ombre la nature de la *merci* ou faveur attendue de la dame, le jeu-parti n'hésite pas à l'assimiler aux « derniers dons » (I, XIII). Comparé à un appétit, l'amour perd en idéalité ; comparé à une donnée de l'économie, il fait l'objet d'un calcul matérialiste. Si dans le jeu-parti il est toujours question de *fins amis*, l'amour peut y être un marché.

Né de la chanson, le jeu-parti s'en écarte selon une logique ludique. Comme il est un jeu, il n'y a pas de cohérence dans les positions prises par le même poète. En matière amoureuse Adam épouse également la cause du cynisme (I, VI, XIV) et celle de l'idéalisme (X, XVII). L'artifice a chassé du jeu-parti la poésie avec l'émotion ; mais il arrive qu'à multiplier les hypothèses et à les soutenir, les partenaires rencontrent des vérités psychologiques.

Rondeaux

A qui ne saurait par où entrer dans l'œuvre d'Adam on conseillera de lire d'abord les rondeaux. Ils ont gardé leur fraîcheur. Ce n'est pas que leur thématique contredise toujours celle de la chanson courtoise. Sauf dans le rondeau XVI qui est une chanson de quête pour Noël, on y demande à la dame merci, mains jointes ; on y fait appel de la trahison de ses yeux ; on y proteste de sa loyauté. Le lexique cependant colore les textes d'autres nuances : des cris manifestent l'émotion [23], les diminutifs se multiplient, l'amour se fait tendresse. Des idées moins courtoises viennent à l'esprit : « Si mon amie tombait enceinte... » et si, comme la chanson XV, le rondeau VI donne la parole à la femme, c'est à une malmariée quelque peu effrontée. Le Baïard du rondeau IX n'a probablement rien à voir avec la monture des quatre fils Aymon et

---

23. Ce sont parfois des mots-chevilles, hors du schéma métrique : *Dieux* (IV), *Hure* (IX).

bien davantage avec l'émotion d'un membre indiscret ! Ailleurs, on soupçonne que le rondeau teinte d'ironie la requête courtoise. L'essentiel n'est pas là, mais dans l'usage d'un refrain qui est le trait commun aux seize poésies ; sa répétition dans des textes aussi courts a pour effet de réduire le lexique à quelques vocables que le rythme, non la liaison des idées, charge d'émotion et de sens.

Pour mal connues que soient les premières étapes de l'histoire du rondeau, on s'accorde pour voir en lui une chanson à danser : un chœur répond au chante-avant comme le refrain aux vers « ajoutés »[24]. Chez Adam le rondeau n'est plus fait pour accompagner la danse, c'est un texte à chanter. Le rondeau est dissocié de la danse parce qu'Adam en transforme radicalement la musique. Chansons et jeux-partis sont portés par une monodie lassante pour qui entend toutes leurs strophes. Les rondeaux d'Adam sont des pièces à trois voix qui font de lui un des premiers maîtres de la musique polyphonique profane. Plus hardi que dans ses motets où l'une des trois voix (la teneur) est empruntée, Adam s'avère dans ses rondeaux « sans modèles et sans précédents »[25] un disciple original des maîtres parisiens de l'école de Notre-Dame. Or l'importance prise par la recherche musicale contribue à fixer la forme textuelle. La longueur des vers du refrain, leurs rimes déterminent la longueur des vers ajoutés et leurs rimes. Le nombre des vers ajoutés est dicté par celui des vers du refrain qui, énoncé au début est repris une première fois partiellement avant de l'être en totalité à la fin du rondeau. Si le refrain a deux vers, le rondeau en a donc huit, selon le schéma métrique *ABaAabAB* (chaque lettre symbolise une rime, les majuscules le refrain) ; si le refrain a quatre vers, le rondeau en a seize (R. I). Si le refrain a trois vers, on bien deux sont repris intérieurement : *ABCabABBabcABC* (R. V) ; ou bien un seul l'est : en ce cas, Adam suit deux schémas : *ABBaAabbABB* (R. VII, IX) et *ABAaAabaABA* (R. XII). A une exception près (R. V), les quatorze rondeaux ne nécessitent que deux rimes et Adam préfère les refrains qui joignent un vers court à un vers long ou l'inverse : deux choix qui confirment le rôle assigné au rythme verbal.

Deux pièces sur seize ne peuvent être ramenées à ces schémas bien qu'elles aient des refrains : elles sont découpées en strophes (R. IV, XVI). Le refrain énoncé en tête conclut aussi chaque strophe et il est lié par la rime au dernier vers du couplet. Peut-être a-t-on là des ballettes[26] et, au moins avec R. IV, un exemple de ces ballades que *Le Pèlerin* attribue à Adam. Chansons à danser qu'une fois

---

24. P. Bec, *La Lyrique française au moyen âge (XIIᵉ-XIIIᵉ siècles)*, Paris, 1977, I, p. 220-228 ; C. Laforte, *Survivances médiévales dans la chanson folklorique*, Québec, 1981, p. 69-87.

25. J. Chailley, *Histoire musicale du moyen âge*, Paris, 1984, p. 216 ; J. Maillard, *op. cit.*

26. P. Bec, *op. cit.*, p. 228-233.

encore la science polyphonique métamorphose. Le naturel et l'ingé-
nuité des *rondeaux* sont une merveille d'art.

Motets

Le motet est une chanson à plusieurs voix. La première ou *teneur*
est un « simple cycle de quelques notes indéfiniment répétées, suivant un schéma rythmique fixé à l'avance » [27]. Cette cellule mélodi-
que est empruntée à une pièce grégorienne, d'où la manière de la
désigner dans les manuscrits : *Super te, Omnes, Aptatur, Seculum*.
Cette voix n'était probablement pas chantée, mais jouée sur un ins-
trument. En revanche, le *double* (ou motet proprement dit) et le
triple sont de véritables textes dotés d'une mélodie et d'un rythme
propres, à l'initiative du compositeur. Ainsi la polyphonie se double
de la superposition des textes. La technique du *hoquet* (III, 3, 5 et
19) souligne la liberté de chaque voix : « Une voix s'interrompt
pendant un fragment de temps, et ce fragment de temps est rempli
par une autre voix, qui se trouve ainsi proférer à contretemps de
brèves notes isolées. Ceci aggravé par la conception contrapuntique
de la polyphonie qui fait que ces alternances se rejoignent moins en
une notion orchestrale unique que les coupures réciproques ne sont
durement senties dans la marche de chaque partie » [28]. Les textes ne
se heurtent pas moins parfois : le double peut être une prière, le
triple un chant profane ; l'un une pastourelle, l'autre une satire ; l'un
en français, l'autre en latin.

Des textes sont *entés* sur de brefs fragments poétiques et musi-
caux qui leur préexistent, les refrains. C'est ainsi qu'Adam greffe le
double du motet I sur le refrain de son rondeau V et celui du motet
II sur celui du rondeau XII. Il se sert aussi de refrains qui étaient le
bien commun des amateurs : ainsi, à la fin du double du motet II,
Par chi va la mignotise par chi ou je vois, refrain relevé dans sept
textes dont *La Feuillée* [29]. L'*enture* introduit encore une tension
dans le texte : entre connu et nouveau.

Les textes d'Adam jouent de contrastes au sein d'une unité d'ins-
piration indéniable [30]. Le motet I unit une plainte contre la déloyauté
d'Amour et la cruauté de la dame à la déploration des mœurs du
temps. Le motet II est fait de variations sur le thème de la séparation, l'une chantée par l'amant victime des médisants, l'autre par
l'amie qui prend congé de sa ceinturette. L'unité de III est moins
évidente, si l'on ne se laisse guider par la sonorité *an* de la rime qui
se retrouve dans le nom d'Adam : la beauté de l'amie qui a capturé

27. J. Chailley, *op. cit.*, p. 192 ; sur le motet, P. Bec, *op. cit.*, p. 214-220.
28. J. Chailley, *op. cit.*, p. 242.
29. N.H.J. Van den Boogaard, *Rondeaux et refrains*, Paris, 1969 (refrain 1473).
30. S. Huot, « Transformations, etc ».

le poète est à la source de cet enchantement qui inspire les jeux de ses compagnons et les enivre autant que le patron imaginaire des ivrognes, saint Tortuel. Le motet IV reprend le thème bien peu courtois du mari jaloux et cocu pour opposer deux attitudes possibles. Le motet V, qui n'a que deux voix, revient sur l'image du clerc qui a tout sacrifié à l'amour.

A les lire, il apparaît que les textes des parties d'un motet sont subtilement liés ; mais les entendait-on ? Il y fallait des oreilles très exercées. Alors que la mélodie d'une chanson ou d'un jeu-parti est au service des paroles, avec le motet la musique prend le dessus. Le théoricien Jean de Grouchy fait comprendre que c'est un art savant, de clercs, qu'il oppose à celui moins raffiné du rondeau : «On ne doit pas présenter ce chant devant le commun, car il n'en saisit pas la subtilité et n'a aucun plaisir à l'entendre, mais devant les lettrés et ceux qui goûtent les subtilités de l'art. La coutume est de les chanter pour leurs cérémonies, comme on chante pour les fêtes du commun laïque le rondeau»[31].

Le Jeu de Robin et Marion

La pastourelle est l'un des genres les plus typés de la poésie lyrique du XIIIe siècle[32]. Chantée comme la chanson, elle comporte de trois à cinq strophes, souvent terminées par des refrains qui ont leur rythme et leur musique propres. Le poète, qui est un chevalier, y raconte que, lors d'une sortie matinale, il est tombé sur une jolie bergère «qui gardait ses moutons». Il tente de la séduire. Avec un succès divers. S'il échoue et qu'il n'en prenne pas son parti, il fait violence à la bergère — elle n'en est pas forcément mécontente — à moins que des rustres accourant ne le fassent s'enfuir. Quelques pastourelles, picardes ou artésiennes, se bornent à raconter comment le chevalier-poète regarde sans s'y mêler les repas, les jeux et les rixes d'un groupe de bergers et de bergères. Les noms sont aussi de tradition : si la bergère est souvent *Marion*, son ami est *Robin*.

Le *Jeu de Robin et Marion* est une pastourelle «par personnages». Il ne raconte pas ; il montre le chevalier, qui n'est pas le poète, essayer par trois fois de séduire Marion avant d'y renoncer de son plein gré devant la résistance têtue de la bergère, car le courage de Robin et de ses cousins n'est que vantardise. Aussi bien préfèrent-ils s'amuser et trouver leur bonheur dans un repas frugal, des jeux et des danses, dans les plaisanteries qui les accompagnent.

31. Cité dans S. Huot, «Polyphonic Poetry : the Old French Motet and its Literary Context», *French Forum* 14 (1989), p. 269-278.
32. Lire M. Zink, *La Pastourelle : poésie et folklore au moyen âge*, Paris, 1972.

Adam n'a pas caché la filiation du *Jeu*. Au contraire, il a multiplié les allusions aux situations typiques de la pastourelle lyrique : son chevalier ne chante-t-il pas des pastourelles (v. 8-9 ; v. 96-99) ? Marion ne chante-t-elle pas son amour et les dons que lui fait Robin ? Plus généralement, Adam fait chanter à ses personnages des chansons ou bribes de chansons. Ces chants, qu'il les ait empruntés [33], développés ou inventés, font l'effet de citations. Le plaisir que donne d'abord *Robin et Marion*, c'est d'être en pays de connaissance, de se retrouver en poésie. L'action développe ces germes de récit que sont les citations. Le chevalier y est opposé aux bergers amateurs de jambons, pâtés, fromages et pommes que les bergères mettent dans leur corsage faute de poches. Son plaisir est de chasser du gibier d'eau avec son faucon coiffé d'un capuchon de cuir quand il est au repos et dont la patte porte attaché un grelot qui permet de le récupérer. Le plaisir des bergers est de danser au son rauque de la muse ou de la chevrette, proches de l'actuelle cornemuse, à celui bruyant des trompes ou *cornets* et des tambours. Il est encore de jouer. A la *choule* (v. 160) ou soule, rude sport où l'unique règle est de pousser jusqu'aux limites du camp adverse un ballon de cuir plein de son avec le pied ou une boule de bois avec une crosse. A *Saint Côme*, curieux saint qui par ses grimaces et contorsions cherche à faire rire ceux qui lui font offrande, car le rieur devra prendre sa place. Aux *Rois et aux Reines*, jeu plus connu sous le nom de *Roi qui ne ment* : le roi a le droit de poser à chacun les questions les plus indiscrètes comme il a le devoir de répondre à celles qui lui sont posées [34].

Bergers et bergères de poésie, de fantaisie. Dans *Robin et Marion* cependant la pastourelle tourne à la pastorale. Ses éléments servent à élaborer un rêve d'univers tout de naïveté, de transparence des cœurs et de bonheur paisible trouvé à des gestes dont la répétition n'épuise pas l'attrait [35] : Marion incarne ce rêve, elle qui unit grâce et malice, tendresse et clairvoyance, naturel et savoir-vivre. Au demeurant le prix de cette idylle tient à ce qu'elle est menacée : de l'extérieur, par le chevalier, puis par un loup ; à défaut, de l'intérieur, par la couardise, la gaucherie ou la rusticité des hommes, si prompts à se quereller.

Robin et Marion n'a pas mérité les commentaires pesants qui

33. C'est le cas sûrement pour le v. 742, pris à *Audigier*, petite chanson de geste scatologique ; probablement pour la ballette initiale (v. 1-7) et pour la danse de Robin (v. 191-220) liée par la musique à un refrain (v. 163-164) ; cf. J. Chailley, «La Nature musicale du *Jeu de Robin et Marion*», *Mélanges G. Cohen*, Paris, 1950, p. 111-117.

34. E. Langlois, «Le Jeu du roi qui ne ment et le Jeu du roi et de la reine», *Mélanges Chabaneau*, Erlangen, 1906, p. 163-173 ; dans *Robin et Marion* le roi est désigné au «nombre des mains» (v. 496) : les joueurs empilent une de leurs mains ; celui dont la main est sous la pile la retire et la place au-dessus ; chacun fait de même en comptant jusqu'au nombre fixé à l'avance.

35. J. Blanchard, *La Pastorale en France aux XIVᵉ et XVᵉ siècles*, Paris, 1983, p. 1-41.

l'ont alourdi d'intentions profondes. Ce n'est ni une charge obscène ni une satire sociale, pas davantage une initiation ambiguë. C'est un rêve de bonheur sans histoire qui n'échappe à la fadeur que parce que le réel — la violence — y est pourtant présent. Rêve en suspens. La fin du *Jeu* ne pouvait être que désinvolte. Elle l'interrompt, elle ne l'achève pas.

Le Jeu de la Feuillée

Le *Jeu de la Feuillée* a une place à part dans le théâtre médiéval. Les autres jeux mettent en scène les héros de l'histoire sainte, les saints et les saintes, ou encore des personnages fictifs, mais typiques et dotés d'une forte valeur symbolique — c'est le cas de *Robin et Marion*. Le *Jeu de la Feuillée* se singularise par son « personnel » : à de rares exceptions près (un médecin, un moine, un fou et son père, trois fées, la déesse Fortune et le démon Hellequin), il est fait d'Arrageois contemporains d'Adam qui parlent d'autres Arrageois, également ses contemporains et nommément désignés. C'est une pièce toute de circonstance. Les héros en sont des gens qui n'ont dans la réalité d'importance que locale, mais dont toute l'importance dramatique tient à leur existence de fait. Le ressort du *Jeu* est dans la comparaison que le spectateur, qui ne peut être lui aussi que local, est contraint de faire entre l'Arrageois qu'il connaît d'expérience et l'image qu'en donne la pièce, le rôle que ce même Arrageois y tient : rôle passif s'il s'agit d'individus dont on ne fait que parler, rôle actif dans le cas de ceux qui parlent. L'effet attendu de cette comparaison est le rire, mais il n'est rieur qui ne fasse rire à son tour : c'est la règle du jeu. Quelle peut être la circonstance qui l'autorise ?

La Feuillée date de 1276. La pièce est par ailleurs contemporaine de l'exposition de la châsse de Notre-Dame (v. 1077) : chaque année, pour Pentecôte et dans les jours qui suivaient, les chanoines de Notre-Dame en Cité offraient cette châsse à la vénération et à la générosité des fidèles sur le Petit Marché, à l'abri d'un édicule nommé *feuillée*, d'où le nom du *Jeu*. La pièce est aussi contemporaine d'une « superstition », le repas offert traditionnellement aux fées par les « vieilles femmes » de la Ville, superstition dont Adam nous fait connaître une forme archaïque[36], mais qu'il se divertit à « détourner » doublement : d'abord, les trois fées attendues à la Croix-au-Pré (v. 853) s'égarent au point d'entrer dans le spectacle organisé par Adam[37] ; ensuite, de même que leur ami Hellequin, le

36. L. Harf-Lancner, *Les Fées au moyen âge*, Paris, 1984, p. 17-34, 52-57 ; J.H. Grisward, « Les Fées, l'Aurore et la Fortune (mythologie indoeuropéenne et *Jeu de la Feuillée* », *Mélanges A. Lanly*, Nancy, 1980, p. 121-136.
37. T. Walton, « Staging le *Jeu de la Feuillée* », *Modern Language Review* 36 (1941), p. 344-350.

meneur de la chasse des ombres infernales, est réduit au rôle d'un lutin farceur et jaloux, les fées, désacralisées, sont tout juste bonnes à effrayer un enfant et, femmes dotées des traits que la littérature prête à la femme — caprice, inconstance, futilité et... charme —, elles ne donnent aux organisateurs du banquet, Adam et son ami Riquier, que ce qu'ils ont déjà, la fée rancunière — de tradition — leur jetant des sorts plus propres à faire sourire qu'à terrifier.

Ces circonstances sont compatibles avec une hypothèse précise : pour R. Berger, le *Jeu de la Feuillée* aurait été écrit pour une nuit du « grand siège » de la Confrérie des jongleurs et des bourgeois d'Arras qui se tenait du jeudi au samedi suivant la Trinité, soit en 1276, début juin [38]. *La Feuillée* est une figure en réduction et un symbole dense de ce « grand siège » comme de l'esprit qui y souffle. L'aimable compagnie (v. 887-888) qui se précipite à la taverne est à l'image de la Confrérie réunie pour la beuverie, pour le « pot » annuel. A cette beuverie le *Jeu* doit son temps, son lieu, ses personnages et spectateurs, son action et son esprit.

Son temps : si *La Feuillée* est bien trop courte pour que sa représentation ait occupé toute une nuit, il reste que le déroulement de son action interne prend une journée et la nuit qui suit jusqu'au matin.

Son lieu : dans la halle des Ardents il suffit de dégager une aire de jeu et d'installer des bancs autour ou sur trois côtés. Quelques accessoires, des costumes typiques (pour Adam le clerc, pour le médecin, le moine etc.), de l'imagination surtout, et le lieu scénique se métamorphose : l'espace neutre initial où Adam bavarde avec ses amis devient le lieu clair et net (v. 642) qui accueille les fées, puis une taverne. Seule l'apparition de Fortune et de sa roue à quoi sont accrochés des mannequins nécessite un travail de préparation. L'important, c'est la proximité des acteurs et des spectateurs dont les positions s'échangent : le public se fait acteur pour beugler (v. 378), faire offrande (v. 361) ou envahir la taverne (v. 1095-96) et les acteurs se fondent dans le public pour assister à l'insu des fées à leur repas. En fonction de son rôle, chacun sort du public, se lève pour gagner l'aire de jeu (v. 261, 340, etc.) ou va se rasseoir (v. 363, 396).

Ses personnages : les individus nommés dans *La Feuillée* dont on a pu contrôler l'appartenance à la Confrérie sont assez nombreux pour que, généralisant, on admette que tous les individus nommés lui appartenaient. Il n'y a lieu d'en exclure ni la trop aimable dame Douce ni Croquesot, le courrier d'Hellequin, tous deux membres de familles dont l'existence est attestée. Quant aux exceptions déjà signalées (le médecin et ses pareils), la Confrérie réunissait assez de

---

38   R. Berger, *Littérature et société arrageoises*, p. 115 ; mais, comme R. Berger en convient volontiers, le premier jeudi après la Trinité est en 1276 le 4 juin, non le 3.

jongleurs ou d'amateurs pour en tenir les rôles. Parmi les personnages, les uns sont acteurs : ils jouent leur propre rôle. Que le père
d'Adam, ses amis, dame Douce y aient consenti signifie qu'ils ne
tenaient pas pour blessante la caricature qu'ils présentent d'eux-
mêmes en disant les vers imaginés par l'auteur : Henri est un avare
obèse, plus hardi en paroles qu'en actes ; Riquier Auri un amateur
du beau sexe. Guillot se plaît à susciter des querelles, Hane à suren-
chérir sur les initiatives de ses compagnons. Dame Douce assume le
rôle de la fille facile et de la vieille superstitieuse aux menaces
moins terrifiantes que risibles dans leur obscurité. Raoul Le Waidier, dont l'autorité sur sa taverne est sans partage, est l'inspirateur
d'une farce et d'une bouffonnerie « goliardique » qui se joue des
reliques d'un moine où l'on reconnaît un de ces quêteurs dont, après
tant d'autres autorités, le concile de Lyon venait de dénoncer les
abus. Adam lui-même est le clerc victime de l'amour et l'amant victime du mariage et encore l'intellectuel « parisien » tenté de snober
ses camarades arrageois. Sauf exceptions (Riquier Amion, Canebustin), les autres personnages sont regroupés : il y a les avares, les
goinfres, les femmes, les fous, les bigames, les intrigants, les
« vieilles ». *La Feuillée* côtoie alors l'*estat du monde*, ce genre qui
passe en revue les catégories sociales ou morales.

Ses spectateurs : les personnages qui ne sont que moqués et bla-
sonnés dans le *Jeu* appartiennent aussi à la Confrérie et au public.
Le ressort du *Jeu* l'impose : il ne serait que ragots et méchancetés
gratuites en l'absence des « victimes ». Il faut que Robert Sommeillon, les Ermenfroi, les épouses d'Adam et de Riquier, la mère
de Hane soient présents pour que l'image qu'en donne la pièce ait
quelque sens et que plaisanteries et railleries — parfois subtiles,
souvent très grosses — prennent un air d'audace et de transgression, autorisées par la circonstance de la fête et réglées par le scé-
nario d'Adam. Et tant pis pour l'esprit sérieux qui ne s'associe pas
au rire commun et n'a pas l'intelligence de faire contre mauvaise
fortune bon cœur !

Son action : *La Feuillée* ignore l'unité d'action. S'y succèdent ou
chevauchent plusieurs histoires, celle d'Adam qui croit quitter
Arras, celles de Riquier et de Douce, d'un fou et de son père, celle
des amours de la fée Morgue. La pièce donne à voir la vie quoti-
dienne dans sa banalité, faite de rencontres et de séparations, de
bavardages que nourrissent les projets des uns, les questions des
autres, les incidents de la vie locale, les débats du jour et ces sujets
qu'aucun temps n'épuise, la santé, l'argent, les femmes.

Son esprit : l'épisode terminal de la taverne, où le *Jeu* serre au
plus près le déroulement de la beuverie de la Confrérie, est le
moment où son sens se précise. Adam se démarque de ses modèles,
le *Jeu de Saint Nicolas* de Bodel et l'anonyme *Courtois d'Arras*.
Dans ces pièces, si amusante qu'elle soit, la scène de taverne sert à

l'édification des héros et du public : ainsi, pour Courtois, moderne
émule de l'enfant prodigue, le passage par la taverne est une étape
vers la conversion et le salut. Dans *La Feuillée* le sens de l'épisode
est tout profane. Il achève de célébrer l'esprit qui anime la Confrérie en opposant Adam et ses compagnons aux deux intrus et exclus
que sont le moine et le fou, deux personnages risibles avec qui la
communication est impossible parce que, selon des modes opposés,
ils sont incapables de se connaître, de prendre de la distance par
rapport à eux, de rire d'eux-mêmes. Ce qui anime *La Feuillée*, c'est
l'esprit qui doit vivifier la Confrérie et la fête qu'elle se donne ;
c'est une convivialité qu'entretiennent la boisson partagée, la critique mutuelle et joyeuse dans la conscience des rôles que chaque
être tient, la vraie piété enfin. De s'être soumis librement à la raille-
rie et à la critique réciproques en la personne de quelques-uns
d'entre eux, les bourgeois se séparent à la fin du *Jeu* plus forts que
jamais de la solidité du lien qui les a rassemblés [39].

Pièce de circonstance, *La Feuillée* n'est conservée intégralement
que dans le manuscrit *W*. Deux autres manuscrits en donnent le
début, quintessence de la lyrique d'Adam et morceau d'anthologie,
où il démontre avec éclat combien il maîtrise les enseignements de
l'école et l'héritage des écrivains antérieurs, qu'ils aient écrit en
latin ou en français.

Le Roi de Sicile

Louis VIII, roi de France depuis 1223, a eu quatre fils de Blanche
de Castille : Louis IX (1214-1270), Robert d'Artois (1216-1250),
Alphonse de Poitiers (1220-1271) et Charles qui, né peu après la
mort de son père (1226), a toujours prétendu être mieux né que ses
frères puisque d'un père déjà roi. De son côté, le comte de Provence
Raimond-Bérenger a eu quatre filles qui toutes ont régné : Margue-
rite mariée à Louis IX, Eléonore à Henri III d'Angleterre, Sancia à
Richard de Cornouailles, empereur sans pouvoir, Béatrice, la plus
jeune, héritière en vertu du droit local du comté paternel. Son père
avait choisi pour gendre Raimond de Toulouse, mais après la mort
de leur comte (1245) les Provençaux préfèrent Charles, frère du roi
de France, au terme de négociations où interviennent le pape — déjà
— et Blanche de Castille. Le mariage de Béatrice et Charles a lieu à
Aix le 31 janvier 1246. La même année, Charles est adoubé à

---

39. De l'importante bibliographie on retiendra G. Lütgemeier, *Beiträge zum
Verständnis des Jeu de la Feuillée*, Bonn, 1969, et l'excellente introduction de l'édition
O. Gsell, *Das Jeu de la Feuillée*, Würzburg, 1970. Dans ses nombreux articles, livres
et éditions J. Dufournet expose des vues toutes différentes : *La Feuillée* serait une fête
mesquine et triste où Adam montrerait son génie victime de la médiocrité et des vices
de son entourage familial et urbain.

Melun, puis investi des comtés d'Anjou et du Maine. Il est, comme son épouse, ambitieux. La Provence ne lui suffit pas, où il doit mater en 1257, 1262 et surtout 1264 la rébellion de Marseille. Un royaume lui est offert, la Sicile et l'Italie du sud avec Naples. Son ambition se met au service de la haine tenace dont la papauté poursuit les héritiers de Frédéric II (mort en 1250), empereur d'Allemagne et roi de Sicile, qui l'avait fait trembler. Il s'agit de les écarter pour toujours d'Italie. Après de longues tractations où l'intérêt commun au pape et au comte ne leur fait pas négliger leurs intérêts particuliers, Charles est investi en 1263 des terres italiennes dont Manfred, le fils bâtard de Frédéric, était l'héritier de fait. Tandis que l'Eglise prêche la croisade contre Manfred, Charles promet de gagner Rome. En attendant il y envoie au printemps 1264 et par mer des troupes commandées par Jacques Gantelme, un Provençal. Lui-même n'arrive qu'en mai 1265. Manfred est vaincu et tué à Bénévent en 1266. Le triomphe de Charles, roi de Sicile, ne dure pas; car les exactions des barons français poussent les Siciliens à se tourner vers le gendre de Manfred, le roi Pierre d'Aragon. Ils se révoltent et, à la suite du massacre des Vêpres Siciliennes (1282), Charles est chassé d'une île que ni lui ni ses descendants ne recouvreront jamais[40]. Il est mort en 1285, peu regretté. Sa brutalité n'avait d'égal que sa piété qui était grande. S'il semble avoir eu pour la poésie un goût qui l'a conduit au Puy d'Arras, il fait pâle figure à côté de son rival malheureux, Manfred, pleuré par les troubadours provençaux et les poètes d'Italie.

La lecture du *Roi de Sicile* montre assez ce qu'Adam a retenu de l'histoire, comment il l'a simplifiée et transformée en roman d'amour et en légende édifiante. Son modèle est la chanson de geste, même si l'expression ne figure pas dans le texte, non plus que le verbe *chanter*. Charles naît avec un signe sur la peau qui annonce sa montée sur le trône[41]; son nom en fait un second Charlemagne; ses hommes sont de nouveaux Rolands et Oliviers, de nouveaux Percevals. Mais il s'agit d'une chanson de geste «moderne», à la façon de celles d'Adenet le Roi, un poète contemporain; Adam écrit des laisses rimées qui ont en principe vingt vers chacune et il fait alterner laisses masculines et féminines.

Le poème est-il entièrement de lui? Il ne laisse pas d'être très maladroit même s'il faut faire la part d'une tradition manuscrite insuffisante. Il n'est pas terminé; cinq laisses n'ont pas la longueur requise; l'histoire est racontée sans grand ordre; l'éloge des vertus de Charles est maladroitement distribué et surtout la dernière laisse fait un retour malencontreux et obscur sur le mariage du comte; cette même laisse parle de Charles comme d'un vivant (v. 367)

---

40. E. Jordan, *Les Origines de la domination angevine en Italie*, Paris, 1909; E.G. Léonard, *Les Angevins de Naples*, Paris, 1954, p. 27-60.

41. Sur la croix royale (v. 98) voir *Parise la duchesse*, éd. M. Plouzeau, Aix, 1986, 2, p. 341 (note au v. 825).

alors que le reste du texte oppose ce grand disparu (v. 47-54, 75, 220-227) aux hommes de maintenant. Or Adam s'en prend aux mauvais trouvères qui ont malmené l'histoire de Charles, il se flatte de l'avoir restaurée (v. 1-10, 63-68). Il est possible qu'il ne fasse que reprendre deux clichés des chansons de geste : on polémique contre les autres jongleurs, toujours mauvais ; on se vante de revenir à la véritable histoire [42] ; il se peut aussi que les faiblesses de son poème tiennent à ce qu'Adam n'a pas su ou voulu achever la refonte de vers antérieurs aux échecs du roi.

Vers d'Amour

Ici commence la dernière section des œuvres d'Adam, trois *dits* écrits en « strophes d'Hélinand », ainsi nommées parce que le moine Hélinand de Froidmont a écrit vers 1195 avec ses *Vers de la Mort* le poème le plus célèbre à user de cette forme. La strophe, de douze octosyllabes, se reconnaît au schéma de ses rimes : *aabaabbbabba*. Deux rimes donc seulement qui créent un rythme énergique. En outre, dans les *Vers d'Amour* et les *Vers de la Mort* d'Adam, une rime est masculine, l'autre féminine. En général, chaque douzain débute par une apostrophe : Hélinand s'adresse à Mort, Adam à Amour. Les *Vers d'Amour* sont de la poésie oratoire, blâme d'Amour qui ne demande pas d'originalité d'invention, mais de la gravité et de la vigueur dans l'expression. Le poète, comme s'il reniait ses chansons (v. 97-98), s'en prend à l'amour qui l'a trompé, ne tient pas ses promesses, se montre plus dur envers ceux qui le servent avec loyauté qu'envers les faux amants ou ceux qui préfèrent s'enrichir qu'aimer. Lieux communs de la poésie amoureuse quand elle se fait morale, comme est un lieu commun la pointe finale sur l'inconstance des femmes. A des métaphores et comparaisons [43], à des expressions rudes, obscures parfois à force d'être denses, on reconnaît la patte d'Adam. Il a eu des imitateurs [44].

Congé

Deux Arrageois, Jean Bodel en 1202, Baude Fastoul en 1272, avaient écrit un *congé* [45]. Adam en connaît les œuvres. Ces poètes,

42. D. Boutet, *La Chanson de geste*, Paris, 1993, p. 21-25.

43. Le Val Périlleux (v. 15) est une vallée où, selon le *Roman d'Alexandre* d'Alexandre de Paris, l'armée du conquérant est entrée pour sa perte, car nul n'en pouvait sortir à moins que quelqu'un ne consentît à y rester pour toujours.

44. A. Jeanroy, « Trois *Dits d'amour* du XIIIᵉ s. », *Romania* 22 (1893), p. 45-70 (compte rendu par A. Tobler, *Zeitschrift für romanische Philologie* 17 (1893), p. 614-616).

45. P. Ruelle, *Les Congés d'Arras*, Paris, 1965.

atteints par la lèpre, prennent congé de leurs amis et cet ultime témoignage de gratitude et de fidélité au moment où la maladie oblige à une séparation déchirante est aussi un poème de la foi : l'épreuve du corps y fait l'âme plus belle pour Dieu. Le *Congé* d'Adam est beaucoup plus bref ; la maladie n'en est pas la cause ; comme dans la chanson VI, le jeu-parti XI, le motet V, Adam est celui qui a sacrifié l'étude à l'amour, utilement mais trop longtemps ; comme dans *La Feuillée*, il est celui qui se fait fort de reprendre le chemin de l'étude malgré les rieurs et les sceptiques ; aussi est-il probable que les deux œuvres sont contemporaines.

Les prédécesseurs d'Adam juxtaposaient des strophes semblables par leur attaque — ils apostrophaient Cœur, Pitié, Ennui — comme par leur message de résignation. Adam organise avec plus de rigueur son dit : de la prise de conscience du temps perdu et de la décision de partir confortée par la décadence d'Arras au congé proprement dit. Adam se sépare d'Amour, de l'amie et de ses compagnons — de grands bourgeois — avec émotion et reconnaissance pour ce qu'ils lui ont donné et il défie les faux prophètes qui ont douté de sa résolution.

Que le *Congé* tire argument de telle circonstance historique est indéniable : il y est même fait allusion à la fuite des riches financiers de la Ville vers la Cité ; qu'il développe des lieux communs n'est pas moins vrai : lieux très généraux comme l'éloge du temps passé, tout de générosité, et le blâme du présent, tout d'avarice ; lieux liés à l'image de lui-même qu'Adam a construite d'œuvre en œuvre ; lieux se rapportant à Arras. Qui aime bien châtie bien et les Arrageois mettent leur point d'honneur à dire à leur ville ses vérités dans des poèmes où elle est moins accusée que plainte pour les agissements de certains des siens : « Hé ! ville d'Arras, vous êtes le ventre d'où naît la fourberie qui vous ruine : au monde il n'est gens si nobles que ceux d'Arras, ni de telle valeur ; mais les querelles ont tué notre cité » [46]. Que le blâme des uns donne plus d'éclat à l'éloge des autres, Adam le démontre avec ce talent qui consiste, pour une part, à s'impliquer ou feindre d'être impliqué dans le thème de son discours. Mais il vaut mieux se garder de faire du *Congé* un document qui nous renseignerait sur sa biographie.

Vers de la Mort

Adam est un clerc, mais son monde est profane. Non seulement ses deux *jeux* sont les premières pièces profanes du théâtre français

---

46. Dit satirique XIII, v. 1-8, composé vers 1263, éd. dans R. Berger, *Littérature et société arrageoises*.

et sa musique polyphonique la première de la musique française, mais il désacralise des thèmes liés à l'édification de l'âme : la taverne dans *La Feuillée*, l'adieu aux siens dans le *Congé*, voire la croisade dans le *Roi de Sicile*. D'où l'intérêt des *Vers de la Mort* où Adam s'inspire encore de grands modèles, Hélinand de Froidmont et l'arrageois Robert Le Clerc (1267). Trois strophes dont on ne sait si elles sont les vestiges d'un poème plus long ou si elles sont le début d'une œuvre interrompue — pour quelles raisons ? —, mais qui suffisent, avec les deux chansons mariales d'Adam, à montrer qu'il eût pu être aussi un grand poète religieux.

L'EDITION

Les manuscrits

Il existe d'excellentes éditions, parfois critiques, de la plupart des écrits d'Adam. La raison d'être de la présente publication est de permettre un accès commode à l'ensemble de son œuvre telle qu'elle a été conservée dans le manuscrit *W*. C'est ce manuscrit qui est reproduit ; on en a seulement retranché le *Jeu du Pèlerin* et deux interpolations dans *Robin et Marion* ; on l'a complété par le texte de deux chansons et de deux jeux-partis. Le manuscrit a été peu corrigé ; on s'en est tenu à des corrections obvies et aux fautes manifestes contre la rime et le compte des syllabes ; on a rarement écarté une leçon acceptable de *W* pour la seule raison qu'elle était manifestement inférieure à celle des autres manuscrits ; comme dans la poésie médiévale la rime est un élément essentiel du rythme, on a retouché des graphies qui pourraient faire croire — à tort — au lecteur d'aujourd'hui à l'absence de rime (ex. : RM. 178 *meche* corrigé en *mette*).

Si *W* a été lu et transcrit avec attention, l'apparat critique réduit qui accompagne certains textes ne repose pas, sauf exceptions, sur une lecture nouvelle des manuscrits, mais utilise celui des éditions antérieures auxquelles on se reportera pour un dénombrement complet des copies où figurent des vers d'Adam. Nous donnons ici une liste des seuls manuscrits mentionnés ; leurs sigles sont ceux qui sont attribués depuis longtemps aux chansonniers ; pour les manuscrits qui ne contiennent pas de chansons, nous utilisons des sigles nouveaux.

Chansonniers :

A	—	Arras, Bibliothèque municipale 657.
I	—	Oxford, Bodleian Library, Douce 308.
M	—	Paris, Bibliothèque nationale, fr. 844.
O	—	Paris, Bibliothèque nationale, fr. 846.
P	—	Paris, Bibliothèque nationale, fr. 847.
Q	—	Paris, Bibliothèque nationale, fr. 1109.
R	—	Paris, Bibliothèque nationale, fr. 1591.

T	—	Paris, Bibliothèque nationale, fr. 12615.
V	—	Paris, Bibliothèque nationale, fr. 24406.
W	—	Paris, Bibliothèque nationale, fr. 25566 (moins W').
W'	—	Paris, Bibliothèque nationale, fr. 25566 (f. 2-9).
a	—	Rome, Vatican, Reg. 1490.
f	—	Montpellier, Faculté de médecine 236.
k	—	Paris, Bibliothèque nationale, fr. 12786.

Autres manuscrits :

Aix	—	Aix-en-Provence, Bibliothèque Méjanes 572.
Mo	—	Montpellier, Faculté de médecine, 196.
P'	—	Paris, Bibliothèque nationale, fr. 1569.
P''	—	Paris, Bibliothèque nationale, fr. 837.

Des corrections ont été intégrées au texte où lettres et mots ajoutés figurent entre crochets droits. Sinon, on trouvera dans l'apparat critique les leçons de *W* qui ont été rejetées. Sans autre indication quand il s'agit de corrections obvies justifiées ou non par les autres manuscrits. Si la correction ne s'appuie que sur une partie de la tradition, la leçon rejetée de *W* est suivie d'un crochet droit et des sigles des manuscrits dont la leçon est introduite dans le texte. On a donné un choix très sélectif de variantes dignes de considération : la leçon de la variante est précédée de la mention *var.* et suivie des sigles des manuscrits concernés. En somme, le lecteur peut reconstituer le texte de *W* ; en aucun cas, celui des autres copies.

Présentation des textes

Les refrains seuls sont en *italique* dans les textes chantés (des chansons aux motets). Dans les deux jeux, les vers en italique sont ceux qui sont accompagnés d'une notation musicale dans *W* : les parties chantées.

Dans les quatre premières sections, chaque texte a un numéro d'ordre qui est suivi de références. Pour les chansons, il s'agit du numéro de la chanson dans les éditions de R. Berger (1900) et de J.H. Marshall (1971) et, précédé de R, du numéro de la chanson dans H. Spanke, *G. Raynauds Bibliographie des altfranzösischen Liedes*, Leyde, 1955. Pour chaque jeu-parti, on donne son numéro dans le *Recueil général des jeux-partis*, puis son numéro dans la bibliographie de Raynaud-Spanke. Pour les rondeaux, on renvoie aux numéros de l'édition de N.H.J. Van Den Boogaard, *Rondeaux et refrains* ; pour les motets, aux pages de l'édition de G. Raynaud, *Recueil de motets français des XIIᵉ et XIIIᵉ siècles*, 2 vol., Paris, 1881-1883. Nous avons repris le découpage en vers des motets opéré par cet éditeur, mais nous donnons successivement les textes du triple, du double et de la teneur.

Pour des rondeaux comme pour les parties chantées de *Robin et Marion*, notre découpage en vers s'écarte parfois de celui des précédents éditeurs. Ainsi nous tenons certains mots pour des mots-chevilles, hors du schéma métrique, à ne pas considérer pour le compte des syllabes ou la rime : *Dieux* (R. IV), *Hure* (R. IX) et, dans *Robin et Marion* : *Aleuriva*, v. 5, *Hé*, v. 97, *dou*, v. 104, 105, 111, 112, *bele*, v. 163, 195, 201, 207, 213, 219.

Notre édition du *Jeu de la Feuillée* compte un vers de moins que celle de nos prédécesseurs. A l'évidence, le refrain *Par chi va la mignotise, par chi ou je vois* compte pour un vers (874). Ce jeu est pour l'essentiel en octosyllabes à rimes plates. A l'exception des vers 1-12 en quatrains d'alexandrins monorimes dont la valeur est claire : Adam — le personnage — s'exprime avec la gravité d'une forme attachée aux dits moraux ; en l'interrompant au v. 12 et en changeant de rythme, Riquier incite à regarder cette gravité comme une grandiloquence aussi creuse qu'est peu croyable l'intention proclamée par Adam de quitter Arras. Autres exceptions moins claires : les trois séries de sizains *aabccb* (v. 33-182 ; 837-872 ; 1093-1098) ; la première série est liée à Maroie, la femme d'Adam ; la seconde et la troisième à la conclusion de la féerie et du jeu tout entier ; la seconde série fait aussi ressortir le statut de dame Douce, seul humain à dialoguer avec les êtres surnaturels.

Traduction

Nos traductions doivent beaucoup à celles de nos prédécesseurs français, voire allemands ou anglais. La traduction des pièces lyriques est une gageure ; elle doit permettre une première approche de vers dont le sens, dans sa plénitude, ne peut passer que par une lecture du texte original. Le lecteur prendra garde à respecter le rythme du vers en tenant compte au moins de deux règles : le [e] muet devant consonne compte toujours pour une syllabe (ex. CH. II, 18 *N'ai-e*) ; il faut souvent compter pour deux syllabes une suite de deux voyelles (ex. CH. II, 33 *graci-euse* ; mais F. 77 *brie-ment*). Ces règles valent pour les autres textes. Dans le *Roi de Sicile* pourtant, à la césure un [e] muet suivi d'une consonne peut ne pas compter : ex. S. 1 *hont(es)*, 80 *per(e)*.

La traduction des deux jeux cherche à être aussi lisible, voire audible, que faire se peut. Elle ne s'astreint donc pas toujours à la littéralité. Nous savons bien qu'un escoufle n'est pas une buse (RM. 127), mais il nous paraît que notre adaptation permet à un lecteur qui se dispenserait de lire le texte en ancien français, de comprendre la bévue ou feinte bévue de Marion, et cela sans note.

Annotation

La présence d'une traduction nous dispense de multiplier les notes. Les informations indispensables figurent dans l'introduction. Toute annotation court le risque de figer l'intelligence de l'œuvre, d'ôter liberté et initiative au lecteur, quand elle ne fait pas du texte un pur document pour amateurs d'histoire, petite ou grande. Qui voudra aller plus loin se reportera à des éditions plus savantes.

Soit le *Jeu de la Feuillée* : l'édition la plus récente de J. Dufournet a compilé tout ce que l'érudition ou la critique, parfois fantaisiste, ont écrit sur ce texte. A vrai dire, il suffit de savoir que les lieux cités sont des lieux réels, que tous les personnages nommés et égratignés, à quelques exceptions près que nous avons signalées, étaient des contemporains et concitoyens d'Adam, probablement tous des confrères de la Charité des jongleurs et bourgeois d'Arras, qui participaient à la représentation. Le texte les définit assez bien pour qu'aujourd'hui encore le lecteur saisisse le trait de caractère dont se moque le jeu. Quand ce n'est pas le cas, une annotation ne fait que multiplier les hypothèses ; autant prendre acte de notre ignorance. Les vraies difficultés du texte sont ailleurs : dans sa syntaxe parfois et dans son lexique abondant où figurent des expressions et des mots qu'Adam est le seul à avoir employés et dont nous sommes réduits à inférer le sens du contexte. On se borne donc à ajouter ici des informations complémentaires sur le *Jeu de la Feuillée* et à signaler les cas où notre interprétation s'écarte de la vulgate critique antérieure. Nous nous réservons de la justifier ailleurs.

— v. 192 : *Canebustin* est un nom propre, celui d'un financier à qui Maître Henri regrette d'avoir confié ses économies.

— v. 234 : *Saint Léonard* était invoqué pour la libération des prisonniers et des femmes enceintes ; ici la maladie de saint Léonard est sans conteste l'obésité, bien qu'on ne connaisse pas d'autres exemples de cet emploi.

— v. 258 : *L'onychomancie* ou divination par les ongles est l'un des procédés qui permettent de « voir » la vérité dans des objets, miroir, épée, etc. dont le brillant est avivé si on les frotte préalablement avec de la cire ou de l'huile. Un demi-siècle avant *La Feuillée*, Guillaume d'Auvergne décrit ces procédés dans son *De Universo* : « On cherche à voir les choses secrètes en utilisant des instruments comme un miroir, l'ongle d'un enfant, un œuf, un manche d'ivoire ou une épée bien aiguisée ; tous sont oints encore avec de l'huile pour augmenter leur éclat » (*Opera omnia*, Paris, 1674, I, p. 1049).

— v. 429 : Disant *ceste chi* Riquier montre dans la salle celle qui est connue comme la femme d'Adam ; son affirmation implique une question sous-entendue : «Et où est la seconde de vos épouses ? »

— v. 469 : *L'escarbot* ou bousier passait pour se nourrir d'excréments ; celui qui aurait fait l'escarbot est le pape.

— v. 628, 948 et 962 : *Vois* n'est pas l'impératif de l'ancien français *veoir*, mais une interjection marquant le dépit.

— v. 768 : *Esample* : à Croquesot qui demande avec naïveté si ceux qu'il voit sont des personnes réelles, Morgue répond qu'il s'agit de copies, d'imitations ou reproductions (cf. R. Axton, compte rendu de l'édition Dufournet, *Medium Aevum* 49 [1980], p. 157).

BIBLIOGRAPHIE

EDITIONS

Œuvres complètes du trouvère Adam de la Halle : Poésies et musique, éd. E. de Coussemaker, Paris, 1872 [reprint en 1972].

Canchons und Partures des altfranzösischen trouvère Adam de la Halle, le Bochu d'Arras, I. Canchons, éd. R. Berger, Halle, 1900 [reprint en 1978].

The Chansons of Adam de la Halle, éd. J.H. Marshall, Manchester, 1971.

Recueil général des jeux-partis, éd. A. Långfors, 2 vol., Paris, 1926.

Rondeaux et refrains : du XIIe siècle au début du XIVe siècle, éd. N.H.J. Van Den Boogaard, Paris, 1969.

Recueil de Motets français des XIIe et XIIIe siècles, éd. G. Raynaud, 2 vol., Paris, 1881-1883 [reprint en 1974].

Le Jeu de Robin et Marion, *suivi du* Jeu du Pèlerin, éd. E. Langlois, Paris, 1924. Traduction française du texte de cette édition par A. Brasseur, Paris, 1970.

Le Jeu de Robin et Marion, éd. et trad. J. Dufournet, Paris, 1989.

Le Jeu de la Feuillée, éd. E. Langlois, Paris, 1923. Traduction française du texte de cette édition par Cl. Buridant et J. Trottin, Paris, 1972.

Das Jeu de la Feuillée *von Adam de la Halle,* éd. O. Gsell, Würzburg, 1970.

Le Jeu de la Feuillée, éd. et trad. J. Dufournet, Paris, 1989.

A. Jeanroy, « Trois *Dits d'amour* du XIIIe siècle », *Romania* 22 (1893), p. 45-70.

Les Congés d'Arras (Jean Bodel, Baude Fastoul, Adam de la Halle), éd. P. Ruelle, Bruxelles-Paris, 1965.

ETUDES

A. ADLER, *Sens et composition du* Jeu de la Feuillée*,* Ann Arbor, 1956.

R. Axton, *European Drama of the Early Middle Ages*, Londres, 1974.

M. Bakhtine, *L'Œuvre de François Rabelais et la culture populaire du Moyen Age et sous la Renaissance,* trad. A. Robel, Paris, 1970.

R. Berger, *Littérature et société arrageoises au XIIIᵉ siècle : les Chansons et dits artésiens,* Arras, 1981.

R. Berger, *Le Nécrologe de la confrérie des jongleurs et des bourgeois d'Arras (1194-1361)*, 2 vol., Arras, 1963-1970.

R. Brusegan, « Le *Jeu de Robin et Marion* et l'ambiguïté du symbolisme champêtre », *The Theatre in the Middle Ages*, Louvain, 1985, p. 119-129.

J. Dufournet, *Adam de la Halle à la recherche de lui-même ou le Jeu dramatique de la Feuillée,* Paris, 1974.

J. Dufournet, *Sur le* Jeu de la Feuillée. *Etudes complémentaires*, Paris, 1977.

G. Frank, *The Medieval French Drama,* Oxford, 1954.

J.M. Fritz, *Le Discours du fou au Moyen Age, étude comparée des discours littéraire, médical, juridique et théologique de la folie,* Paris, 1992.

H. Guy, *Essai sur la vie et les œuvres littéraires du trouvère Adam de la Hale,* Paris, 1898 [reprint en 1970].

G. Lütgemeier, *Beiträge zum Verständnis des* Jeu de la Feuillée *von Adam le Bossu,* Bonn, 1969.

Ch. Méla, *Blanchefleur et le saint homme ou la semblance des reliques,* Paris, 1979.

Ph. Ménard, « Le sens du *Jeu de la Feuillée* », *Mélanges J. Rychner,* Strasbourg, 1978, p. 381-393.

D. Musso, « Adam o Dell'Ambivalenza ; Note sul *Jeu de la Feuillée* », *L'Immagine Riflessa* 8 (1985), p. 3-26.

D. Poirion, « Le rôle de la fée Morgue et de ses compagnes dans le *Jeu de la Feuillée* », *Bulletin bibliographique de la société internationale arthurienne,* 18 (1966), p. 125-135.

H. Roussel, « Notes sur la littérature arrageoise du XIIIᵉ siècle », *Revue des sciences humaines* 87 (1957), p. 249-286.

K. Schöll, *Das Komische Theater des französischen Mittelalters : Wirklichkeit und Spiel,* Munich, 1975.

D.R. Sutherland, « Fact and Fiction in the *Jeu de la Feuillée* », *Romance Philology* 13 (1959-1960), p. 419-428.

P. Zumthor, « Entre deux esthétiques : Adam de la Halle », *Mélanges Jean Frappier,* 2 vol., Genève, 1970, t. I, p. 1155-1171.

LES ŒUVRES
D'ADAM DE LA HALLE

Chi commencent les canchons
                maistre Adan de le Hale

                        I

I.R 833
  I   (l0a) D'amourous cuer voel canter
                Pour avoir aïe.
            N'os autrement reclamer
      4   Celi qui m'oublie,
            Dont ne me porroie oster
            Comment c'on m'ait assailli,
            Moi voelle ou non a ami,
      8   Tant l'ai enchierie
            Et tant mi sont abeli
                Li penser.

  II   Tant est sage pour blamer
     12   Chelui (10b) qui folie,
            Tant bele pour esguarder
                Que chose c'on die
            Ne m'en porroit desevrer.
     16   Comment metroie en oubli
            Si grant valour que je di,
                Male gent haïe
            Qui a tort m'en volés si
     20   Destourner?

  III   Je n'i puis merchi trouver,
                Ch'est chou qui m'aigrie.
            Pour chou le bon esperer
     24   Ne perderai mie.
            Je ne saroie ou tourner,
            Car, puis que premiers le vi
            M'a tenu le cors joli

_____
16. meteroie

Les Chansons
de maître Adam de la Halle

I

I   Le cœur plein d'amour, je veux chanter
      Pour qu'on me secoure.
  Je n'ose autrement en appeler
       A celle qui m'oublie
  Dont je ne pourrais me détacher
  En dépit de tous les assauts,
  Qu'elle me veuille ou non pour ami,
      Tant j'en sui épris
  Et tant il me plaît de penser
       A elle.

II Elle est si sage quand elle blâme
      Celui qui s'égare,
  Si belle à regarder
      Que ce qu'on dirait
  Ne m'en pourrait séparer.
  Comment oublierais-je
  De si grands mérites,
      Odieuses gens
  Qui à tort voulez tant
      M'en détourner?

III Je ne peux trouver grâce auprès d'elle,
      Ce qui me rend amer.
  Pourtant je ne renoncerai pas
      A espérer.
  Je ne saurais vers qui me tourner,
  Car du premier jour où je la vis,
  Il m'a conservé en joie,

28   Le grant baërie
        Que j'ai d'un resgart en li
                Recouvrer.

IV   Anchois voit on refuser
32   Chelui qui trop prie
        Que chelui desamonter
            Qui plus s'umelie.
        Pour chou sueffre sans rouver
36   En espoir d'avoir merchi
        Et bien voel qu'il soit ensi,
                Car a signerie
        A on mainte fois falli
40   Par haster.

V   Chis me veut bien destourner
                De joieuse vie,
        Qui m'enorte a desamer
44   Dame si jolie
        Et qui tant fait a loer.
        Mais si voirement li pri
        C'onques tel gent ne creï,
48   Tant i sai d'envie,
        Qu'ele ait volenté de mi
                Conforter.

VI   Ma canchon voel presenter
52   Ma dame envoisie.
        Bien le vaurra escouter,
                Espoirs le m'afie
        Qui me fait asseürer,
56   Et se grans valours aussi.
        De mieudre ainc parler n'oï,
                Car en courtoisie
        Sont de li maint enrichi
60   Par anter.

II

II.R 1186
I   Li jolis maus que je senc ne doit mie
        Que de chanter me doive plus tenir,
        (10c) Car j'ain de cuer, s'ai pensee envoisie
4   Et boin espoir pour longuement souffrir.
        Ne ja de moi n'iert ma dame proïe,

---
4. bien

    Le grand désir
Que j'ai de poser à nouveau
    Le regard sur elle.

IV   On voit plutôt refuser l'insistant
        Qui trop prie
    Que blâmer celui
        Qui s'humilie.
Aussi je souffre sans réclamer
Dans l'espoir de trouver grâce
Et consens qu'il en aille ainsi,
        Car la victoire
A souvent échappé à qui
        S'est trop hâté.

V   Il veut vraiment me détourner
        Du bonheur
    Celui qui m'invite à me déprendre
        D'une dame si joyeuse
Et qui mérite tant de louanges.
Mais aussi vrai que je n'ai
Jamais cru de pareilles personnes,
        Tant je les sais envieuses,
Je la prie de bien vouloir
        Me réconforter.

VI   De ma chanson je veux faire présent
        A ma dame enjouée.
Elle voudra bien l'écouter,
        Espoir me le promet
— Ce qui me rassure —
Et son grand mérite aussi.
Je n'ai jamais entendu parler d'une meilleure,
        Car beaucoup sont
Plus riches de courtoisie
        Pour l'avoir fréquentée.

II

I   Le plaisant mal que je sens n'exige pas
Que je m'abstienne encore de chanter,
Car j'aime du fond du cœur, j'ai l'âme enjouée
Et j'espère, dussé-je longtemps souffrir.
Et jamais je ne prierai ma dame,

<pre>
              Car a merveilles remir
              Comment nus a cuer d'oïr
     8   Que se dame l'escondie.

II   Faus est qui trop en son cuidier se fie :
              On voit aucun sour l'espoir d'enrichir
              Emprendre tant, dont il aprés mendie.
     12   Tout che me fait de li proiier cremir,
              Car miex me vient user toute me vie
                  En mon joli souvenir
                  Que par trop taillant desir
     16   Perdre tout a une fie.

III   Je ne di pas, dame, que vostre aïe
              N'aie tous tans desirree a sentir,
              Si comme bel samblant sans vilenie
     20   Qui mout m'aidast a mes maus soustenir,
              Se jou l'eüsse en tout ou en partie ;
                  Mais je n'i cuit ja venir,
                  Car je ne m'os enhardir
     24   Que mon penser vous en die.

IV   Se vos dous cuers, dame, ne s'umelie
              Pour moi metre en volenté de jehir
              Mon cuer dont je vous ai encoragie ;
     28   Car je ne (10d) me porroie adont couvrir,
              Comment que me proiiere en fust oïe,
                  Car pités c'on voit issir
                  De cheli c'on veut servir
     32   Fait le volenté hardie.

V   Dame vaillans, gracieuse et jolie,
              Comment se puet nus homs contretenir
              A vo biauté ? J'en sui en jalousie.
     36   Car lues mes cuers s'i laissa encaïr,
              Que vi vo fache amoureuse, polie.
                  Et si puisse jou joïr
                  En vo service et morir,
     40   Mout l'aim, de vostre maisnie !
</pre>

III

III.R 248
I   Je n'ai autre retenanche
              En amour que de mon chant

---

10. Ou —22. ne — 24. ne

    Car je vois avec surprise
    Qu'on a le courage d'entendre
    Votre dame vous éconduire.

II   Fou qui se fie à son imagination :
    On en voit qui, dans l'espoir d'être riches,
    Osent tant qu'ensuite ils mendient.
    Aussi je crains de la prier,
    Car je préfère passer toute ma vie
        A garder un heureux souvenir
        Qu'à cause d'un désir trop trenchant
        Perdre tout d'un seul coup.

III   Je ne nie pas, dame, avoir toujours
    Désiré sentir votre assistance
       — Celle d'un air aimable et tout honnête
    Qui m'aiderait à supporter mes maux —
    Si je l'avais en tout ou en partie ;
        Mais je ne crois pas l'obtenir,
        Car je n'ose pas m'enhardir
        A vous dire ma pensée,

IV   Sauf si votre doux cœur, dame, compatit
    A me donner la volonté d'avouer
    Les sentiments dont je vous aime du fond du cœur :
    Car alors je ne pourrais me taire,
    Quel que soit l'accueil fait à ma prière,
        Car la pitié qu'on voit émaner
        De celle qu'on veut servir
        Endurcit la volonté.

V   Dame de prix, gracieuse et gaie,
    Comment un homme pourrait-il résister
    A votre beauté ? L'idée me rend jaloux,
    Car mon cœur succomba le jour
    Où je vis votre visage aimable, lisse.
        Et puissé-je vivre heureux et mourir
        A votre service — je l'aime tant —
        Comme un de vos familiers !

III

I   Je n'ai d'autre solde
    En amour que mon chant

Et d'une douche esperanche
4   Qui me vient adés devant,
            En recordant
       Le biauté qui m'a souspris
       Et le resguart atraiant
8   En un douc viaire assis,
            Cler et riant,
       Dont chascuns en esgardant
            Doit estre [es]pris.

II   12   (11a) Il n'est si douche souffranche
       Que de vivre en esperant,
       Dont ne puis avoir grevanche
       Pour tele dame en souffrant.
16   De son samblant
       Veoir est si grans delis
       Que, s'aucuns l'aloit antant
       De ceus qui m'en ont repris,
20   D'amour ardant
       L'ameroit en escoutant
            Ses sages dis.

III   Chil qui plus sont d'astenanche
24   Et plus sage et plus souffrant
       Auroient droite escusanche
       S'il devenoient amant,
            En desirrant
28   Ma dame a cui sui sougis.
       Et, puis dont qu'ele vaut tant,
       Ne doit avoir hom rassis
            Merveille grant
32   De moi c'on tient pour enfant,
            Se je sui pris.

IV   Tele est d'Amours la poissanche
       Qu'ele fait l'omme astenant
36   Desirrer sans atempranche,
       Et fait hardi le doutant
            Et le sachant
       Cuidier que che soit pourfis
40   De ce qu'il fuioit avant.
       Ne nus n'est de lui si fis
            C'Amours, errant,
       Ne l'ait cangié en moustrant
44   Dame de pris.

V   Hé, dame de grant vaillanche
       Plus que je ne vois disant,

Et une douce espérance
Qui me vient toujours au-devant
    Quand je me rappelle
La beauté qui m'a défait
Et le regard séduisant
Venu d'un doux visage,
    Clair et souriant,
Dont chacun, à le voir,
    Ne peut qu'être épris.

II   Il n'est de si douce souffrance
Que de vivre en espérant,
Je ne peux donc avoir du mal
Si je souffre pour une telle dame.
    Voir sa beauté
Est un si grand plaisir
Que, si l'un de ceux qui m'ont blâmé
La fréquentait,
    Il l'aimerait
D'un amour ardent en écoutant
    Ses sages propos.

III   Ceux qui sont le plus capables
D'abstinence et le plus patients
Seraient tout excusés
S'ils devenaient amoureux
    En désirant
Ma dame, à qui je suis soumis.
Et puisqu'elle a tant de valeur,
Aucun homme sensé ne doit
    S'émerveiller
Si moi, qu'on tient pour un enfant,
    Je suis pris.

IV   Le pouvoir d'Amour est tel
Qu'il fait l'abstinent
Désirer sans mesure ;
Il rend hardi le craintif
    Et fait le sage
S'imaginer que c'est tout profit
Ce qu'il fuyait auparavant.
Et nul n'est si sûr de lui
    Qu'Amour ne l'ait
Vite changé en lui montrant
    Une dame de prix.

V   Ah ! dame de plus grande valeur
Que je ne le dis,

Douche et noble en contenanche,
48 Sage en oevre et en parlant,
    De cuer joiant
Vous ai servie toudis
Loialment. Mais en chantant
52 Ne puis de vous estre oïs
    Ni en plaignant :
De chou n'avés pas sievant
    Le cuer au vis !

VI 56 Veoir n'os pour les mesdis
    Son cors vaillant,
Ains ira par contremant
    Chis chans jolis.

IV

IV.R 152
  I   Il ne muet pas de sens chelui qui plaint
Paine et travail qui aquiert avantage :
(llb) Pour chou ne puis veoir que chiex bien aint
4 Qui pour goïr d'amour souffranche gage.
Qui n'est souffrans et d'estable corage,
Il ne se doit entremestre d'amer,
Car cors ne puet en amour pourfiter
8 Qui est acompaigniés a cuer volage.

II   Chil qui d'Amour essauchier ne se faint
Ne puet avoir en li servant damage.
Qui bien le sert, ses bienfais li remaint ;
12 Qui mal, drois est qu'il li tourt a hontage.
Dont ne fait pas chieus c'on le tingne a sage
Qui sert sa dame en amour de guiller ;
Chascuns le doit fuïr et eskiever
16 Con chelui qui se loiauté engage.

III   Voirs est c'Amours toute valour ataint,
Et par li sont furni tout vasselage ;
Les siens garnist, toute cruauté vaint ;
20 Dont sachent tout que g'iere en son servaige :
De bien amer voeil maintenir l'usage,
Plus douchement ne quier mon tans user,
Car je vail miex dou savereus penser
24 Et d'un joli espoir qui m'assouage.

---

7. cuers

Douce et noble de port,
Sage en paroles et en actes,
   Je vous ai servie
D'un cœur joyeux toujours
Loyalement. Mais de vous je ne puis
Etre entendu, que je chante
   Ou me plaigne :
En cela votre cœur ne s'accorde pas
   A votre visage.

VI   A cause des médisances je n'ose voir
      Sa précieuse personne,
Mais en remplacement il la visitera,
      Ce chant joyeux.

IV

I   Il manque de sagesse celui qui épargne
Une peine et un tourment de grand profit :
Aussi je n'admets pas qu'il aime bien, celui
Qui pour jouir d'amour refuse de souffrir.
Qui ignore souffrance et constance
Ne doit pas se mêler d'aimer,
Car en amour un corps ne peut rien gagner
Si son compagnon est un cœur volage.

II   Celui qui ne renonce pas à célébrer Amour
Ne peut, à le servir, avoir de dommage.
Qui le sert bien ne perd pas son service ;
Qui le sert mal, c'est pour sa honte.
Il ne cherche pas à passer pour sage
Celui qui sert sa dame d'un amour trompeur ;
Chacun doit le fuir et l'éviter
Comme un qui compromet sa loyauté.

III   Il est vrai qu'Amour conquiert tous les prix
Et que tout exploit lui est dû ;
Il arme les siens, il vainc toute cruauté ;
Que tous sachent que je serai à son service :
Je veux observer les règles d'Amour,
Je ne cherche pas une vie plus douce,
Ma valeur me vient de la pensée pleine de saveur
Et d'un joyeux espoir qui m'apaisent.

IV   N'est pas petis li maus qui me destraint :
            (11c) Mon taint viaire en trai a tesmoignage ;
            Par vo cuer l'ai, dame, quant il ne fraint
28   Vers moi qui nient ne demant par haussage
            Et qui sui tous vostres a hiretage.
            De che que vous m'avés fait endurer
            Veïst on tost autrui desesperer ;
32   Mais ja pour che n'i penserai folage.

V   Merchi, dame, la cui biautés sourvaint
            Mon cuer, qui vous a fait loial hommage !
            Si voirement qu'en vous li pooirs maint
36   De bien et tost alegier mon malage
            Et qu'en autrui n'en voi le signerage,
            Me voeilliés vous d'un resgart conforter !
            Et souffranche ne me porra grever,
40   Car bons secours fait bien tenir estage.

VI   Comment c'a moi soit ma dame sauvage,
            Pour acomplir son voloir sans veer
            Me voeil a li bonnement presenter
44   Par ma canchon, de cui je faic mesage.

V

V.R 149
I   Helas ! Il n'est mais nus qui aint
            Ainsint c'on deveroit amer ;
            Chascuns amans orendroit faint
4   Et veut goïr sans endurer.
            Et pour chou se doit bien (11d) garder
                Chele c'on prie ;
            Car tant est le femme proisie
8   C'on ne li set que reprouver !

II   Et tant amans en dangier maint
            Com ele se fait desirrer !
            Et, quant avient qu'il le seurvaint,
12   Haussage en li vaurra clamer
            Et chele n'osera parler
                Qu'il ne li die.

---

36. alegeriés — 39. soufferanche — 44. *Var.* Par toy chançons *P, etc.*
Var. 3. l'amant *PAQW'a (dans W le* s *final a été écrit sur un* t) — 10. K'amie
POTW'a

IV　　Il n'est pas petit le mal qui m'angoisse :
　　　J'en prends à témoin mon visage décoloré ;
　　　Je le dois, dame, à votre cœur inflexible
　　　Envers moi qui ne prétends à aucun droit
　　　Et qui suis à vous en toute propriété.
　　　Ce que vous m'avez fait endurer
　　　Eût tôt fait de désespérer un autre ;
　　　Pour autant je ne penserai pas à folie.

V　　　Pitié, dame ! vous dont la beauté a vaincu
　　　Mon cœur qui vous a fait un loyal hommage !
　　　Aussi vrai qu'il dépend de vous
　　　De rendre vite et bien mon mal plus léger
　　　Et que je ne vois qui d'autre en aurait le pouvoir,
　　　Veuillez me réconforter d'un regard !
　　　Et souffrir ne me pourra nuire,
　　　Car un bon secours rend inébranlable.

VI　　Bien qu'envers moi ma dame soit farouche,
　　　Pour accomplir sa volonté sans contredit
　　　Je veux m'offrir simplement à elle
　　　Grâce à ma chanson qui sera mon messager.

V

I　　　Hélas ! il n'est plus personne qui sache aimer
　　　Comme l'on devrait aimer ;
　　　Pas un amant qui aujourd'hui ne faigne
　　　Et ne veuille son plaisir sans patienter.
　　　Aussi doit-elle être sur ses gardes
　　　　　Celle qu'on prie d'amour ;
　　　Car la femme n'est louée
　　　Que tant qu'on ne sait que lui reprocher.

II　　　Et un amant ne reste en son pouvoir
　　　Que tant qu'elle se fait désirer !
　　　Mais s'il vient à en être vainqueur,
　　　Il prétendra avoir des droits
　　　Et elle n'osera parler
　　　　　Sans son autorisation.

Elas ! Con je plaing don d'amie
16   Pour si vilainement user !

III   Chascuns qui a viaire taint
Ne qui saroit bel sermonner
N'aimme pas pour chou s'il se plaint
20   Ne s'il est larges de donner.
D'amie voit on maint vanter
      Qui ne l'a mie.
Pour chou doit dame, ains qu'ele otrie,
24   Son ami par oevre esprouver.

IV   Chele qui par fierté destraint
Trop son ami fait a blamer,
Et chiex, s'il l'onneur de li fraint.
28   Moiennement couvient aler :
Dedalus, qu'ensi vaut ouvrer,
      Le senefie,
Et ses fiex qui par se folie
32   Fu tous ars par trop haut voler.

V   Je n'ai nient en amour ataint
Ne je n'os proiier ne rouver.
Pour ce li cuers pas ne m'estaint,
36   Ains vif de me dame esgarder,
De soushaidier et d'esperer :
      Tele est ma vie !
Chiex ne cache fors vilenie
40   Qui ne s'en veut a tant passer.

VI   Ma douche dame, on doit douter
      Langue polie.
Pour teus gens sui en jalousie
44   Qu'il ne vous puissent enganer.

VI

VI.R 148

I   (12a) Helas ! Il n'est mais nus qui n'aint
Plus c'on ne deveroit amer.
Et de tant me tieng pour ataint
4   C'ainc pour femme empris a chanter ;
Car or m'en convenra plourer
      Par leur boidie.
Escole, amis et singnerie
8   Ai perdu par eles anter.

Hélas ! Que je regrette qu'une amie se donne,
Quand on agit si mal !

III Un homme qui a le visage décoloré
Ou qui saurait bien parler
N'aime pas pour la seule raison qu'il se plaint
Ou qu'il donne sans compter.
On en voit maints se vanter d'avoir une amie
    Qui ne l'ont pas.
La dame, avant de se donner, doit
Mettre son ami à l'épreuve des faits.

IV Ils méritent d'être blâmés, celle
Qui par orgueil tourmente trop son ami
Et celui qui porte atteinte à son honneur.
Il faut suivre une voie médiane :
Dédale, qui choisit d'agir ainsi,
    L'enseigne,
Comme son fils qui dans sa folie
Fut tout brûlé pour un vol trop haut.

V Je n'ai rien obtenu en amour
Et je n'ose ni prier ni réclamer.
Ma flamme ne s'éteint pas pour autant,
Je vis de contempler ma dame,
De souhaits et d'espoirs :
    Telle est ma vie !
Il ne pourchasse que le mal
Celui qui ne se contente pas d'elle.

VI Ma douce dame, on doit craindre
    Des propos trop lisses.
J'appréhende que de telles gens
Ne puissent vous abuser.

VI

I Hélas ! il n'est plus personne qui sache ne pas aimer
Plus qu'on ne devrait aimer.
Et je me tiens pour malheureux de m'être
Un jour mis à chanter pour une femme ;
Me voici obligé de pleurer
    A cause de leur perfidie.
Ecole, amis et pouvoir,
J'ai tout perdu pour les avoir hantées.

II   En amour amertume maint
           Et de la muet au droit parler.
           Amours le sens loie et estaint,
12   Amours fait cuidier et sambler
           Que tout soit sens de che outre[r]
              Qui est folie,
           Et de sens que che soit sotie.
16   Qui plus i set, mains y voit cler !

III   Ne nus par bel servir n'i vaint
           Ne par se dame foy porter.
           Mais li trechieres qui se faint
20   Et qui set mentir et guiller
           Ou qui a assés a donner,
              Tel ont amie.
           Et li bons cuers honteus mendie,
24   Qui n'ose (12b) proiier ne rouver.

IV   En amour a de visses maint,
           Mais nus n'i fait tant a blamer
           Que che que femme cange et fraint,
28   N'on ne se puet en li fier.
           Chi aimme ore, chi laist ester :
              Che n'est point vie !
           Amours, vous soiiés li honnie,
32   Se ne leur faites comparer !

V   Chil qui bien sont d'amour empraint
           Doivent leur vie ensi mener :
           Se chele tient trop et destraint
36   Son ami, chiex doit endurer,
           Et chele aussi, s'ele ot bourder
              Gent par envie.
           On n'en doit partir pour che mie,
40   Ainz doit li uns l'autre amender.

VI   Je ne me puis d'Amour blamer
              Coi que jou die,
           Mais par droite fourseneri[e]
44   Me couvient ensi demener.

VII

VII.R 17ll

I   On me deffent que mon cuer pas ne croie,
           Mais si ferai, car il l'a deservi !
           Par lui sui jou en deduit et en joie,

II   L'amour n'est qu'amertume,
Elle vient de lui, à dire vrai.
L'amour enchaîne et étouffe la raison,
L'amour fait s'imaginer et croire
Que c'est raison que dépasser
    Les bornes de la folie,
Et que la raison est sottise.
Qui plus s'y entend, moins y voit clair !

III   Et nul n'y est vainqueur pour avoir bien servi
Ou tenu parole à sa dame.
Mais le fourbe qui fait semblant
Et qui sait mentir et tromper
Ou celui qui a de quoi donner,
    Ceux-là ont une amie.
Et le cœur noble, confus, mendie,
Lui qui n'ose ni prier ni réclamer.

IV   En amour il est bien des tares,
Mais aucune ne mérite autant le blâme
Que l'inconstance et l'infidélité de la femme
Et l'impossibilité d'avoir foi en elle.
Un jour, elle vous aime, un autre elle vous plante :
    Ce n'est pas une vie !
Amour, honte à vous,
Si vous ne le leur faites pas payer !

V   Ceux qui sont férus d'amour,
Voici la vie qui les attend :
Si elle enchaîne et tourmente trop
Son ami, il doit le supporter,
Et elle aussi, si elle entend les gens
    Railler avec envie.
On ne doit pour autant se séparer,
Mais ils doivent se faire valoir l'un l'autre.

VI   Je ne peux pas me plaindre d'Amour
    Quoi que je dise,
Mais — et c'est folie furieuse —
Il me faut vivre cette vie.

VII

I   On me défend de croire mon cœur,
Je le ferai pourtant, il l'a mérité !
Il me fait vivre en plaisir et en joie,

4   Car il a fait Amour venir a mi
        Par un desirrier joli
        Qu'il prist en le conte(12c)nanche
        Et en le douche samblanche
8   De l'amoureus viaire de cheli
        Cui je proi de cuer merchi.

II   Se par mon cuer n'en fuisse mis a voie,
    J'eüsse bien ore a goie failli.
12   Mais ne cuit pas que seus espris en soie,
    Et si me dout mout qu'ele n'aint ausi.
        Je ne le sai pas de fi;
        Mais pour oster le doutanche
16   Desir, sauve m'esperanche,
    Que nus ne fust jamais amés de li :
        S'en seroient tout onni !

III   De cheste erreur asseürés seroie,
20   S'un seul resgart d'umelité flouri
    De ses vairs ex en trespassant avoie.
    Ne ja douté je ne m'eüsse ensi,
        S'ele m'eüst nes oï
24   Quant je li dis me souffranche.
        Jou ne sai quele cuidanche
    Peüse avoir quant si dure le vi,
        Fors chou qu'ele eüst ami.

IV 28   Hé ! las, se singnerie le desvoie
    De moi amer. Parmi chou le graci :
    Avis li est qu'en autrui miex s'emploie,
    En despit a que j'ai si haut choisi.
32   Toutes eures je li pri,
        Par se tres haute vaillanche,
        Que un poi de souvenanche
    Ait des dolours que l'autre jour souffri
36   Au point qu'ele m'escondi.

V   Douche dame, tenres estre soloie,
    Mais vous m'avés par souffrir endurchi.
    Pres de confort piecha estre cuidoie,
40   (12d) Mais quant plus l'ai cacié, plus m'a fuï.
        Vos dous regars sans nul si
        Me promist bien aleganche ;
        Et vos cuers par sourcuidanche,
44   Qui pour me povreté s'enorgueilli,
        L'en a dou tout desmenti.

Car il a fait venir à moi Amour
    Avec un joyeux désir
    Qu'il a eu à voir le port
    Et le doux air
De l'aimable visage de celle à qui
    Je demande grâce du fond du cœur.

II   Si mon cœur ne m'y avait conduit,
J'aurais laissé échapper cette joie.
Mais je ne crois pas être le seul épris d'elle
Et j'ai bien peur qu'elle n'aime ailleurs aussi.
    Je n'en ai pas la certitude ;
    Mais pour m'ôter de cette peur,
    Je désire, sans préjudice de mes espoirs,
Que nul n'ait jamais été aimé d'elle :
    Ses amoureux en seraient au même point !

III   De cette inquiétude je serais délivré
Si en passant elle me jetait de ses yeux brillants
Ne serait-ce qu'un regard embelli de compassion.
Et jamais je n'aurais pris peur
    Si elle m'avait seulement entendu
    Quand je lui dis ma souffrance.
    Je ne sais quelle idée
J'aurais pu avoir quand je la vis si dure,
    Sinon qu'elle avait un ami.

IV   Hélas ! sa grandeur la détourne
De m'aimer. Pourtant je lui rends grâce :
Il lui semble qu'elle a mieux à faire ailleurs,
Elle dédaigne le choix si haut que je fis.
    Toutefois je la prie,
    Par ses très hauts mérites,
    D'avoir un peu mémoire
Des douleurs que naguère je souffris
    Quant elle m'éconduisit.

V   Douce dame, j'étais tendre,
Mais vous m'avez par vos rigueurs endurci.
Je me croyais autrefois près du réconfort,
Mais plus je l'ai pourchassé, plus il m'a fui.
    Votre doux regard me promit,
    Sans aucune réserve, du soulagement ;
    Et votre cœur, qui tire orgueil
De ma misère, avec arrogance
    L'a complètement démenti.

VIII

VIII.R 888

I
Je sench en moi l'amour renouveler
Qui autre fois m'a fait le douch mal traire
Dont je soloie en desirant chanter ;
4 Par coi mes chans renouvele et repaire.
    Ch'est bons maus qui cuer esclaire,
Mais Amours m'a le ju trop mal parti,
    Car j'espoir et pens par li
8   Trop haut : drois est qu'il y paire !

II
Et nepourquant bien fait a pardonner ;
Car quant dame est noble et de grant (l3a) affaire
[Et] bele et bonne et gent set honnerer,
12 Tant desert miex c'on l'aint par essamplaire.
    Et doit estre debonnaire
Envers povre homme en otriant merchi,
    Sauve s'onneur ; car je di :
16   Qui des bons est souef flaire.

III
Et parmi chou le m'estuet comperer :
Mes cuers me laist, me dame m'est contraire,
Et vous, Amours, qui de me dame amer
20 Donnés talent autrui pour moi mal faire !
    Les gens ne se pueent taire,
Et nis Pités s'est repuse pour mi.
    Assés de meschiés a chi,
24   Ains c'on en puist joie estraire !

IV
Dame, vostre oeil me font joie esperer,
Mais vo bouce ne cesse de retraire
Le largueche qu'il font en ravarder.
28 Par leur douchour vient en espoir de plaire,
    Car il sont en un viaire
Si amoureus, si douch et si poli
    C'onques courous n'en issi,
32   Fors ris et samblans d'atraire.

V
Pour si dous iex doit on bien lonc aler
Et mout i a precieus saintuaire.
Mais on n'i laist baisier ni adeser,
36 Ne nus ne doit penser si haut salaire.
    Drois est c'on se fraigne et maire
Vers tel jouel et c'on soit bien nouri,
    Sans faire le fol hardi
40   De parole ou de pres traire.

---

26. M. v. bonté

VIII

I   Je sens renaître en moi l'amour
Qui naguère m'a fait souffrir le doux mal
Qui m'incitait à chanter de désir ;
Aussi mon chant renaît-il, revient-il.
    L'heureux mal qui illumine le cœur !
Mais avec Amour la partie n'est pas égale :
    Il me fait espérer et penser
    Trop haut : il est inévitable que cela se voie !

II   Pourtant la faute est digne de pardon ;
Car quand une dame a éclat, noblesse,
Beauté et bonté, qu'elle sait bien traiter les gens,
Elle mérite d'autant plus un amour exemplaire.
    Et elle doit être généreuse
Envers un pauvre homme en lui accordant sa grâce
    En tout bien tout honneur ; car je dis :
    Le doux parfum qu'exhalent les meilleurs !

III   Pourtant il me faut payer mon amour :
Mon cœur me laisse, ma dame m'est hostile,
Vous aussi, Amour ! qui afin de me nuire
Donnez à d'autres le désir d'aimer ma dame !
    Les gens ne peuvent pas se taire,
Même Pitié s'est cachée loin de moi.
    Que de misères
    Avant de connaître la joie !

IV   Dame, vos yeux me font espérer de la joie,
Mais votre bouche ne cesse de retirer
Le don qu'ils font par leur regard.
A cause de leur douceur on a l'espoir de plaire,
    Car ils sont dans un visage
Si aimable, si doux et si lisse
    Que jamais n'en vint colère,
    — Uniquement sourire et séduction.

V   Pour de si doux yeux on viendrait de bien loin,
Ils sont un précieux reliquaire.
Mais on ne le laisse ni baiser ni toucher
Et nul ne doit songer à un si haut don.
    On doit se dominer et se maîtriser
Devant un tel joyau et se bien tenir,
    Ne faire l'insensé audacieux
    Ni en parlant ni en s'approchant.

IX

IX.R 1454

I
Li maus d'amer me plaist miex a sentir
K'a maint amant ne fait li dons (13b) de joie ;
Car mes espoirs vaut d'autrui le goïr
4   Si bien me plaist quanques Amours m'envoie.
Car quant plus sueffre, et plus me plaist que soie
Jolis et chantans ;
Aussi liés sui et joians
8   Que se plus avant estoie.

II
Che font li douch amoureus souvenir
De le meilleur dou mont qui me maistroie
Et nepourquant, se peüsse venir
12   Au douch otroi a coi Desirs m'avoie,
A jointes mains rians le prenderoie.
Mais li dons est grans :
Sages doit estre et vaillans
16   Li hom a cui on l'emploie.

III
Dont me doi bien a mon espoir tenir.
Dignes ne sui que l'otroi avoir doie,
S'umelités ne fait le cuer ouvrir
20   (13c) De me dame tant qu'ele en pité voie
Le loiauté c'a li ai et aroie,
Sans estre cangans,
S'en son cuer en aucun tans
24   Merchi seulement trouvoie.

IV
Dame et Amours, assés faites souffrir
Mon cuer qui point contre vos caus ne ploie ;
Si ne vous puis escaper ne fuïr,
28   Car par le cuer me tenés. Se j'avoie
Le vostre avoec, plus asseür seroie
De tous mesdisans,
Car vous estes si sachans
32   Que vous leur taurriés le voie.

V
Hé ! Franche riens, gentiex, faite a loisir,
Noble et vaillians, de contenanche coie,
Voeilliés mon chant, s'il vous plaist, retenir.
36   Par dire voir desert bien c'on le croie,
Qu'encore aim miex qu'il ne moustre et desploie ;
Si sui mesqu[e]ans

---

34. N. et gentiex] *PTW'*

IX

I   Il me plaît plus de sentir les maux d'amour
Qu'à bien des amants les derniers dons ;
Mon espérance vaut d'autrui la jouissance,
Tant me plaît tout ce qu'Amour m'adresse.
Plus je souffre, plus il me plaît d'être
        Gai et de chanter ;
    Je suis aussi heureux et joyeux
    Que si j'étais plus avancé.

II   Tel est l'effet du doux souvenir d'amour
Que j'ai de la meilleure du monde, qui me possède,
Et pourtant, si je pouvais obtenir
Le doux présent vers quoi Désir me mène,
Mains jointes, ravi, je le prendrais.
        Mais le don est grand :
    Il doit être sage et méritant
    Le vassal à qui on le concède.

III   Aussi dois-je m'en tenir à mon espoir.
Je ne suis pas digne d'en avoir l'octroi
Si la compassion ne fait s'ouvrir le cœur
De ma dame au point qu'elle voie avec pitié
La loyauté que j'ai et aurais envers elle,
        Sans être inconstant,
    Si seulement un jour
    En son cœur je trouvais grâce.

IV   Dame, Amour, vous faites beaucoup souffrir
Mon cœur qui ne plie pas sous vos coups ;
Et je ne peux vous échapper ou fuir,
Car vous me tenez par le cœur. Si j'avais
Aussi le vôtre, je craindrais moins
        Tous médisants,
    Car vous êtes si savante
    Que vous leur couperiez la voie.

V   Ah ! noble dame, merveille de perfection,
Pleine d'éclat, de prix et de réserve,
Veuillez, s'il vous plaît, agréer mon chant.
Parce qu'il est vrai, il mérite bien qu'on le croie,
Car j'aime encore plus qu'il ne le montre ;
        Je suis malheureux

Quant vous m'estes eskievans,
40   Qui trop miex le vous diroie.

VI   Ca[n]chon, va t'ent ou aler n'oseroie !
    Soies saluans
    De par moi les iex rians
44   Por cui mes cuers me renoie !

X

X.R 612

I   Li dous maus mi renouvelle :
    Avoec le printans
    Doi jou bien estre chantans
4   Pour si jolie nouvelle,
    C'onques (13d) mais nus pour si bele
    Ne plus sage ne meillour
    Ne senti mal ne dolour.
8   *Or est ensi*
    Que j'atendrai merchi.

II   Au desus de me querele
    Ai esté deus ans,
12   Sans estre en dangier manans
    De dame ou de damoiselle.
    Mais vair oeil, blanche maissele
    Rians et vermeille entour
16   M'ont cangié cuer et vigour.
    Or est ensi
    Que j'atendrai merchi.

III   Tant grate kievre en gravele
20   Qu'ele est mal gisans :
    Si est il d'aucuns amans !
    Tant joue on bien et revele
    Que d'une seule estinchele
24   Esprent en ardant amour :
    Je fui espris par tel tour.
    Or est ensi
    [*Que j'atendrai merchi.*]

IV 28   Dous vis, maintiens de puchele,
    Gens cors avenans
    Vers cui cuers durs c'aÿmans
    De joie oeuvre et esquartele,

---

9. atenderai — 16. *Var.* coulor *PQV*

Que vous m'évitiez, moi
Qui vous le dirais bien mieux.

VI   Chanson, va là où je n'oserais aller !
          Et salue
     De ma part les yeux riants
     Pour qui mon cœur m'abandonne !

                    X

I   Le doux mal me réveille :
          Avec le printemps
     J'ai bien lieu de chanter
     Pour une si joyeuse nouvelle,
     Car jamais nul pour une aussi belle,
     Une plus sage, une meilleure,
     Ne sentit mal ou douleur.
          Il le faut,
     J'attendrai sa grâce.

II   J'ai été mon maître
          Deux ans durant,
     Echappant au pouvoir
     D'une dame ou demoiselle.
     Mais des yeux brillants, des joues blanches,
     Souriantes et nuées de vermeil,
     Ont changé mon cœur et ma force.
          Il le faut,
     J'attendrai sa grâce.

III Tant gratte la chèvre le sable
          Qu'elle dort mal :
     C'est le sort des amoureux !
     On joue et fait tant la fête
     Qu'une seule étincelle
     Vous enflamme d'un amour brûlant :
     Je me suis enflammé ainsi.
          Il le faut,
     J'attendrai sa grâce.

IV   Doux visage, port de jeune fille,
          Gracieux corps plaisant
     Devant qui un cœur dur comme le diamant
     Se fend et s'ouvre de joie,

32   Mar fui a le fontenele
      Ou je vous vi l'autre jour,
      Car sans cuer fui ou retour.
        Or est ensi
36   *[Que j'atendrai merchi.]*

XI

XI.R 2128

I   Pour coi se plaint d'Amours nus ?
      Mais Amours se deüst (14a) plaindre,
      Car ele rent assés plus
4   C'on ne puist par sens ataindre
       Ne par bel servir.
      Or veut on sans deservir
      Recouvrer joie et amie ;
8   Et qui ne l'a leus qu'il prie,
       Si mesdit d'Amour
      Et de tele ou onques jour
      Ne trouva fors courtoisie.

II 12   Ja qui sera loiaus drus,
      Comment c'on le puist destraindre,
      N'iert de servir recreüs,
      Ains iert tousjours en li graindre
16   Foys dusque au morir.
      N'i[l] ne l'osera gehir,
      Et s'il avient qu'il li die
      Et se dame l'escondie,
20   Cuer ara meillour
      D'endurer miex la dolour
      Et miex li plaira la vie.

III   De cheus qui sont au desus
24   D'Amours voit on plus remaindre
      Et metre le mestier jus
      Que de chiaus c'Amours fait taindre
       Et assés souffrir.
28   Chascuns cache (14b) son desir,
      Qui a besoingne d'aïe :
      Pour chou doit estre saisie
       Dame de s'onnour,
32   Car qui fait de serf signour,
      Ses anemis monteplie.

---

9. amours] *QT* — 14. N'iert ja d'amer — 23. desous — 29. aide

C'est pour ma peine que j'ai été à la source
Où je vous ai vus naguère ;
Car j'en suis revenu sans mon cœur.
   Il le faut,
J'attendrai sa grâce.

XI

I Pourquoi se plaint-on d'Amour ?
Amour aurait lieu de se plaindre,
Car il donne beaucoup plus
Que sagesse ou service
   Ne feraient gagner.
Mais on veut sans l'avoir méritée
La joie d'être aimé ;
Celui qui ne l'obtient dès qu'il prie,
   Il médit d'Amour
Et de celle où jamais
Il n'a trouvé que courtoisie.

II Celui qui sera un loyal amant,
Quoi qu'on lui fasse subir,
Ne sera jamais las de servir,
Mais toujours sa fidélité grandira,
   Dût-il en mourir.
Il n'osera le moindre aveu,
Mais s'il arrive qu'il se déclare
Et que sa dame l'éconduise,
   Il aura encore plus à cœur
D'endurer sa douleur ;
Cette vie lui plaira mieux.

III De ceux qui triomphent d'Amour
On en voit plus renoncer
Et déposer les armes
Que de ceux qu'Amour fait pâlir
   Et beaucoup souffrir.
Qui a besoin de secours
Poursuit ce qu'il désire :
C'est pourquoi une dame doit rester
   Maîtresse de son fief,
Car faire de son serf son seigneur,
C'est multiplier ses ennemis.

IV   Frans cuers gentiex, esleüs
           Pour toutes valours achaindre,
36   Cors saigement maintenus
           Pour les mesdisans refraindre,
             Resgars pour ouvrir
             Cors pour cuer dedens ravir,
40   Sage, humle, bien ensengnie,
           Il n'est nus qui pensast mie
             Envers vous folour ;
           Car chascuns de vo valour
44   S'esbaubist et humelie.

V   Quant je vous voi, si sui mus
           Que me vigour sench estaindre
           Si que ne puis nes salus
48   Dire a vous ne samblant fai[n]dre
             Pour mon cuer couvrir.
           Mes cors commenche a fremir
           Et le langue m'est loïe
52   Aussi que se faerie
             Me venist entour ;
           Et quant je sui ou retour,
           Li reveoir me tarie.

VI 56   Canchon, fai toi de maisnie
           A me dame tant c'oïe
             Soies par douchour !
           S'on t'en cache, fai un tour,
60   Si rentre a l'autre partie.

XII

XII.R 1973
I   Merchi, Amours, de le douche dolour
           Que vo maistrie au cuer me fait sentir
           Pour le plus bele et toute le meillour
4   (14c) C'on puist ou mont ni amer ne servir !
             Ne ja deservir
            Je ne porrai envers vous
            Les biaus avantages dous
8   Que vous me faites venir,
           En tant sans plus que je l'aim et desir.

---

40. humele — 46. estraindre

IV   Cœur noble et généreux, élu
Pour enclore toutes vertus,
Corps gouverné avec sagesse
Pour faire taire les médisants,
    Regard fait pour ouvrir
Le corps pour en ôter le cœur,
Dame sage, humble, bien éduquée,
A nul vous n'inspireriez une
    Mauvaise pensée ;
Car chacun devant votre valeur
Reste stupéfait et s'humilie.

V   Quand je vous vois, je suis muet
Et je sens ma force défaillir
Au point que je ne peux même pas
Vous saluer ou avoir une attitude
    Qui cache mon cœur.
Mon corps commence à trembler
Et j'ai la langue liée
Comme si j'étais l'objet
    D'un enchantement ;
Et sur le chemin du retour,
Vous revoir fait mon tourment.

VI   Chanson, deviens un familier
De ma dame jusqu'à ce que
    Tu sois écoutée gracieusement !
Si on te chasse, fais le tour
Et rentre par un autre côté.

XII

I   Grâce ! Amour, pour la douce douleur
Que votre pouvoir fait sentir à mon cœur
A cause de la plus belle et de la meilleure
Qu'on puisse au monde aimer ou servir !
    Jamais de vous
    Je ne pourrai mériter
    Les beaux et doux présents
    Dont vous me comblez,
Rien qu'en me laissant l'aimer et la désirer.

II   Je tieng l'espoir, le desir et l'amour
            A bel deduit, qui s'i set maintenir,
12   Tout soit ensi c'on ne puist par nul tour
            Ja a l'amour de se dame avenir;
                    Car li souvenir
                Qui en viennent font courous,
16   Despis, haïne et maus tous
                Laissier, despire et haïr
            Et le jouvent en joie maintenir.

III   Dame gentiex de cuer, noble d'atour,
20   Gente de cors, delitable a veïr,
            Resplendissans de naturel coulour
            Entour vairs ex rians a l'entrouvrir,
                    Je doi bien fremir
24   Et trebuchier au desous,
                Quant en lieu si precieus
                M'osai d'amer enhardir,
            [Mais force d'Amours m'i fist enchaïr];

IV   28   Si vous em pri le merchi par douchour,
            Franche dame; car ne m'en poi tenir.
            Or le comper et si n'ai pas vigour
            C'onques vers vous m'osasse descouvrir.
32   (14d) Miex m'en vient tapir:
                Che n'est pas paire de nous,
                Bien sai; ja n'iere rescous,
                Pour tant i porrai morir
36   Se vous Pité n'en laissiés couvenir.

V   Dame, merchi vous proi s'onques nul jour
            Nus gentiex cuers ot pité de martir;
            Non pas pour chou qu'aie anui ne freour
40   Ne desespoir pour longuement souffrir;
                    Car si grant plaisir
                Prench es dous maus saverous,
                Com plus sench plus sui joious,
44   Ne je n'en voeil point guarir,
            Car mes espoirs vaut d'autrui le goïr.

                        XIII

XIII.R 2024
    I   On demande mout souvent qu'est Amours,
                Dont mains hom est de respondre esbaubis.

_____
17. L. guerpir

II   Je tiens l'espoir, le désir et l'amour
     Pour de beaux plaisirs, si on sait les goûter,
     Quand même on ne peut nullement
     Parvenir à l'amour de sa dame ;
         Car les souvenirs
        Qui en viennent font laisser,
        Dédaigner et haïr colère,
        Dédain, haine et tous maux,
     Et à la jeunesse garder la joie.

III   Dame noble de cœur, splendide de port,
     Belle de corps, délicieuse à voir,
     Resplendissant de ce teint naturel
     Qui enchasse des yeux vifs, souriants quand ils s'ouvrent,
         Il me faut trembler
        Et tomber de haut,
        Puisque j'ai eu l'audace de mettre
        Mon amour en un lieu si précieux,
     Mais c'est Amour qui d'autorité m'a fait succomber.

IV   Je vous demande une douce grâce, noble dame,
     Je n'ai pu m'empêcher d'aimer.
     Je le paie cher et je n'ai pas la force
     D'oser me découvrir à vous.
         Il vaut mieux m'en taire :
        Nous ne sommes pas égaux,
        Je sais ; jamais je ne serai secouru,
        Aussi je pourrai en mourir
     Si vous ne laissez pas faire Pitié.

V   Dame, je vous demande grâce, si jamais
     Un noble cœur eut pitié d'un martyr ;
     Non que j'éprouve tourment ou peur
     Ou désespoir à si longtemps souffrir ;
         Car je prends un si grand plaisir
        A mes maux doux et exquis
        Que plus j'en éprouve, plus j'ai de joie,
        Et je n'en veux pas guérir,
     Mon espérance vaut d'autrui la jouissance.

XIII

I   On demande souvent ce qu'est Amour,
     Ce qui en laisse beaucoup sans voix.

Mais qui a droit sent les douches dolours,
4   Par soi meïsme en puet estre garnis,
        Ou pas n'aimme, che m'est vis ;
        Et, s'il aimme, s'est li vie
        En chelui (15a) mal emploïe
8   Qui vit en si fole errour
        Car il dist qu'il a segnour
        Et si ne le connoist mie !

II   Amours est volentés durans tous jours
12   En cuer d'amant d'amour de dame espris,
        Dont Desirriers est li douche savours
        Et Esperanche en est li drois delis.
            Estre amés, ch'est li merchis ;
16   Par resgart est commenchie
            Et pour valoir poursievie.
            Traïson het et folour,
            Et fait sambler que la flour
20   Chascuns dou mont ait choisie.

III   Endroit de moi qui n'ai pensee aillours,
        Me sui je bien de tout chou garde pris ;
        Car j'ai sentu c'Amours est par ches tours
24   Et les ai tous en li servant apris,
            Fors seulement d'estre fis
            Se j'arai jamais amie :
            Esperanche le m'afie
28   Qui les cuers tient en vigour.
            Tant c'on ait si bel retour,
            Pour coi pense on a folie ?

IV   Tous jours voit on traïr les traïtours
32   Et peu prisier bonne dame leur dis,
        Car tost connoist les faus et les meillours.
        Qui aimme honnour, il le warde tous dis
            N'il n'est mie fins amis,
36   Qui bonne dame castie.
            Dont je blame jalousie,
            Car puis c'on set le valour
            De se dame, quel paour
40   En a on fors par sotie ?

V   Dame de joie et tresors de secours
        Pour enrichir d'onneur les plus men(15b)dis,
        Biautés parfaite et sans cure d'atours,
44   Biaus reconfort a cheus qui quierent pris,

4. meïsmes] *PQW'* — 6. chest

Mais qui ressent vraiment les douces douleurs
N'a besoin de personne pour répondre,
    Ou bien il n'aime pas, ce me semble ;
    Et s'il aime, à quoi bon
    Cette existence s'il vit
    Dans un tel égarement
    Qu'il dit qu'il a un seigneur
    Et pourtant ne le connaît pas !

II   Amour est une volonté perpétuelle
En un cœur d'amant épris de l'amour d'une dame ;
Désir en est la douce saveur
Et Espérance en est le vrai plaisir.
    Etre aimé, c'est la grâce attendue ;
    L'amour naît du regard
    Et valoir en est la suite.
    Il hait trahison et folie
    Et fait croire à chacun qu'il a
    Distingué la fleur du monde.

III Quant à moi qui ne pense à rien d'autre,
J'ai bien vérifié tout cela ;
J'ai éprouvé qu'Amour réside en ces points
Et je les ai tous appris à son service,
    Sauf la certitude
    D'avoir un jour une amie :
    Espérance me le promet,
    Elle qui soutient les cœurs.
    Jusqu'à ce qu'on ait une si belle récompense,
    Pourquoi penserait-on à mal ?

IV Toujours on voit les traîtres trahis
Et une vraie dame faire peu de cas de leurs propos,
Car elle distingue vite les faux et les meilleurs.
Qui aime l'honneur l'observe toujours
    Et il n'est pas un vrai amant
    Celui qui fait la leçon à sa dame.
    Aussi je blâme la jalousie,
    Car dès lors qu'on sait la valeur
    De sa dame, pourquoi s'inquiéter
    A son égard, sinon par sottise ?

V   Dame de joie, trésor de secours
Bon pour enrichir d'honneur les plus pauvres,
Beauté parfaite qui se passe d'atours,
Beau réconfort pour ceux qui veulent valoir,

Dous cuers, ne vous soit despis
Se je vous aim sans boidie !
Amours a fait s'envaïe
48   Sour moi, tant me vint entour,
Et vos resgars qui douchour
Et pitié me senefie.

VI   Canchon, a mon seigneur prie
52   De Saint Venant qu'en l'onnour
D'Amours, quant ert a sejour,
En lieu afferant te die !

XIV

XIV.R 500
I   Au repairier en la douche contree
Ou je men cuer laissai au departir,
Est ma douche dolours renouvelee
4   Qui ne mi laist de chanter plus tenir.
Puis que d'un seul souvenir
Jolis estre aillours soloie,
Pour coi chi ne le seroie
8   (15c) Ou je sai et voi cheli
Qui me tient joli ?

II   On dist que point n'ai maniere muee
Pour le revel qui me plaist a sievir ;
12   Selonc sen mal et selonc se pensee
Se doit amans deduire et maintenir.
Comment porroit cuers sentir
Si douch mal sans estre en joie ?
16   Car dou pis c'Amours envoie,
Ch'est c'on desire merchi
Et il m'est ensi.

III   Mais tant me plaist cheste painne et agree
20   Que je le prench a savour de goïr ;
On prent en gré le cose presentee
Selonc le lieu dont on le voit venir :
Si doi en gré recueillir
24   Mon mal, car miex m'i emploie
Que se d'autre amés estoie,
N'onques mais nus ne senti
Mal si congoï.

---

46. folie — 51. *La reprise ne se lit que dans WQ, W' a un vers :* Tant vous en di a
ceste fie — 53. assejour
20. assavour

Doux cœur, ne prenez pas de haut
Que je vous aime sans perfidie !
Amour a lancé une attaque
Contre moi, rôdant autour de moi,
Aidé de votre regard qui signifie
Pour moi douceur et pitié.

VI   Chanson, prie mon seigneur
De Saint-Venant de te dire en l'honneur
D'Amour, quand il en aura le loisir,
Là où tu dois être dite !

XIV

I   En revenant au doux pays
Où j'avais laissé mon cœur en partant,
Ma douce douleur renaît
Qui ne me permet plus de me retenir de chanter.
   Puisque le seul souvenir
   Ailleurs me rendoit joyeux,
   Pourquoi ne le serais-je pas ici
   Où je sais et vois celle
      Qui me rend joyeux ?

II   On dit qu'elle n'a pas changé ma façon,
La fête qu'il me plaît de faire ;
Un amant doit se comporter et se réjouir
Selon son mal et selon sa pensée.
   Comment un cœur pourrait-il ressentir
   Un si doux mal sans être en joie ?
   Le pis qu'Amour envoie,
   C'est qu'on désire grâce
      Et c'est mon cas.

III   Mais cette peine me plaît et m'agrée tant
Que je lui trouve la saveur de la jouissance ;
On prend en gré ce qui se présente
En considérant d'où on le voit venir :
   Je dois prendre en gré
   Mon mal, car il vaut mieux pour moi
   Que si j'étais aimé d'une autre,
   Et jamais nul n'a ressenti
      Un mal si goûté.

IV 28   Dame gentiex, de tout le mont amee
         Pour vo bonté qui ne puet amenrir,
         Douche, amoureuse ymage desirree,
         Daigniés me en vo serviche retenir !
32   Je ne quier autre merir
             Ne penser ne l'oseroie,
             Qu'encor m'est avis que soie
             Trop peu sousfissans d'estre y,
36   S'Amours n'est pour mi,

V   Et vo gent cors ou franquise est moustree
         A vo resgart riant a l'entrouvrir,
         [Seant en une face colouree]
40   Dont je ne puis iex et cuer espanir ;
             Ains vous voi de tel desir
             Et si m'entente i emploie
             C'avis m'est que je ne voie
44   Adont chiel ne terre, si
                 Me sench [je] ravi.

VI   [Cançon, je t'envoieroie
         U ma dame est, se j'osoie ;
48   Mais le cuer n'ai si hardi :
             Amours ! Donnés li !]

XV

XXXI.R 658
I   Amours m'ont si douchement
             Na(15d)vré que nul mal ne sent :
             Si servirai bonnement
4   Amours et men douch ami
                 A cui me rent
             Et fac de men cuer present,
             Ne jamais pour nul tourment
8   Que j'aie n'iert autrement,
             Ains voeil user mon jouvent
                 En amer loialment.

II   Et si ne m'en caut comment
12   On m'aparaut laidement,
             Puis que j'ai fait mon talent

---

37. En — 38. En vos vairs ex rians — 39. *Vers rétabli d'après QITV* —
46. *Reprise rétablie d'après P, etc.*
    2. sench — 4. *Var.* Amours et ma douce amie *P* Ma douce dame et Amours *I* —
6. *Var.* cors *IP*

IV Noble dame, aimée de tout le monde
Pour un mérite qui ne peut diminuer,
Douce figure aimable et désirée,
Daignez me retenir à votre service !
    Je ne veux d'autre récompense
    Et je n'oserais y penser,
    Car je crois même que je suis
    Très indigne de lui
        Si Amour n'est avec moi

V Ainsi que votre gracieuse personne où la noblesse se voit
A votre regard souriant quand s'ouvrent vos yeux,
Dans un visage au beau teint
Dont je ne peux sevrer mes yeux et mon cœur ;
    Au contraire je vous vois avec un tel désir
    Et je fixe sur vous une telle attention
    Que je crois que je ne vois
    Alors ni ciel ni terre, tant
        Je me sens ravi.

VI Chanson, je t'enverrais
Là où est ma dame, si j'osais ;
Mais je n'ai pas le cœur si hardi :
    Amour ! donnez-la-lui !

XV

I Amour m'a si doucement
Blessé que je ne ressens nul mal :
Je servirai loyalement
Amour et mon doux ami
    A qui je me donne
Et fais présent de mon cœur,
Et jamais aucune douleur
Ne fera qu'il en aille autrement,
Au contraire je veux passer ma jeunesse
    A aimer loyalement.

II Et peu m'importe si
On m'interpelle avec aigreur,
Puisque je fais ce que je veux

Et je puis jesir souvent
          Les son cors gent.
16   Je n'en crieng oré ne vent,
Mais bon se fait sagement
Deduire et si soutieument
C'on n'en puist entre le gent
20   Parler vilainnement.

III   Trop mesistes longement,
Amis, a moi proiier ent.
Se vous m'amiés loialment,
24   Je vous amoie ensement
          Ou plus forment;
Mais femme au commenchement
(16a) Se doit tenir fierement :
28   Pour chou, s'ele se deffent,
Ne doit laissier qui i tent
          A requerre asprement.

                    XVI

XVII.R 1018
I   De chanter ai volenté curieuse
Pour une dame a cui feüté doi.
Mais en servant me doit sanler cousteuse,
4   Car je le truis, et si ne sai pour coi,
A l'escondire envers moi trop viseuse.
Veoir le puisse encor en autre ploi,
          Si voirement que je proi
8   De volenté amoureuse !

II   Ahi ! Amours soutiex et artilleuse,
Qui de tous justichier savés vo roi,
Pour coi souffrés qu'ele m'est si crueuse
12   Que nes par se volenté ne le voi ?
Mais raison a quant de moi n'est piteuse :
Ele aimme autrui puis qu'ele ne (16b) vieut moi,
          Car onques ne fu, je croi,
16   Teus dame d'amer wiseuse.

III   Sage est et bonne et bele et gracieuse;
Chascuns pour se valour li porte foi.
Traite ai pour li mainte nuit dolereuse
20   Et trespassé maint dolereus castoi.
Mais gaires n'est de me joie soingneuse,

---

17. *Var.* coiement *P* — 18. soutieuement *Var.* sagement *P*

Et que je peux coucher souvent
    Auprès de son beau corps.
Je ne crains ni vent ni orage,
Mais il est bon de se conduire
Si sagement et finement
Que les gens ne puissent
    En parler laidement.

III   Vous avez mis bien longtemps,
Ami, à me prier.
Si vous m'aimiez loyalement,
Je vous aimais de même
    Ou plus fort ;
Mais une femme au début
Doit se montrer farouche :
Aussi, si elle se défend,
Qui la désire ne doit cesser
    De la prier instamment.

XVI

I   J'ai de chanter un vif désir
Pour une dame à qui je dois fidélité.
Mais quand je la sers, elle me paraît d'un grand coût,
Car je la trouve, et je ne sais pourquoi,
Très habile pour m'éconduire.
Puissé-je la voir dans d'autres dispositions,
    Aussi vrai que je la prie,
    Le cœur plein d'amour !

II   Hélas ! subtil et rusé Amour,
Vous qui savez si bien comment gouverner tout le monde,
Pourquoi souffrez-vous qu'elle me soit si cruelle
Que, sur son ordre, je ne la voie même pas ?
Elle a un motif pour ne pas avoir pitié de moi :
Elle en aime un autre puisqu'elle ne me veut,
    Car jamais, je m'en doute,
    Une telle dame ne négligea d'aimer.

III   Elle est sage et bonne et belle et pleine de grâce ;
Chacun la sert à cause de ses mérites.
J'ai passé pour elle bien des nuits de douleur
Et supporté bien de douloureux blâmes.
Mais elle ne se soucie guère de ma joie,

A mon vis pert et a mon maintien coi
  C'ainc dame ne fu si poi
24   D'autrui pourfit couvoiteuse.

IV S'affiert il bien a dame c'on en traie
  Les biaus samblans, sauve l'onneur de li ;
  Car biaus samblans riens ne couste ne fraie
28 Et s'a tost un disiteus enrichi.
  Jou ne di pas que de me dame l'aie.
  Pour ceus par aventur[e] y ai failli,
   Qui de fausser ont le cri ;
32   Et pour aus de moi s'esmaie.

V Pour chou fait mal quant ele ne m'essaie :
  Adont saroit a cui donner merchi ;
  Mais je ne sai comment a chou l'atraie :
36 Bele dame est, ne s'avilleroit si.
  Pour chou me douch Lucifer ne pourtraie
  Qui pour se grant biauté s'enorgueilli,
   Et qu'ele ne fache aussi
40   Vers moi qui l'aim d'amour vraie.

VI [Canchons, di li que doit que ne me paie
  Selonc l'amour k'ele a trové en mi.
   Quant ara cest mant oï,
44   Or proi Diu que bien m'en kaie.]

XVII

XVIII.R 2025
I Ma douche dame et Amours
  Me font tant amer me vie
  C'uns ans me samble uns seus jours
4 Et ma souffranche (16c) est jolie.
  Mais si bien ne m'alast mie
  As maus c'on me fait sentir
  Se li espoirs de goïr
8 Ne me tenist compaignie.

II Chis espoirs est mes retours,
  Entreus que merchis detrie.
  La me deduis si qu'aillours
12 Ne pens : che le senefie
  C'on me salue tel fie,
  Sour le point dou souvenir,

---

41. *Reprise rétablie d'après P, etc.*

A voir mon visage et ma réserve il est clair
   Que jamais dame ne désira
   Si peu le profit d'autrui.

IV   Pourtant il ne messied pas à une dame qu'on en retire
Des encouragements, en tout bien tout honneur ;
Un encouragement ne coûte rien
Et il a vite enrichi un indigent.
Je ne dis pas que je l'obtienne de ma dame.
Peut-être l'ai-je manqué à cause de ceux
   Qui ont la réputation de tromper ;
   C'est à cause d'eux qu'elle s'éloigne de moi.

V   Elle a donc tort de ne pas me mettre à l'épreuve :
Elle saurait alors à qui faire grâce ;
Mais je ne sais comment l'y amener :
C'est une belle dame, elle ne s'abaisserait pas tant.
Je crains donc qu'elle ne soit à l'image de Lucifer
Qui s'enorgueillit de sa grande beauté,
   Et qu'elle n'agisse de même
   Envers moi qui l'aime d'amour vrai.

VI   Chanson, demande-lui pourquoi elle ne me paie
Au prix de l'amour qu'elle a trouvé chez moi.
   Quand elle aura entendu ce message,
   Je prie Dieu que je m'en trouve bien.

XVII

I   Ma douce dame et Amour
Me font tant aimer ma vie
Qu'un an me semble un jour
Et que souffrance m'est joie.
Mais je ne me trouverais pas si bien
Des maux qu'on me fait ressentir
Si un espoir de jouissance
Ne me tenait compagnie.

II   Cet espoir est mon refuge
Tant que sa grâce me fait attendre.
J'y prends plaisir en sorte que je ne pense
A rien d'autre : la preuve en est
Qu'on me salue parfois,
Juste quand je songe à elle,

Que de dire n'ai loisir
16   As gens : "Diex vous beneïe !"

III   Dame blanche comme flours,
       Tenre de cuirien, delie,
       Li mieudre entre les meillours,
20   Essample de courtoisie,
       Diex a si tres grant partie
       De biens mis a vous furnir
       C'une autre se doit tenir
24   Dou meneur a bien païe.

IV   Qui ne mouveroit coulours
       De veoir la signerie,
       Les maintiens et les honnours
28   Dont vous estes entechie
       Et honneree et proisie !
       Chil qui servent de mentir
       Se doivent, nes de l'oïr,
32   Chastoier de leur folie.

V   Dame, si que vo valours
       N'en doive estrë amenrie,
       Vous pri merchi et secours,
36   Dont bien estes aaisie.
       C'est riqueche en tresorrie,
       Qui ne sert fors de gesir.
       Et n'en volés enlarguir,
40   Et tout (16d) adés monteplie !

VI   [Trop est grans li dons d'amie,
       Nonpourquant jou le desir.
       Mais on me puet retenir
44   Souvent de mains le moitie.]

XVIII

XX.R 1458
I   Qui a droit veut Amours servir
       Et chanter de joieus talent,
       Penser ne doit as maus qu'i sent,
4   Mais au bien qui en puet venir.
           Che fait cueillir
       Sens et bonté et hardement,

---

25. *Var.* mueroit *P, etc.* — 34. amenrize — 39. *Var.* Ca⁻ nel *Pa* Car nen *T* Si nen *Q* — 41. *Reprise rétablie d'après* PQTa

Et que je n'ai loisir de dire
Aux gens : "Dieu vous bénisse !"

III Dame blanche comme une fleur,
Tendre de peau, délicate,
La meilleure d'entre les meilleures,
Modèle de courtoisie,
Dieu vous a dotée
De tant de vertus
Qu'une autre devrait se tenir
Pour comblée de la moindre.

IV Qui ne changerait de couleurs
A voir la majesté,
Le port et la dignité
Dont vous êtes dotée
Et honorée et ennoblie !
Ceux qui ne savent que mentir
Doivent, rien qu'à en entendre parler,
Se corriger de leur vice.

V Dame, aussi vrai que votre valeur
N'en sera amoindrie,
Je vous demande grâce et secours :
Ils sont en votre pouvoir.
C'est de l'argent dans un coffre
Qui ne fait que dormir.
Et vous ne voulez pas en faire largesse,
Et toujours il déborde !

VI Le don d'amie est chose considérable,
Pourtant je le désire.
Mais on peut me retenir
Souvent pour moins de la moitié.

XVIII

I Qui veut servir Amour comme il faut
Et chanter d'un cœur joyeux
Ne doit pas songer aux maux qu'il ressent,
Mais au bien qui peut en venir.
        Il y gagne
Savoir, valeur et hardiesse,

Et le mauvais bon devenir ;
8   Car chascuns bee au deservir,
     Puis c'on i tent.

II   Qui s'esmaie pour mal sentir
    Ne qui prent garde a son tourment,
12   Il ne puet amer longement ;
    Mais com plus pense par loisir
      A son desir,
    Et plus li samble [qu'il vient lent.
16   Ensi fait ensamble] anientir
    Lui et Amours et dessenir
      Tout son jouvent.

III   Par rire et par biaus dis oïr
20   Et par joli contenement
    Vient Amours au (17a) commenchement ;
    Et ensi se veut poursievir
      Et esbaudir
24   Et esperer merchi briement,
    Encor n'i puist on avenir.
    Ensi veut Amours maintenir
      Se douche gent.

IV   28 Trop font chil amant a haïr
    Qui requierent hardiement :
    Ch'est de desir[er] folement
    Qu'il ne se pueent astenir.
32   Et s'au partir
    Sont escondit vilainement,
    Or ont il deus tans a souffrir :
    Car chou c'on ne vaurroit veïr
36   Quiert on souvent !

V   Pour chou fait bon mains envaïr ;
    Car puis c'amans a hardement
    De proier dame qui s'entent,
40   Monstre il qu'il le doive fuïr ;
      Car descouvrir
    N'oseroit son cuer nulement
    Fins amis, ains laist couvenir
44   Pité qui nient ne laist perir
      Qui tout li rent.

VI   Robert Nasart, d'un chant furnir
    Mis envers vous un plege gent.

---

10. souffrir] *PQa* — 15. *Saut du même au même corrigé d'après P, etc.*— 35. oïr]
PQa — 42. *Var.* veulement *P*

Et le mauvais en devient bon ;
Car chacun veut mériter ce bien
    Dès lors qu'il aspire à lui.

II   Qui s'inquiète pour le mal qu'il ressent
Et prend garde à son tourment
Ne peut pas aimer longtemps ;
Mais plus il songe à loisir
    A ce qu'il désire,
Plus il lui semble qu'il est lent à venir.
Ainsi se perd-il en perdant
Amour et il prive de raison
    Toute sa jeunesse.

III Rire, entendre de beaux propos,
Une attitude joyeuse,
Font naître l'amour ;
C'est ainsi qu'il continue,
    Tandis qu'on se réjouit
Et espère une prompte grâce,
Même si on ne peut l'obtenir.
C'est ainsi qu'Amour veut garder
    Ses aimables gens.

IV Ils méritent bien la haine, les amants
Qui sollicitent avec hardiesse :
Ils ne peuvent s'abstenir
De désirs insensés.
    Et si en définitive
Ils sont éconduits honteusement,
Ils ont deux fois à souffrir :
Ce qu'on ne voudrait pas voir,
    On le cherche souvent !

V   Aussi vaut-il mieux être moins pressant ;
Car dès lors que l'amant a la hardiesse
De prier la dame qu'il désire,
Il montre qu'il lui faudra un jour la fuir ;
    Car découvrir
Son cœur si peu que ce soit, un vrai ami
Ne l'oserait : il laisse faire Pitié
Qui ne laisse rien périr
    Et qui lui rend tout.

VI Robert Nasard, je vous ai donné
Un gracieux garant du chant à vous promis.

48   Par amours, sire, quitiés l'ent !
      Car je vous vieng che chant offrir
            Pour r[a]emplir
      Che que vous avoie en couvent.
52   Pour riens n'en vausisse mentir :
      Qui seur tel plege acroit, tenir
            Doit bien couvent.

XIX

XIX.R 52

I   Merveille est quel talent j'ai
            De chanter,
      Car je ne puis ne ne sai
4   Tant penser
      Que puisse voie trouver
      C'on eüst (17b) de moi merchi.
      On a par fausser goï,
8   Mais anchois morroie
      Que je vausisse avoir joie
            Pour avoir menti.

II   Jamais jour ne cesserai
12   D'esperer
      Merchi. Ne sai se l'arai,
            Mais anter
      N'os ma dame n'aparler ;
16   Car je n'affierch mie a li
      Et si me douch mout ausi,
            Se je l'aparloie,
      Tost ne desist : "Va te voie !"
20   S'aim miex estre ensi.

III   Se j'ai merchi, g'i venrai
            Par amer
      Ne ja ne le conquerrai
24   Par rouver.
      Car me dame voit tot cler
      Que je l'aim trop miex de mi :
      Quant li plaira, tost gari
28   M'ara. Mais se le veoie
      Assés, nul mal n'averoie
            Fors douch et joli.

IV   Vermeille que rose en mai
32   Pour mirer,

---

31. *Var.* V. est q. *P*

De grâce, seigneur, tenez-l'en quitte !
Car je viens vous offrir ce chant
    Pour tenir
Ce dont j'étais convenu.
Pour rien au monde je ne voudrais me parjurer :
Qui de sa dette a un pareil garant ne peut
    Que tenir sa promesse.

XIX

I   Il est étonnant le désir que j'ai
        De chanter,
Car je ne peux ni ne sais
    Penser au point
De trouver le moyen
Qu'on ait pitié de moi.
D'autres par tromperie ont eu leur plaisir,
    Mais je mourrais
Avant de consentir à avoir ma joie
    Au prix de mensonges.

II   Jamais je ne cesserai
        D'espérer
Ma grâce. Je ne sais si je l'aurai,
    Mais je n'ose
Hanter ma dame ni l'aborder ;
Car je ne suis pas digne d'elle
Et je redoute beaucoup aussi
    Que, si je l'abordais,
Elle ne me dise : "Passe ton chemin !"
    J'aime mieux en rester là.

III   Si j'obtiens grâce, j'y arriverai
        A force d'amour
Et je ne la conquerrai pas
    En réclamant.
Car ma dame voit clairement
Que je l'aime bien plus que moi :
Quand il lui plaira, elle m'aura
    Vite guéri. Mais si je la voyais
Souvent, je n'aurais d'autre mal
    Que doux et joyeux.

IV   Vermeille comme une rose de mai
        Quand on vous contemple,

Clere que solaus el rai,
            Ains lasser
Ne me poi de raconter
36   Le sens de saison cueilli
Et le bien qu'avés nourri,
            Que vos viaires otroie.
Diex vous tenoit bien a soie,
40   Quant il vous furni !

V   Dame, je vous prierai
            Au finer
Que che dont sui en esmai
44   D'achiever,
Que vous daingniés escouter
Et chanter che chant seri.
Si m'arés mout enrichi
48   Et miex en feroie
Canchon, s'a faire l'avoie :
            Pour (17c) chou le vous di.

XX

XXI.R 2038
I   Sans espoir d'avoir secours
            De nului
Et ou pieur point d'Amours
4   C'onques fui,
            Ai faite canchon ;
Si n'en ai autre ocoison
Fors c'une dame m'en prie,
8   Qui est de tel singnourie
C'on doit a li obeïr
            Dusc'au morir.

II   Et nepourquant me dolours
12   Muet d'autrui.
Chele est mireours et flours
            Entour cui
            Malvais cuer felon
16   Prendent voloir d'estre bon,
S'il antent se compaingnie.
Je ne desir longue vie,
[Fors] pour paour de guerpir
20   Li a veïr.

---

46. joli] *PQTa*

Aussi claire qu'un rayon de soleil,
    Je n'ai jamais pu
Me lasser de dire
La sagesse cueillie à point
Et le bien, que vous avez fait fructifier,
    Que votre visage fait partager.
Dieu vous tenait bien pour sienne
    Quand il vous forma !

V   Dame, je vous prierai,
        Pour finir,
    De daigner écouter
        Ce que je suis
    En peine d'achever,
    Et de chanter ce chant mélodieux.
    Alors vous m'aurez beaucoup enrichi
        Et j'en ferais mieux
    Une chanson, si je le devais :
        Voilà pourquoi je vous le demande.

XX

I   Sans espoir d'avoir secours
        De personne
    Et dans le pire état où Amour
        M'ait jamais mis,
        J'ai fait une chanson ;
    Cela sans autre raison
    Qu'une dame m'en prie,
    Dame de telle grandeur
    Qu'on doit lui obéir
        Jusqu'à la mort.

II Et pourtant ma douleur
        Vient d'une autre.
    Elle est le miroir et la fleur
        Dont la vue donne
        Aux mauvais et méchants cœurs
    La volonté d'être bons
    S'ils cherchent sa compagnie.
    Je ne désire pas vivre longtemps,
    Sinon par peur de cesser
        De la voir.

III Ne bien n'en ai ne douchours
    Fors annui.
 Se franquise est mes retours :
24   La m'apui
   Et selonc raison
 Je nel demant se moi non ;
 Car ele ne le set mie,
28 S'ele n'en est (17d) avoïe
  Sans plus par men maintenir
    Quant jel remi[r].

IV Car sans me mue et coulours
32   Quant g'i sui,
 Et cuers me cange et vigours
    Quant andui
   Parlons ; car le don
36 M'emblent si vair oeil larron ;
 Car s'ele estoit courechie,
 Sambleroit il qu'ele rie :
 Cristaus samble avoec safir
40   A l'entrouvrir.

V Ne pour chou, se je d'aillours
    Men chan mui,
 De li servir a tous jours
44   Pas ne fui ;
   Mais point ne doit on
 Refuser dame de non
 Riens qu'ele voeille ne die :
48 Pour cheli que j'ai servie
  Doit on chascune servir
    Et chier tenir.

XXI

XXII.R 1060
I Je ne chant pas reveleus de merchi,
  Mais con disiteus d'aïe,
  Si con chieus qui quiert et prie
4 Confort dou mal qu'i n'a pas deservi.
  Trop hautement a choisi
  Mes cuers, che m'a mort.

---

46. nou — 48. *Var.* coisie *P, etc.*
2. *Var.* desirous *P* desirans *R*

III   Je n'en ai ni bien ni douceur,
                  Rien que des maux.
       Sa loyauté est mon recours,
                  Je compte sur elle
              Et, comme il se doit,
       Je ne demande rien qu'à moi-même ;
       Car elle ne sait rien
       Si elle n'est mise sur la voie
       Par mon seul comportement
                  Quand je la regarde.

IV   Le sang me vient, ma couleur change
                  En sa présence ;
       Mon cœur et ma force défaillent
                  Quand tous deux
              Nous parlons ; car ses yeux brillants
       M'ôtent, les voleurs ! le pouvoir de parler ;
       Car si elle était fâchée,
       On croirait qu'elle sourit :
       On croirait voir cristal et saphir
                  Quand elle ouvre les yeux.

V   Même si une autre a commandé
                  Mon chant,
       Je ne renonce pas à la servir
                  Toujours ;
              Mais on ne doit pas refuser
       A une dame de renom
       Rien qu'elle veuille ou dise :
       Pour l'amour de celle que je sers,
       On doit servir et aimer
                  Chaque dame.

                        XXI

I   Je ne chante pas, impatient de grâce,
                  Mais comme qui a besoin d'aide,
                  Comme qui demande et implore
       Remède pour un mal immérité.
                  Mon cœur a visé
                        Trop haut pour ma perte.

Las ! Pour coi s'amort
8   (18a) A tel dame desirrer
Que je n'os anter ?

II   Les outrages que font li fol hardi
Comperent chil a le fie
12   Qui deservi ne l'ont mie.
Dame, pour men volentieu cuer le di
Qui a fait escu de mi
Pour souffrir descort
16   Et samblant entort,
Car cors ne puet contrester
Ou cuers veut beer.

III   Hé ! las, que guerredon sont enrichi !
20   Lonc tans a que j'en mendie
Et s'en offre le moitie
Plus c'autres ne feroit, jel sai de fi ;
Car piecha que j'en offri
24   Moi tout sans ressort.
Me dame ara tort
S'ele laist, pour pis trouver,
Che don escaper.

IV 28   Mais riqueche et biautés l'avule si,
Dont ele se glorrefie,
Qu'ele me gage et ouvlie
Pour chou que ne me voit parel a li,
32   De grace et d'onnour aussi.
Je sui a mau port
Pour avoir deport,
Car riens ne puis demander
36   Que veille greer.

V   Hé ! dame, secourés mon cuer joli
Qui en amer monteplie,
Et voeilliés vo segnerie
40   Tant que je soie aidiés metre en oubli !
Car onques fors moi ne vi
Amer nul si fort
Ne si outre bort !
44   Si m'en couvient conforter
En mon esperer.

VI   [Sire d'Amiens, dont j'ai bien dire oï,
Faic jou savoir u folie,

---

10. Des — 27. *Tous les mss. ont* guerredon, *sauf a* (Cest offre) ; *correction due à*
J.H. Marshall — 31. quele n. m. v. — 46. *Reprise rétablie d'après PTa*

Hélas ! Pourquoi s'obstine-t-il
A désirer une dame
Que je n'ose hanter ?

II   Les abus d'audacieux insensés
Sont payés souvent par ceux
Qui ne l'ont pas mérité :
Dame, je le dis à cause de mon cœur ardent
Qui s'est fait un bouclier de moi
Pour supporter disgrâce
Et mine revêche,
Car le corps ne peut s'opposer
Au désir du cœur.

III   Hélas ! comme les récompenses sont renchéries !
Il y a longtemps que j'en mendie
Et pourtant j'en offre deux fois
Plus que ne ferait un autre, j'en suis sûr ;
Car depuis longtemps je me suis offert
Sans aucune réserve.
Ma dame aura tort
Si elle laisse échapper ce don
Pour trouver pis.

IV   Mais l'éclat et la beauté dont elle tire gloire
L'aveuglent tant
Qu'elle me refuse et m'oublie
Parce qu'elle ne me juge pas son égal,
Non plus qu'en grâce ou en dignité.
Je suis dans une mauvaise passe
Pour être heureux,
Car je ne peux demander rien
Qu'elle veuille m'accorder.

V   Ah ! dame, secourez mon cœur joyeux
Qui déborde d'amour
Et veuillez oublier
Votre grandeur pour me secourir !
Car jamais je ne vis personne
Aimer autant que moi
Ni si excessivement !
C'est ce qui me réconforte
Quand j'espère.

VI   Seigneur d'Amiens, vous que j'ai entendu louer,
Ai-je tort ou raison

48   Qui mé tieng en la baillie
            D'Amours par mi le mal ke j'ai senti ?]

XXII

XV.R 1273

I   Tant me plaist vivre en amoureus (18b) dangier
            Qu'a paines ai pensee a guerredon.
            Si ne chant pas pour mes maus allegier,
4   Car je n'e[n] plaing fors le male fuison.
            Travail qui plaist ne doit on par raison
                    Trouver pour haschie.
                    Li mal d'amoureuse vie
8   Ne me font fors catillier
            De joie et de desirrier,
            Sans penser nulle folie.

II   Se ja pooit perchevoir ne cuidier
12   Chele dont j'ai faite cheste canchon
            Que j'osasse nes s'amour soushaidier,
            Je (18c) trouveroie adés son cuer felon.
            Mais ele est tant sage et de grant renon
16   Que se segnerie
                    Ne li laist perchevoir mie
            S'ele me het ou a chier,
            Ains ai un salu legier
20   Par contenanche le fie.

III   Et che doit bien souffire, au droit jugier,
            A moi c'on tient endroit li pour garchon.
            Il m'est avis, chiex qui ose assaiier
24   De se dame s'il est amés ou non
            Pourquiert de li departir occoison,
                    Pour chou que, s'il prie
                    Et chele ne li otrie,
28   L'espoir puet perdre ou cangier,
            Et, s'on li veut otroiier,
            Li desirs en afoiblie.

IV   Pour chou se puet on bien trop avanchier,
32   Car les honnours cangent l'entention :
            Premiers couvoite amans le repairier
            Et quant il a de se dame che don,
            Puis requiert chose ou il a soupechon,

---

6. *Var.* Conter *RTa* — 11. Je n'ai pooir] *a* — 18. *Var.* Si ne me het ne n'a cier *a*

De rester au pouvoir
D'Amour malgré le mal que je ressens ?

XXII

I   Il me plaît tant de vivre au pouvoir d'Amour
Que je songe peu à ma récompense.
Je ne chante pas pour rendre mes maux légers,
Je ne me plains que de leur petit nombre.
Ce ne serait pas raison que tenir pour un supplice
      Une peine qui plaît.
    Les maux d'amour
    Ne font que me chatouiller
    De joie et de désir,
    Sans que je pense à mal.

II   Si jamais celle dont j'ai fait cette chanson
S'apercevait ou soupçonnait
Que j'osasse seulement souhaiter son amour,
Je trouverais toujours son cœur cruel.
Mais elle est si sage et de telle réputation
      Que sa hauteur
    Ne lui permet pas de voir
    Si elle me hait ou m'aime ;
    Mais j'ai droit à un petit salut
    Par contenance quelquefois.

III   A dire vrai, cela doit me suffire,
A moi qu'on tient pour un valet au regard d'elle.
Il me semble que celui qui ose vérifier
S'il est aimé ou non de sa dame
Cherche un motif pour la quitter,
      Parce que, s'il demande
    Et qu'elle le repousse,
    Il peut perdre espoir ou changer
    Et si on consent à l'exaucer,
    Le désir en est affaibli.

IV   Aussi y a-t-il danger à avancer dans ses faveurs,
Car les honneurs changent les cœurs :
D'abord l'amant convoite le droit de la fréquenter
Et, quand il a obtenu de sa dame ce don,
Alors il fait une demande plus indiscrète

36	Tant qu'ele est traïe
	S'ele ne s'est bien gaitie.
	On ne set mais cui gaitier,
	Car con plus treuve cuer fier
40	Amans, et plus s'umelie.

V	Pour chou, pour li miex servir, el ne quier
	C'avoir sans plus l'espoir de garison,
	Car, se tel prouvende ai, sans empirier
44	Porrai longuement vivre en se prison.
	Et se croistre daignoit me livrison,
	Viaus qu'ele me rie,
	S'en aroie meilleur vie
48	Et feroit a merchïer
	[Mais je ne li os nonchier],
	Car grans paours me castie.

XXIII

XXVI.R 1383

I	Dame, vos hom vous estrine
	D'une (18d) nouvele canchon :
	Or verrai a vostre don
4	Se courtoisie i est fine.
	Je vous aim sans traïson,
	A tort m'en portés cuerine,
	Car, con plus avés fuison
8	De biauté sans mesprison,
	Plus fort cuers s'i enrachine.

II	Tel fait doit une roïne
	Pardonner a un garchon,
12	Qu'en cuer n'a point de raison
	Ou Amours met se saisine.
	Ja si tost n'ameroit on
	Une caitive meschine,
16	Maigre et de male boichon,
	C'une de clere fachon,
	Blanche, riant et rosine.

III	En vous ai mis de ravine
20	Cuer et cors, vie et renon :
	Coi que soit de guerredon,

---

38. *Var.* aidier *a* — 43. tele
3. verrai *est le futur de venir, cf. var.* venrai *PTa* venra *R* — 8. traïson — 9. fors

En sorte qu'elle est trahie
Si elle n'a pas été vigilante.
On ne sait plus à l'égard de qui être vigilante,
Car plus farouche il trouve le cœur,
Plus l'amant s'humilie.

V   Aussi pour mieux la servir je ne demande
Rien d'autre que l'espoir de guérir, sans plus ;
Car si j'ai ce viatique, je pourrai sans être plus mal
Longtemps vivre captif d'elle.
Et si elle daignait augmenter ma ration,
      Rien qu'en me souriant,
J'aurais une vie meilleure
Et elle mériterait ma gratitude,
Mais je n'ose pas le lui demander,
Car la peur me retient.

XXIII

I   Dame, votre vassal vous fait présent
D'une chanson nouvelle :
Je toucherai votre générosité
Si elle est d'une rare courtoisie.
Je vous aime loyalement,
Vous m'en voulez à tort,
Car plus vous avez
De beauté sans défaut,
Plus un cœur s'y attache.

II   Une reine doit pardonner
Cette attitude à un valet :
Il ignore toute raison, le cœur
Dont Amour prend possession.
On n'aimerait pas si vite
Une pauvre fille
Maigre et de mauvais aloi
Qu'une belle au clair visage,
Blanche, souriante et rose.

III   Je vous ai donné avec fougue
Cœur et corps, vie et réputation :
Récompensé ou non,

		Je n'ai mais qui pour moi fine.
		Tout ai mis en abandon
	24	Et s'estes aillours encline,
		Car je truis samblant felon
		Et oevre de Guennelon :
		Autres got dont j'ai famine.

IV	28	Hé ! las, j'ai a bonne estrine
		Le cunquiiet dou baston.
		Quant je vous di a bandon
		(19a) De mon cuer tout le couvine
	32	Pour venir a garison,
		Vo bouche a dire ne fine
		Que ja n'arai se mal non,
		Et que tout perc mon sermon :
	36	Bien sanlés estre devine !

V		Vous faites capel d'espine,
		S'ostés le vermeil bouton
		Qui miex vaut, esgardés mon,
	40	Comme chiex qui l'or afine
		Laist l'or et retient le plonc.
		Je nel di pas pour haïne
		Ne pour nule soupechon ;
	44	Mais gaitiés vous dou sourgon
		Que vous n'i quaés souvine !

VI		Jalousie est me voisine,
		Par coi en vostre occoison
	48	Me fait dire desraison :
		Si m'en donnés decepline !

XXIV

XXVII.R 632

I		Mout plus se paine Amours de moi esprendre
		Qu'ele ne fait de mes maus allegier ;
		Mais je ne doi mie a chou garde prendre,
	4	Ains doi chanter aussi c'on m'eüst chier.
		N'est pas amis qui vit (19b) a soushaidier,
		Mais qui sert en aventure ;
		Car Amours de se nature
	8	Atrait desirrier,
		Espoir, penser et veillier.

---

41. *Var.* l'ort e. r. le bon *Pa*

Je n'ai plus de quoi payer.
J'ai tout donné sans retour
Et vous regardez ailleurs,
Je tombe sur des façons déloyales
A la manière de Ganelon :
Un autre jouit de ce dont j'ai faim.

IV   Hélas ! j'ai pour tout présent
Le bout crotté du bâton.
Quand je vous dis sans réserve
Tout l'état de mon cœur
Pour recouvrer la santé,
Votre bouche ne cesse de dire
Que je n'aurai rien que du mal
Et que je parle en pure perte :
On croirait une prophétesse !

V   Vous faites une guirlande des épines,
Mais ôtez le bouton vermeil
Qui vaut davantage, prenez y garde,
Comme celui qui, affinant l'or,
Laisse l'or et conserve le plomb.
Je ne dis pas cela par haine
Ni parce que j'ai un soupçon,
Mais prenez garde au surgeon,
N'allez pas vous y empaler !

VI   Jalousie est ma compagne,
Elle me fait dire à votre sujet
Des folies :
Donnez-moi une punition !

XXIV

I   Amour se donne plus de peine pour m'enflammer
Que pour me soulager de mes maux ;
Mais je ne dois pas m'en émouvoir,
Bien au contraire chanter comme si on m'aimait.
N'est pas un amant celui qui vit à son aise,
    Mais celui qui sert à ses risques ;
    Car Amour, par nature,
      Apporte désir,
    Espoir, songerie et veille.

II   Et qui tout chou n'ose de cuer emprendre,
        Dignes ne puet estre d'avoir loier,
12   Ains veut se dame engingnier et sousprendre,
        Dont chascune se doit trop bien gaitier ;
        Car le loial ne puet nule encachier,
            Ja tant ne li sera dure ;
16   Mais chiex qui souffrir n'endure,
                S'il faut au priier,
            Aillours se va pourcachier.

III   Je nel di pas, dame, pour vous aprendre,
20   Car nus en vous ne saroit qu'ensengnier :
        Saige et vaillans estes pour vous deffendre
        Et bien savés connoistre un losengier ;
        De vous ne se couvient mie esmaier.
24   Mais jalousie et ardure
            Et che que vous n'avés cure
                De moi avanchier
            Me font merveilles cuidier.

IV 28   Hé ! las, je ne puis mais a riens entendre,
        Car je vous ai amee et sans trechier
        Lonc tans, c'onques ne mi daignastes rendre
        Nes un seul ris, pour voir l'os tesmoignier ;
32   Car con plus ai de vo secours mestier,
            Et plus vous en truis (19c) oscure.
            Cuidiés vous, pour estre sure
                Ne pour esmaier,
36   Mon cuer de vous eslongier ?

V   On voit pour miex le grant disner atendre
        Souvent un rehaignet anchois mengier ;
        S'aussi voliés, dame, a ichou descendre
40   Et tiex heres donner pour moi aidier
        C'un bel samblant eüsse ore au premier
            De vo tres douche figure,
            Jamais a desconfiture
44   Si que de cangier
            Ne seroie pour cuer fier.

XXV

    I   Pour chou, se je n'ai esté
                    Chantans et jolis,

---

18 voist — 39 ai chou

II   Qui n'ose affronter cela de bon cœur
N'est pas digne de récompense,
Mais veut tromper et piéger sa dame,
Ce dont chacune doit bien se garder ;
Car nulle ne peut chasser l'amant loyal
     Pour dure qu'elle lui soit ;
     Mais celui qui ne supporte pas de souffrir,
        Si sa prière est rejetée,
     Va ailleurs chercher fortune.

III   Je ne parle pas, dame, pour vous faire la leçon,
Car nul ne saurait que reprendre en vous :
Vous avez expérience et valeur pour vous défendre
Et savez bien reconnaître un flatteur ;
Il ne faut pas s'inquiéter pour vous.
     Mais la brûlure de la jalousie
     Et le fait que vous n'avez cure
        De me récompenser
     Me remplissent de folles imaginations.

IV   Hélas ! je ne peux plus penser à rien,
Car je vous ai aimée sans tricherie
Longtemps, et jamais vous n'avez daigné me rendre,
Ne fût-ce qu'un sourire, j'ose l'affirmer ;
Car plus j'ai besoin de votre secours,
     Plus je vous trouve hostile.
     Croyez-vous en étant aigre
        Et en me tourmentant
     Eloigner de vous mon cœur ?

V   On voit, pour mieux attendre le déjeuner,
Manger, souvent, un morceau, avant ;
Dame, si vous voulez de même condescendre
A me donner, pour m'aider, des arrhes telles
Que j'aurais pour commencer un bel accueil
     De votre très douce personne,
     Jamais je ne serais malheureux
        Au point de changer
     A cause d'un cœur farouche.

XXV

I   Si je n'ai récemment
        Chanté joyeusement,

              N'ai je mie mains amé,
4   Ains sui plus souspris
              C'onques mais et plus espris.
              Car behours, reube envoisie,
              Biaus canters, langue polie
8   Ne solers agus
              L'amour pas ne senefie,
              Mais fins (19d) cuers loiaus, repus,
              C'on n'e[n] mesdie.

II 12   De tel cuer ait on pité,
              Nient des soursalis !
              On voit tant home effronté
              En fais et en dis,
16   En resgars et en faus ris,
              Et tante femme honnie ;
              Par coi chele qui n'a mie
              Leur assaus eüs
20   Doit bien estre castoiie.
              On doit dire : « Levés sus ! »
              A tel maisnie.

III   Li mesdisant ont parlé
24   Seur aucuns amis
              Que, s'il se fussent mostré
              En simples abis,
              Ja n'en fust issus mesdis ;
28   Mais par leur cointe veulie
              Font sage autrui de leur vie
              Tant c'on leur met sus.
              Mais cors qui desirre amie
32   Doit estre con cos emplus,
              Et li cuers rie !

XXVI

XXX.R 1247
I   Or voi jou bien qu'il souvient
              Bonne Amour de mi ;
              Car plus asprement me tient
4   C'ainc mais ne senti.
              Che m'a le cuer esjoï
            De chanter :

---

17. Est — 25. tenu

Je n'ai pas moins aimé,
   Mais suis plus épris
Que jamais, et plus enflammé.
Car tournoi, habit de fête,
Belle voix, langage lisse
   Ou souliers pointus
Ne sont pas signes d'amour,
Mais un cœur rare, loyal, discret,
   Dont on ne puisse dire du mal.

II   Qu'on ait pitié d'un tel cœur,
   Non des présomptueux !
On voit tant d'hommes
   Aux paroles et aux actes,
Aux regards effrontés et aux sourires faux
Et tant de femmes déshonorées ;
Aussi celle qui n'a pas subi
   Leurs assauts
Doit être bien prévenue.
On doit dire : « Allez-vous-en ! »
   A de telles gens.

III   Les médisants ont parlé
   De certains amants
Dont, s'ils s'étaient montrés
   Eux-mêmes tout simples,
On n'aurait jamais médit ;
Mais leur frivolité ostentatoire
Apprend aux autres leur manière d'être
   Si bien qu'on les accuse.
Qui désire une amie doit avoir
Le corps d'une poule mouillée,
   Pourvu que le cœur rie !

XXVI

I   Je le vois bien : Amour se souvient
   De moi ;
Car il me traite plus rudement
   Que jamais ;
Ce qui me réjouit le cœur
   Qui en chante :

Ensi doit amans moustrer
8　　　Le mal joli.

II　(20a) Li souvenirs me retient
　　　　Que j'ai de cheli
　　　Dont chis jolis maus me vient
12　　　Que maint ont pour li ;
　　　Car ja ne seront hardi
　　　　De parler.
　　　A men cuer doi comparer
16　　　L'autrui aussi.

III　Car d'un estre se maintient
　　　　Qui m'a abaubi ;
　　　Par coi je croi qu'il avient
20　　　As autres ensi
　　　S'il voient chou que je vi
　　　　A l'anter,
　　　C'on met pour li esgarder
24　　　Tout en ouvli.

IV　Dame, se c'estoit pour nient
　　　　Chou que ja servi,
　　　Si sui je liés qu'il couvient
28　　　Que vo secours pri.
　　　D'autre part me fait merchi
　　　　Esperer
　　　Pités, qui bien set ouvrer
32　　　Pour fin ami.

V　Fins cuers qui vostres devient
　　　　N'a point meschoisi ;
　　　Mais nus ne s'i apartient.
36　　　Nepourquant je di
　　　C'umelités sans nul si
　　　　Fait sanler,
　　　Quant Amours s'en veut merler,
40　　　Chascun onni.

VI　Chou que j'ai trop haut choisi
　　　　Pardonner
　　　Me veilliés, c'ainc pour amer
44　　　Tant ne souffri !

13-16. *vers placés après le v. 20* — 21-24. *vers placés après le v. 12*

C'est ainsi qu'un amant doit montrer
    Le plaisant mal.

II   Il me retient, le souvenir
        Que j'ai de celle
Dont me vient ce plaisant mal
        Que maints ont pour elle ;
Car jamais ils n'auront la hardiesse
        De parler.
Par mon cœur je dois juger
        De celui des autres.

III   Car il n'a qu'une manière,
        Lui qui m'a laissé sans voix ;
Aussi je crois qu'il en va de même
        Pour les autres
S'ils voient ce que j'ai vu
        En la fréquentant :
A la contempler on oublie
        Tout.

IV   Dame, même si c'était pour rien
        Que je vous eusse servi,
Je suis heureux qu'il faille
        Que j'implore votre secours.
D'autre part, elle me fait espérer
        Grâce,
Pitié qui sait agir en faveur
        D'un amant loyal.

V   Un loyal cœur qui se fait vôtre
        N'a pas mal choisi ;
Mais nul n'est à la hauteur.
        Néanmoins je dis
Qu'une compassion sans réserve
        Fait paraître,
Si Amour veut s'en mêler,
        Tout le monde égal.

VI   Veuillez me pardonner d'avoir
        Trop haut
Choisi, car jamais pour aimer
        Je n'ai tant souffert !

XXVII

XVI.R 1661

I   Puis que je sui de l'amourouse loi,
     Bien doi Amours en chantant essauchier.
     Encor i a meilleur raison pour (20b) coi
4   Je doi chanter d'amourous desirrier,
        Car sans manechier
        Sui au cuer trais et ferus
        D'uns vairs iex ses et agus,
8   Rians por miex assener :
        A chou ne puet contrester
        Haubers ni escus.

II   Je ne sui pas pour tel caup en effroi
12   Ne je n'en quier jamais assouagier ;
     Car, se li maus amenuisoit en moi,
     Il couvendroit l'amour amenuisier.
        Et, au droit jugier,
16   Amours est si con li fus,
        Car de pres le sent on plus
        C'on ne fait de l'eskiever,
        Et qui ne se veut bruler,
20   Si se traie ensus !

III   Se je voeil dont a droit amer, [je doi]
     Chou qui me fait embraser aprochier,
     Mais que je guarde envers ma dame foy
24   Si que je fac ; si me voeille ele aidier !
        Jel criem courouchier,
        Mais ainc ne fu si repus
        Vers moi ses cuers ne si mus
28   Tant m'oïsse refuser
        Que par sen douch (20c) regarder
        Ne me samblast jus.

IV   Ch'est li raisons par coi je ne recroi
32   De li amer ne de merchi proiier.
     Quant sa bouche m'encache et je le voi,
     En departant m'en couvient repairrier
        [Dusc'a l'annuier].
36   Et lues que g'i sui venus,
        Ele me dist : "Levés sus !"
        Ains que je puisse parler ;

---

27. Mes cuers vers li] *PQRa*

XXVII

I   Puisque je suis des fidèles d'Amour,
Je dois le célébrer par mon chant.
Il est encore une meilleure raison
Pour que je chante, plein de désir,
     C'est que, sans avertissement,
J'ai été atteint et blessé au cœur
Par deux yeux brillants, nets et perçants,
Souriants pour mieux frapper :
Haubert ni bouclier ne peuvent
     Y résister.

II   Je ne suis pas angoissé par ce coup
Et je ne cherche pas à m'en voir soulagé :
Si la douleur diminuait,
Nécessairement l'amour diminuerait.
     Et, à bien juger,
Amour est comme le feu,
Car on le sent plus de près
Qu'on ne fait en l'évitant,
Et qui ne veut pas se brûler,
     Qu'il se tienne à l'écart !

III   Si je veux donc aimer vraiment, je dois
M'approcher de ce qui m'embrase,
Pourvu que je garde fidélité à ma dame
Comme je le fais ; et qu'elle vueille m'aider !
     Je crains de l'irriter,
Mais jamais son cœur ne fut
Discret ou silencieux envers moi
Au point que je l'entende me repousser
Sans que son doux regard me fît tenir ses refus
     Pour un jeu.

IV   C'est pour cette raison que je ne renonce pas
A l'aimer et à lui demander grâce.
Quand sa bouche me chasse et que je la vois,
Partant je ne peux me retenir de revenir
     Jusqu'à ce qu'elle se fâche.
Et dès que je suis arrivé,
Elle me dit : "Allez-vous-en !"
Avant que je puisse parler ;

                    N'il ne me loist escuser,
    40   Tant sui esperdus.

V   Hé ! flours del siecle ou mes travaus emploi,
          Amoureuse pour cuers esleeschier,
          Bonne dame sage et de maintien coi,
    44   Essamples bons et biaus pour castoiier,
                    Assés decachier
          Me poés : je sui vencus
          Et du tout a vous rendus
    48   Pour tel raenchon donner
          Que vous vaurrés demander,
                    Plus avant que nus.

VI   [Or soit u non retenus
    52   Mes cans, il l'estuet raler
          La dont il mut au trouver :
                    Teus en est mes us.]

XXVIII

XXXVI R 1180
    I   Glorieuse Vierge Marie,
              Puis que vos serviches m'est biaus
              Et je vous ai encoragie,
    4   Fais en sera uns chans nouviaus
              De moi qui chant con chieus qui prie
              De ses faus (20d) erremens aïe ;
              Car chier comperrai mes aviaus
    8   Quant pour jugier sera fais li apiaus,
          Se d'argumens n'estes pour moi garnie.

    II   Ja n'ara nus talent qu'il rie :
              Ne s'asseürt li jouvenchiaus !
    12   Qu'innoranche n'escuse mie
              Les pechiés c'on fait es reviaus.
              Chascuns i mousterra sa vie.
              Hé ! gentiex dame assignirie,
    16   Soiiés couvreture et mantiaus
          De moi, qui tant sui a meffaire isniaus
          Et ai par vanité m'ame engagie !

    III   Douche dame en gloire essauchie,
    20   De doucheur fontaine et ruissiaus,

---

51. *Reprise rétablie d'après PQTf*
11. jouvenenchiaus

Et je n'ai loisir de m'excuser
Tant je suis égaré.

V   Ah! fleur du monde pour qui je dépense ma peine,
Aimable femme qui réjouit les cœurs,
Noble dame, sage, de maintien réservé,
Modèle parfait, à donner en leçon,
     Vous pouvez me chasser
Tant et plus : je suis vaincu
Et absolument livré à vous
Plus que quiconque pour donner
La rançon que vous voudrez
     Demander.

VI   Qu'il soit ou non agréé,
Il faut que mon chant retourne
Là d'où il est parti quand je le composai :
     Telle est ma façon de faire.

XXVIII

I   Glorieuse Vierge Marie,
Puisque votre service m'est cher
Et que vous remplissez mon cœur,
Je ferai un chant nouveau pour vous,
Moi qui chante en homme qui implore
Secours pour sa folle conduite ;
     Car je paierai cher mes plaisirs
Quand aura lieu l'appel pour le Jugement,
Si vous n'êtes munie d'arguments en ma faveur.

II   Nul n'aura envie de rire :
Que le jeune homme ne se croie pas à l'abri !
Car l'ignorance n'excuse pas
Les péchés qu'on fait aux fêtes.
Chacun rendra compte de sa vie.
Ah! noble dame souveraine,
     Soyez-moi couverture et manteau,
A moi qui suis si prompt à faire le mal
Et ai par vanité mis en gage mon âme.

III   Douce dame élevée en gloire,
Fontaine et ruisseau de douceur,

Roïne de roial lignie,
Bien vous doit souvenir de chiaus
Dont vous devés estre servie :
24   Que l'anemis par trecherie
N'e[n] soit et sire et damoisiaus,
Qu'il a pluiseurs envenimés quarriaus
Dont vostre gent pour traire a mort espie.

IV 28   D'Orgueil a ja traite clergie
Et Jacobins de bons morsiaus,
Car en aus regne Gloutrenie ;
Mais ceus espargne de Chitiaus.
32   Moines, abbés a trait d'Envie
Et chevaliers de Reuberie :
Prendre nous cuide par monchiaus.
Encore (21a) a fait pis li mauvais oisiaus,
36   Car de Luxure a toute gent plaïe.

V   Proiiés vo douch fil qu'i ralie
Comme bons paistres ses aigniaus !
Pour vous en fera grant partie,
40   Car de lui fustes nes vaissiaus.
De cheus qui vous ont courouchie,
Qui dolant sont de leur folie,
Doit estre vostres li fardiaus.
44   Soiiés leur dont fremetés et castiaus,
Quant anemis fait seur euls s'envaïe !

XXIX

XXIII.R 1715
I   Se li maus c'Amours envoie
Ne fust si plaisans,
Nus ne le peüst lonc tans
4   Souffrir sans entrer en voie
De desespoir ou de pis.
Mais c'est uns maus si jolis
Et Amours est si soutiex
8   Et li pensers si gentiex
Que c'est (21b) un drois paradys
As fins amis.

II   Et esperanche de joie
12   Qui est apparans

---

28. traitie — 30. *Var.* Freres menus de g. *QTa*

Reine de lignée royale,
Il faut vous souvenir de ceux
Qui doivent vous servir :
Que l'Ennemi par traîtrise
N'en soit le seigneur et maître !
Avec beaucoup de flèches empoisonnées
Il guette vos gens pour les frapper à mort.

IV   Avec Orgueil il a frappé les clercs
Et avec de bons morceaux les Jacobins,
Car Gourmandise règne sur eux ;
Mais il épargne ceux de Cîteaux.
Il a frappé avec Envie moines et abbés
Et les chevaliers avec Brigandage :
Il compte bien nous prendre à la pelle.
Le rapace a encore fait pis :
Avec Luxure il a blessé tout le monde.

V   Priez votre doux fils qu'il ramène
En bon berger ses agneaux !
Pour vous il fera beaucoup :
Vous avez été pour lui un vase sans tache.
De ceux qui vous ont affligée
Et se repentent de leur folie,
Faites vôtre le fardeau.
Soyez pour eux un fort et un château
Quand l'Ennemi se lance à leur assaut !

XXIX

I   Si le mal qu'Amour procure
       N'était si plaisant,
Nul ne pourrait l'endurer
Longtemps sans se mettre
A désespérer ou pis.
Mais c'est un mal si gracieux
Et Amour est si délicat,
Et y rêver est si noble,
Que c'est un vrai paradis
       Pour les parfaits amis.

II   Et l'espoir d'être heureux
       Que donnent

Es debonnaires sanlans
Fait cuidier chascun qu'il doie
Estre en pité recueillis,
16 Si que chascuns est souffis
Et de servir volentieus
Seur l'esperanche de miex ;
Ne nus n'est a droit espris
20   Sans tel avis.

III   Ne pour riens je ne querroie
                 Ne ne croi c'amans
        Puist estre en amour cangans
24   Ne que souffranche l'effroie,
        Mais qu'il ait le cuer toudis
        Et l'entente au riant vis
        Et as dous amoureus iex
28   Et as maintiens signeriex,
        Au bien, au los et au pris
                 Dont il est pris.

IV   Car che rapaie et ravoie
32   Tous les plus souffrans,
        Chou les fait estre cantans,
        Entroeus c'Umelités proie
        Pour eus ; ne jamais pourfis
36   N'en venroit as soursalis
        Qui n'aiment fors a lour kiex ;
        Mais as loiaus ententiex
        A che qu'il ont entrepris,
40   La va merchis.

V   Dame, se pour voir cuidoie
                 Vivre chent mile ans,
        Tout ne fussiés vous vivans,
44   Penser aillours ne porroie,
        Tant me senc de vous souspris ;
        Qu'en moi n'apert fors li lis
        Ou mes pensers frans et piex
48   Est herbegiés : c'est mes diex
        Et de lui morrai saisis,
                 J'en sui tous fis.

VI   (21c) Hé ! tres dous mais et avriex,
52   Deveés m'est li dous liex :
        Faites que mes cans oïs
                 Y soit et dis !

_____

46. delis

D'aimables manières
Fait que chacun s'imagine
Qu'il sera pris en pitié
Si bien que chacun est satisfait
Et content de servir
Dans l'espoir de mieux ;
Et nul n'est vraiment épris
     Sans cette croyance.

III   En aucun cas je ne croirais
       Ni ne crois qu'un amant
Puisse être inconstant en amour
Ou qu'il craigne de souffrir,
Dès lors qu'il a toujours le cœur
Et l'esprit attentifs au souriant visage
Et aux yeux tendres et aimables
Et à la noble allure
Et au mérite, à la gloire et valeur
    De celle dont il est épris.

IV   C'est ce qui apaise et rassure
       Les plus patients,
C'est ce qui les fait chanter,
Tandis que Compassion prie
Pour eux ; jamais les présomptueux
Qui n'aiment qu'à leur volonté
N'en tireraient nul avantage ;
Mais aux amants loyaux, attentifs
A leur entreprise,
    Il est fait grâce.

V   Dame, si je croyais vraiment
       Vivre cent mille ans,
Même si vous ne viviez plus,
Je ne pourrais songer à une autre,
Tant je me sens épris de vous ;
En moi on ne voit que le lit
Où ma pensée noble et respectueuse
A pris logis : lit de douleur
En la possession duquel je mourrai,
    J'en suis sûr.

VI   Ah ! très doux mai et avril,
Interdite m'est la douce place :
Faites que mon chant y soit
    Entendu et dit !

XXX

XXIX.R 1771

I   Dous est li maus qui met le gent en voie
     De tous biens dire et faire et alever;
     Bien doit on croire en chelui qui l'envoie
4   Et lui de cuer servir et honnerer:
     Ch'est Bonne Amours qui me fait cant trouver,
      Che que faire ne savoie
      Quant le douch mal ne sentoie,
8   Qui me fait ore penser
      A la savereuse joie
     (21d) C'on ne puet trop achater
      Ne desirrer.

II 12 Je plaing souvent le tans que je perdoie
     Anchois que je commenchasse a amer.
     Mais douchement me conforte et ravoie
     Et plus me fait de bien faire pener
16   Li desirriers que j'ai de recouvrer
      Le tans que perdu avoie;
      S'ai grant desir que je soie
      Teus en cuer a l'esprouver
20   Que vers Bonne Amour me doie
      Con fins amis acquitier
      Par bien ouvrer.

III   Car mi, nient li, tout avant traïroie
24   Se cuer avoie envers li de fausser;
     Et d'autre part faire ne le porroie,
     Car me dame est tant douche a resgarder
     Que mauvaistés ne porroit demourer
28   En cuer d'omme qui le voie.
      Comment dont le fausseroie
      Qui miex doi s'onnour garder,
      En tant c'Amours m'i aploie
32   Qui fait tout visse eskiever
      Et redouter?

IV   Frans cuers gentiex ou tous biens monteploie,
     Cors singneriex pour cuer faire eslever,
36   En vous servir nus son tans mal n'emploie,
     S'on n'i pooit autre bien conquester
     Que vous veoir et merchi esperer.
      Plus demander n'oseroie

---

5. tant

XXX

I   Doux est le mal qui conduit les gens
    A dire et faire et exalter tout bien ;
    On doit croire en celui qui l'envoie
    Et le servir et l'honorer de bon cœur :
    C'est Amour qui me fait écrire des chansons,
        Ce que je ne savais faire
        Quand je ne ressentais pas le doux mal
        Qui me fait maintenant songer
        A la joie savoureuse
        Qu'on ne peut acheter trop cher
          Ou trop désirer.

II   Je regrette souvent le temps que je perdais
    Avant de commencer à aimer.
    Mais il me réconforte et encourage doucement,
    Il me fait plus travailler à bien faire,
    Le désir que j'ai de regagner
        Le temps que j'avais perdu ;
        Et j'ai grand désir d'être,
        A l'épreuve, de tel cœur
        Que je m'acquitte
        Envers Amour, en amant loyal,
          En agissant bien.

III   Je me trahirais moi-même, bien plutôt
    Qu'elle, si j'osais la tromper ;
    Mais d'autre part je ne le pourrais,
    Car ma dame est si douce à contempler
    Qu'aucun vice ne pourrait demeurer
        Au cœur d'un homme, s'il la voyait.
        Comment donc la tromperais-je,
        Moi qui dois mieux préserver son honneur,
        Dans la mesure où Amour m'y soumet,
        Lui qui fait éviter et redouter
          Tout vice ?

IV   Noble, généreux cœur où toute vertu surabonde,
    Corps souverain, propre à ennoblir un cœur,
    Nul n'emploie mal son temps à vous servir,
    Dût-on n'y gagner rien d'autre
    Que de vous voir et d'espérer votre grâce.
        Je n'oserais demander davantage

40	Ne jamais ne vous diroie
	Mon cuer, fors que par chanter;
	Anchois morir me lairoie
	Et de merchi affamer
44	Par consirrer.

V   Et pour chou pis avoir ne deveroie
     Se je n'i os ne venir ni aler;
     Car miex par droit que se hardis estoie
48   S'en deveroit Humle Pités merler :
     (22a) Povres honteus fait miex a visiter
     C'uns truans qui quiert se proie !
     Comment hardement aroie
52   De mon cuer a vous moustrer,
     Quant cuers et lange me loie
     Se je vous doi apparler
     Ou saluer?

VI 56   [Cançons, pour ti assener,
         Di Robert Nasart et proie
         Que il te welle escouter
         Et recorder !]

XXXI

XXIV.R 1438

I   Amours ne me veut oïr
     Pour proiier ne pour quant faire
     Ne pour loialment servir
4   Ne pour douchement atraire,
         Ains m'est si contraire,
         Et ma dame ausi,
     Qu'il ne leur est nient de mi
8   Ne dou mal que me font traire.

II   Aler n'i os ne venir,
     Car on i het mon repaire
     Et, quant je le cuit veïr,
12   Ele m'oste son viaire.
         Riens n'i puis estraire
         Ni[s] salus. Aimi !
     Com d'esperer joie a chi
16   A moi (22b) cruel essamplaire !

---

54. Se je le — 56. *Reprise rétablie d'après PQT*

Et jamais je ne vous dirais
Mon cœur, sinon par mon chant;
Je me laisserais plutôt mourir,
Affamé du désir
De votre grâce.

V   Je ne devrais pas être plus mal traité
Si je n'ose ni aller ni venir chez elle;
Car Douce Pitié aurait plus de raisons
D'intervenir que si j'étais audacieux :
Le pauvre honteux que l'on visite vaut mieux
Qu'un mendiant qui réclame !
Comment aurais-je la hardiesse
De vous montrer mon cœur,
Puisque j'ai cœur et langue liés
Quand je dois vous aborder
Ou vous saluer ?

VI   Chanson, va à bonne adresse,
Dis à Robert Nasard et prie-le
De bien vouloir t'écouter
Et te répéter !

XXXI

I   Amour ne veut pas m'entendre,
Que je le prie ou fasse une chanson,
Que je le serve loyalement
Ou le caresse doucement;
Mais il m'est si hostile,
Et ma dame aussi,
Qu'ils n'ont aucun souci de moi
Ni du mal qu'ils me font souffrir.

II   Je n'ose aller ni venir chez elle,
On y déteste ma présence
Et, quand je crois pouvoir la voir,
Elle me dérobe son visage.
Je ne peux rien en tirer,
Pas même des saluts. Hélas !
Quel cruel présage pour moi
Qui espère être heureux !

III
Ne je n'os mie gehir
C'on me puist en che meffaire ;
Car, se par moi le desir,
20   Chi n'affiert point de salaire ;
Si m'en vient miex taire
Et souffrir ensi
Tant que Pités viegne en li,
24   Qui toute cruauté maire.

IV
Et s'aim je miex a languir
Pour vous, dame debonnaire,
Que vo serviche a guerpir,
28   Car je ne saroie ou traire ;
Et ore m'esclaire
Et tieng plus joli
C'onques mes cuers me guerpi
32   Pour dame de tel affaire !

V
Si couvient men cors sievir
Men cuer la ou il s'aaire,
Coi qu'il soit dou retenir.
36   Et puis dont que sans retraire
Pour l'amour parfaire
Li cors l'ensievi,
Dous cuers, aiés ent merchi !
40   Ne deffaites pas le paire !

VI
[Pour chou ke miex paire
Cis cans c'ai furni,
A Robert Nasart l'otri ;
44   Car cankes il dist doit plaire.]

XXXII

XXXII.R 336
I
De cuer pensieu et desirrant
Vient qui bouche muet a parler,
Car ele sert de chou moustrer
4   Que cuers vait premiers devisant.
De tel samblant
Me (22c) fait estre en joliveté
Amours, dont j'ai si grant plenté
8   C'alegement proi en chantant.

II
Je ne puis dire qu'en avant
Ne viegne de me dame amer

---

18. C'on ne] *Qa* — 38. cuer — 41. *Reprise rétablie d'après PQTa*

III   Et je n'ose pas avouer
Qu'on peut me nuire, ce faisant ;
Car, si quant à moi je le désire,
Aucun salaire n'est de droit en ce cas.
      Aussi vaut-il mieux me taire
      Et patienter
A tel point qu'elle soit prise de cette Pitié
Qui triomphe de toute cruauté.

IV   Et j'aime mieux languir
Pour vous, noble dame,
Que renoncer à votre service,
Car je ne saurais où aller ;
      Et maintenant je me réjouis
      Et me félicite
Qu'un jour mon cœur m'ait trahi
Pour une dame d'un tel mérite !

V   Aussi faut-il que mon corps suive
Mon cœur là où il se loge,
Dût-il ne pas être retenu.
Et puisque, sans réserve,
      Pour parfaire son amour,
      Le corps l'a suivi,
Doux cœur ! ayez-en pitié !
Ne séparez pas leur couple !

VI   Pour que brille mieux
      La chanson que j'ai faite,
Je l'offre à Robert Nasard :
Tout ce qu'il dit ne peut que plaire.

XXXII

I   Le cœur absorbé, plein de désir,
Incite la bouche à parler ;
Car elle sert à montrer
Ce que le cœur d'abord conçoit.
      Ainsi Amour
Me remplit-il d'une joie
Si débordante que je demande
Soulagement par mon chant.

II   Je ne peux dire que je fais
Des progrès dans l'amour de ma dame,

		Se che n'estoit fors dou penser ;
	12	Mais che me va mout esmaiant
		C'aperchevant
		Me vois si de se crualté.
		D'espoir vient que j'ai tant duré,
	16	Qui reconforte maint amant.
III		Quant plus me voit me dame en grant
		De li servir et honnerer,
		Mains douchour me fait esperer
	20	Et plus me va contraliant.
		Damage grant
		Ne doi avoir s'ai haut pensé :
		Pité et Vraie Humelité
	24	En trai plainement a garant.
IV		Hé ! douche dame cui j'aim tant
		Que pour chascune autre ouvlier,
		Gens cors faitis pour esgarder,
	28	Parés d'un resgart atraiant,
		En esperant
		Sans goïr ai mon tans usé ;
		Par coi comparer en durté
	32	Vous puis et doi a l'aÿmant.
V		Pour coi me vois si dolousant ?
		Trop me puis bien desconforter :
		On voit maint perdre par haster
	36	Che dont goïssent li souffrant ;
		Et pour itant
		Atendrai, dame, vostre gré,
		Et si ne m'iert ja reprouvé
	40	Que de cuer serve dechevant.
VI		[De ma canchon vous faic present,
		Dame : or le welliés escouter,
		Si qu'ele me puist raporter
	44	De vous un resgart atraiant.]

XXXIII

XXXIII.R 1577

I	(22d) De tant com plus aproime mon païs
	Me renovele Amours plus et esprent,
	Et plus me sanle en aprochant jolis

---
41. *Reprise rétablie d'après PTa*

Sinon seulement en pensée.
Mais ce qui me tourmente beaucoup,
    C'est que je me rends
Bien compte de sa cruauté.
L'espoir seul m'a fait vivre si longtemps,
Lui qui réconforte maints amants.

III   Plus ma dame me voit désireux
De la servir et l'honorer,
Moins elle me laisse espérer de douceur
Et plus elle m'est hostile.
    Je ne mérite pas
Un si grand châtiment pour avoir visé haut :
J'en prends, sans hésiter, pour garantes
Pitié et Vraie Compassion.

IV   Ah ! douce dame que j'aime tant
Que j'en oublie toute autre,
Corps gracieux, fait pour la contemplation,
Paré d'un regard caressant,
    J'ai passé
Mon temps à espérer sans jouir ;
J'ai droit et lieu de vous comparer
Pour la dureté au diamant.

V   Pourquoi me plaindre sans cesse ?
Il se peut que je désespère trop :
Beaucoup perdent dans leur hâte
Ce dont jouissent les patients.
    C'est pourquoi
J'attendrai, dame, votre volonté
Et l'on ne me reprochera jamais
De servir d'un cœur trompeur.

VI   De ma chanson je vous fais don,
Dame : veuillez donc l'écouter
En sorte qu'elle puisse me rapporter
De vous un regard caressant.

XXXIII

I   Plus je suis proche de ma patrie,
Plus Amour me réveille et m'enflamme,
Plus elle me semble, à m'en approcher, joyeuse

4   Et plus liars et plus truis douche gent.
         Che me tient chi longement
                 Et chou aussi
         Qu'ens ou venir i choisi
8   Dames de tel honneranche
         C'un poi de le contenanche
         De me dame en l'une vi,
         Si qu'a le saveur (23a) de li
12   Me delit a se samblanche.

II   Si fait le tigre au mireoir, quant pris
         Sont li faons, et cuide proprement
         En li mirant trouver chou qu'ele a quis :
16   Endementiers s'en fuit chieus qui les prent.
         Ne faites mie ensement,
                 Dame, de mi !
         Ne ne m'ouvliés aussi
20   Pour me longue demouranche !
         Car ch'est en vo ramenbranche
         C'au mireoir m'entrouvli ;
         Car a vous e[s]t, non pas chi,
24   Li cuers et li esperanche.

XXXIV

XXXV.R 495

I   Qui a puchele ou dame amee
         Ou n'a fors dechevanche et vent,
         Par raison doit savoir comment
4   Li Vierge doit estre honneree,
         Dont on atent meilleur saudee
         S'il entent bien cest (23b) argument ;
         Car par painture est ravisee
8   Toute chose, c'on voit et sent.

II   On se doit plus que de riens nee
         Esmerveillier d'aucune gent
         Qui sont enparlé belement
12   Envers car humaine achesmee,
         Et leur pensee i ont tournee
         De tout en tout si folement
         Qu'i n'ont a vous, dame, pensee,
16   Qui plus bele estes que les chent.

---

4. li airs — 8. honneranches — 16. Endementieres
1. na] *QT* — 11. en parler] *P* — 13. trouvee

Et gaie et plus je trouve d'aimables gens.
    C'est ce qui me retient si longtemps
        Avec aussi
    Le fait qu'en revenant, j'ai aperçu
    Des dames d'un tel mérite
    Que j'ai vu en l'une d'elles un peu
    De l'allure de ma dame,
    Dont la saveur me fait trouver du charme
    A celle qui lui ressemble.

II   Ainsi la tigresse, devant le miroir, quand pris
Sont ses petits, s'imagine en s'y voyant
Trouver vraiment ce qu'elle a cherché :
Pendant ce temps s'enfuit qui les prend.
    N'agissez pas ainsi,
        Dame, avec moi !
    Et n'allez pas m'oublier
    Pour ma longue absence !
    C'est dans votre souvenir même
    Que je me perds devant le miroir ;
    Car avec vous, non pas ici,
    Sont mon cœur et mon espoir.

XXXIV

I   Qui a aimé une jeune fille ou une dame
    — Amour qui n'est que mensonge et vent —
    Sait bien comment
    La Vierge doit être honorée,
    Elle dont on attend une meilleure solde
    Si l'on comprend bien cet argument ;
    Car une image qu'on voit et sent
    Rappelle à l'esprit toute chose.

II   Plus que de quiconque on doit
    S'étonner de certains
    Qui sont très éloquents
    Envers la chair humaine fardée
    Et pensent absolument
    Et si follement à elle
    Qu'ils ne pensent pas à vous, dame,
    Qui êtes plus belle que cent.

III   Dame par cui joie est donnee
      A chelui iretavlement
      Qui par pechiet ne le despent,
20   Mout est l'ame bien assenee
      De racorderesse esmeree,
      Pour cui vous volés douchement
      Proiier a vo douche portee,
24   Qui tant vous aime coreument.

IV   Certes, mout doi m'ame estre iree
      Qui vauroit vivre saintement,
      Quant li cors a veulie tent
28   Par cui deüst estre sauvee.
      Dame, deffaites le meslee !
      Trop a li cors de hardement.
      Li cose est ja si mal alee
32   Que l'ame en peu d'eure s'e[n] sent.

V   Gentiex roïne couronnee
      Qui vostre amour donnés briement,
      Merchi de mon fol errement !
36   Et, se tart vous est reclamee
      Par vanité que j'ai antee
      Et par mauvais enortement,
      Ne consentés, dame dou(23c)tee
40   Que che soit a men grevement !

VI   Pour chou vous ai, dame, apelee
      Que je n'atent nul sauvement
      Se me proiiere est refusee
44   De vous, ou pechieres s'atent.

XXXV

XXV.R 1237

I   Grant deduit a et savoureuse vie
      En Bonne Amour honnourer et servir :
      Qui la maintient si qu'il doit sanz boidie,
4   Elle rent plus c'on ne puet deservir.
      Pour ce le serf, miex faire ne pouroie ;
      Et se ja merci n'avoie
      Quant tant averai servi,
8   Si me plaist il user ma vie einsi.

---

19. les] *QW'*

III   Dame par qui la joie est donnée
        En héritage à celui
        Qui ne la dépense pas en péchant,
        Elle est bien guidée
        Par une avocate sans tache, l'âme
        Pour qui vous voulez doucement
        Prier votre doux fruit
        Qui vous aime du fond du cœur.

IV   Mon âme a bien lieu de se désoler,
        Elle qui voudrait vivre saintement,
        Quand le corps par qui elle devrait
        Etre préservée ne songe qu'à des vanités.
        Dame, mettez fin à ce combat !
        Le corps a trop d'audace.
        L'affaire est si mal engagée
        Que l'âme s'en ressent très vite.

V   Noble reine couronnée
        Qui donnez sans réserve votre amour,
        Grâce pour ma folle conduite !
        Et si elle vous est demandée bien tard
        A cause de mes vaines fréquentations
        Et de mauvais conseils,
        Ne consentez pas, dame redoutée,
        A ce que tourne à mon dommage ce retard !

VI   Je vous ai invoquée, dame,
        Parce que je n'espère pas de salut
        Si ma prière est rejetée
        Par vous en qui le pécheur espère.

XXXV

I   C'est grand plaisir et vie savoureuse
    Que d'honorer et servir Vrai Amour :
    Si on aime comme on doit sans tricherie,
    L'amour rend plus qu'on ne mérite jamais.
    Aussi je le sers, je ne pourrais mieux faire ;
        Même si je n'obtenais grâce
        Après avoir tant servi,
    Je veux passer ma vie ainsi.

II   Car je le faiz pour la mieus enseignie
          C'om puist amer de cuer ne d'iex veïr,
          Et tant apert a touz sa seignourie
12   Qu'il est touz liez qui la puet conjoïr.
          Hé ! laz, et je ne m'oz metre en sa voie,
                  Car pou paranz i seroie
                  Ne n'ai qui la soit pour mi,
16   S'Amours n'i est et Pitié cui j'en pri.

III   Ains de si loing de moi ne fu choisie
          C'a ses douz iex amoureuz entrouvrir
          Ne fusse espris de joie raemplie,
20   De loiauté, d'amour et de desir.
          Et quant d'un seul veïr ai si grant joie,
                  Que seroit ce se j'ooie
                  Qu'elle m'apelast ami ?
24   Diex, je ne vous demant autre merci.

IV   J'ai mainte foiz laissié la conpaingnie
          Quant Bonne Amours m'en donnoit souvenir,
          Pour deliter en pensee jolie
28   En remanbrant sa valour a loisir.
          Et loes qu'estoie esseulez m'enfermoie :
                  Lors par semblant me trouvoie
                  Pres de li tout abaubi.
32   Ensi mes maus a la foiz entroubli.

V   Se m'osasse retourner a la fie
          Quant je l'encontre en la voie au venir,
          Tant qu'ele fust de mes iex convoïe
36   Avec le cuer qu'ele a sanz departir,
          Trop doucement a paié m'en tenroie.
                  Mais pour riens je n'osseroie
                  Avoir le cuer si hardi,
40   Tant l'aim et creing et weil l'onneur de li.

XXXVI

XXXIV.R 1599

I   Onkes nus hom ne fu pris
          D'Amours, qui n'en vausist miex
          Et qui n'en fust plus jolis
4   Et miex venus en tous lius,

Chanson XXXV manquant dans W et rétablie d'après T, dont les leçons suivantes ont été rejetées pour celles de R : 12 l. quil l. — 22. je oie — 27. En — 35. conjoie

II Car je le fais pour la plus distinguée
  Qu'on puisse aimer de cœur ou voir des yeux,
  Et sa noblesse est si manifeste pour tous
  Qu'on est tout heureux de la saluer.
  Hélas ! je n'ose me mettre sur son chemin,
    On ne m'y remarquerait guère
    Et je n'ai personne qui m'assiste
  Si Amour ne le fait, et Pitié que j'en prie.

III Je ne l'ai jamais aperçue de si loin
  Qu'à voir s'ouvrir ses doux yeux aimables
  Je ne fusse enflammé de joie parfaite,
  De loyauté, d'amour et de désir.
  Et si de sa seule vue j'ai une joie si grande,
    Que serait-ce si je l'entendais
    M'appeler ami ?
  Dieu ! je ne vous demande pas d'autre grâce.

IV J'ai souvent quitté la compagnie,
  Quand Vrai Amour m'en faisait souvenir,
  Pour jouir d'une plaisante rêverie
  En me rappelant à loisir ses mérites.
  Et dès que j'étais seul, je m'enfermais :
    Alors il me semblait me trouver
    Près d'elle, sans voix.
  C'est ainsi que parfois j'oublie mon mal.

V Si j'osais me retourner une fois
  Quand je la rencontre venant sur mon chemin,
  Pour qu'elle fût accompagnée de mes yeux,
  Pas seulement par mon cœur qu'elle a à jamais,
  Je me tiendrais pour très bien récompensé.
    Mais en aucun cas je n'oserais
    Avoir le cœur si audacieux,
  Tant je l'aime et la crains et veux son honneur.

XXXVI

I Jamais personne n'a été pris
  Par Amour sans en valoir mieux
  Et être plus joyeux
  Et mieux reçu en tous lieux,

Car Bone Amours li fait plaire ;
Si est bien drois qu'il i paire ;
Car toute hounours de li vient :
8   Faus est ki ne le maintient.

II   Et puis ke jou m'i sui mis
Grant bonté m'en a fait Diex :
De la millour sui espris
12   Ki ains fust veüe d'ius.
Ne mi sont mie contraire
Mi penser quant son viaire
Remir, car teus maus me tient
16   Ki en goie me sostient.

III   Car si vair oel de dous ris
Et ses gens cors signouriux
Et ses dous cuers bien apris,
20   Ki de nature est gentius,
Dounent cuer et essamplaire
De toute honour dire et faire ;
N'il n'aime point ki ne crient
24   Et ki de mal ne s'astient.

IV   Dame, se de paradis
Et de vous estoie a kiex,
Pres me seroit vos dous vis
28   Ki a tort m'est ore eskieus.
G'i aroie mon repaire
Se c'estoit sans vous desplaire,
Ne ja ne m'amissiés nient,
32   Tant bien estre vous avient.

V   Car a vous et a vos dis
Seroie si ententieus
Ke li mal dont jou languis
36   Seroient plus douc ke miex.
Las, et or ne sai u traire
Ne jou ne m'en puis retraire,
Car mes cors si las devient
40   Que percevoir s'en couvient.

Chanson XXXVI manquant dans W et rétablie d'après P et W' (pour la str. II)

Car Vrai Amour le rend aimable ;
Il est donc juste que cela se voie ;
Tout honneur vient d'Amour :
Bien fou qui ne le sert avec constance.

II   Depuis que je me suis donné à lui,
Dieu m'a largement récompensé :
Je suis épris de la meilleure
Que les yeux virent jamais.
Mes pensées ne me déplaisent pas
Quand je contemple
Son visage, car un mal m'atteint
Qui me maintient en joie.

III   Car ses yeux brillants au doux sourire,
Son beau corps majestueux,
Son doux cœur si poli
Qui est noble de nature,
Sont un modèle qui encourage
A toute action et parole honorables ;
Il n'aime pas celui qui ne craint
Le mal et ne s'en abstient.

IV   Dame, si entre le paradis
Et vous j'avais à choisir,
Il serait proche de moi votre doux visage
Qui aujourd'hui à tort m'écarte.
J'y aurais mon refuge
Si je le pouvais sans vous déplaire
Et même si vous ne m'aimiez pas,
Tant il fait bon être avec vous.

V   Car je serais si attentif
A vous et à vos paroles
Que les maux dont je languis
Seraient plus doux que miel.
Hélas ! aujourd'hui je ne sais où aller
Et je ne peux davantage m'éloigner d'elle,
Car je suis si malheureux
Qu'on s'en apercevra.

Les partures Adan

I

CVIII.R 1026
I   (23d) Adan, s'il estoit ensi
                    Que joie fust otroiie
                    A vous dou cors de cheli
4   Que vous volés a amie
                    .x. foys en tout vostre eage
                    Sans plus, or me faites sage
                    Se vous les prendriés briement
8   Ou atendriés longement !

II   Sire Jehan, bien puis chi
                    Viser le meilleur partie.
                    On doit tenir pour falli
12   Chelui qui famine aigrie
                    S'il mangier apresté gage.
                    On ne puet son avantage
                    Faire trop hasteement :
16   Dont est chieus faus qui atent.

III   (24a) Adan, hasters a nuisi
                    Plus que souffrirs mainte fie !
                    Chil qui d'amour ont senti
20   Tourneroient a folie
                    Vo respons et a outrage.
                    Chieus fait plus bel vasselage
                    Qui joie a duree prent
24   Que cil qui tost le despent.

IV   Sire, vous avés grant cri,
                    Mais en vo sens peu me fie
                    Quant vous voi contraire a mi.
28   De le souris s'esbanie

Les Jeux-Partis d'Adam

I

I   Adam, s'il arrivait
Qu'on vous accordât
La jouissance du corps de celle
Que vous voulez pour amie
Dix fois en toute votre vie
Et pas davantage, faites-moi savoir
Si vous prendriez ses faveurs tout de suite
Ou si vous attendriez longtemps !

II   Messire Jean, il m'est facile
De voir le meilleur parti.
On doit tenir pour perdu
Celui que la faim tourmente
S'il remet un repas tout prêt.
On ne saurait prendre
Trop vite son bénéfice :
Bien fou donc qui attend.

III   Adam, on a souvent plus perdu
A se hâter qu'à patienter !
Ceux qui ont aimé
Tiendraient pour une folie
Et une extravagance votre réponse.
Il agit mieux en homme de valeur
Celui qui choisit une joie sur un long temps
Que celui qui la dépense vite.

IV   Messire, votre réputation est grande,
Mais je doute de votre bon sens
En vous voyant d'une opinion contraire à moi.
Le chat s'amuse tant

	Li cas tant qu'il a damage.
	Li tost prendres assouage,
	Car en trop lonc parlement
32	Se gist traïson souvent.

V	
	Adan, chil sont escarni,
	Quant ont leur messon cueillie,
	Qui tost le despendent si
36	Que ne s'en sent lour maisnie
	Parmi le tans ivrenage.
	Fait meilleur warder le wage
	Sour coi on atent argent
40	Que despendre folement.

VI	
	Sire, onques ne m'abeli
	Vins c'on a boire detrie
	Qui du tonnel ore issi ;
44	Car si savereus n'est mie,
	Tant sai bien de beverage.
	Tost prendres est en usage
	Et chascuns au prendre tent :
48	C'anchois prent ne s'en repent.

VII	
	Sire Audefroi, chieus esrage
	Qui paiiés est : grief malage
	Soustient. Ciex vit liement
52	Qui atent son paiement.

VIII	
	Dragon, en tant font folage
	Chil qui atendent, tant sa[i] ge,
	C'on doit batre vistement
56	Le fer cant de caurre esprent.

II

CIX.R 1798

I	
	Adan, vaurriés vous manoir
	(24b) A Arras toute vo vie,
	Si eüssiés tout l'avoir
4	Qui ens est, et bele amie
	Qui fust avoec vous manans
	Et l'amissiés bien tous tans,
	Mais jamais plus que vous deus n'i verriés
8	Ne jamais hors de le vile n'istriés ?

---

32. Ne *Var.* Ne faut *Q* — 41. o. en ma vie li
8. isteriés

Avec la souris qu'il la perd.
Il fait bon prendre vite son plaisir,
Longue discussion
Est mère de trahison.

V   Adam, on les trouve ridicules
Ceux qui, la moisson engrangée,
La dépensent si vite
Que leur ménage n'en profite
Pendant les mois d'hiver.
Il vaut mieux garder le gage
De l'argent qu'on attend
Que le dépenser sottement.

VI   Sire, il ne m'a jamais plu
Le vin qui vient d'être tiré du tonneau
Et qu'on diffère de boire ;
Car il n'a plus aussi bon goût,
Si je m'y connais en boisson.
L'usage est de prendre vite
Et chacun ne pense qu'à prendre :
Qui prend avant ne s'en repent.

VII   Messire Audefroi, il enrage
Celui à qui on ne doit plus rien : il souffre
D'un mal cruel. Il vit heureux
Celui qui attend ce qu'on lui doit.

VIII   Dragon, ils font folie
Ceux qui attendent — je le sais bien —
Puisqu'on doit battre le fer
Quand il est chaud.

II

I   Adam, voudriez-vous rester
A Arras toute votre vie :
Vous y auriez toute la richesse
Qui s'y trouve, et une belle amie
Qui resterait avec vous
Et que vous aimeriez tout le temps,
Mais vous n'y verriez jamais que vous deux
Et vous ne sortiriez jamais de la ville ?

II
    Sire, tout chou voel avoir
    Sans nule autre compaignie
    Car adés et main et soir
12   Seroie sans jalousie.
    Ja kiens en cuisine estans
    N'iert de son per desirrans.
    Mien ensient, par tel couvent prendriés
16   L'avoir et le dame, s'a kieux estiés.

III
    Adam, bien puet perchevoir
    Hom qui cler voit, vo folie :
    Vo preu ne sariés voloir !
20   Riqueche ne druerie
    Ne vous seroit pourfitans.
    Tous seus loeus seriés restans
    Et soëlés con prisonniers vivriés
24   (24c) Et con paiens, car ja messe n'orriés.

IV
    Sire Jehan, puis ier soir
    Avés mout messe enchierie !
    Trop vous eslongiés du voir :
28   On entre en une abbeïe
    Pour mengier oes et caus flans.
    Encore est deduis plus grans
    D'estre d'avoir et d'amie aaisiés.
32   Or esgardés dont de coi vous plaidiés !

V
    Adan, li esprohon noir
    Ne sont point de vo partie.
    Moines soiés en dortoir
36   [A]aise en l'enfremerie,
    Puis que tant haés les cans.
    Ne doit estre cuers vaillans
    D'avoir acquerre et d'amie esmaiés,
40   Pour c'aler puist par tout sains et haitiés.

VI
    Sire, je ne puis veoir
    Tort n'aiés a ceste fie,
    Qu'el siecle voi tant paroir
44   De mesdisans et d'envie
    C'adés seroie doutans.
    Pour ch'aim miex liés et joians
    Tous cois pres de ma dame estre logiés
48   C'aler par tout, et souvent estre iriés.

---

13. estant — 23. viveriés — 40. Puis

II   Messire, j'accepte tout ce don
Et d'être sans compagnie ;
Car toujours, matin et soir,
J'ignorerais la jalousie.
Chien en cuisine jamais ne regrettera
L'absence de son semblable.
Croyez-m'en, à ces conditions vous feriez bien
De prendre richesse et dame, si vous aviez le choix.

III   Adam, l'homme clairvoyant
Se rendra compte de votre folie :
Vous ne sauriez vouloir votre bien !
Ni richesse ni amour
Ne vous profiteraient.
Vous resteriez vite tout seul
Et rassasié vivriez comme un prisonnier
Et comme un païen, sans entendre la messe.

IV   Messire Jean, depuis hier soir
Vous avez bien relevé le prix de la messe !
Vous êtes fort loin de la vérité :
On entre dans une abbaye
Pour y manger des œufs et des flans chauds.
C'est un plaisir encore plus grand
Que d'être pourvu de richesse et d'amie.
Faites donc attention à ce que vous dites !

V   Adam, les libres étourneaux noirs
Ne sont pas des vôtres.
Restez, comme moine, au dortoir,
A l'aise à l'infirmerie,
Puisque vous détestez tant les champs.
Un noble cœur ne doit pas
S'inquiéter d'acquérir richesse et amie
Dès lors qu'il peut aller partout en liberté.

VI   Messire, je ne vois pas comment
Vous n'auriez pas tort cette fois,
Car je vois paraître tant
De médisants et d'envie en ce monde
Que j'aurais toujours peur.
Aussi j'aime mieux être logé
Au calme et dans la joie près de ma dame
Qu'aller partout et, souvent, être dans la peine.

VII
   Grieviler, je di k'Adans
   Est faintis et recreans :
  Qui va il leke et s'est joians et liés,
52 Mais chieus qui siet adés est loeus sequiés.

VIII
   Cuvelier, sire Jehans
   Est si legiers et volans
  Qu'il ne puet arester seur les daintiés
56 Et fuir les povretés et les griés.

III

CX.R 331
I
   Adan, d'amour vous demant
   (24d) Que m'en dichiés sans cheler
   Dou quel pueent plus trouver
4 En amour li fin amant
  Ou du bien ou du mal. Vous le devés
  Mout bien savoir, car esprouvé l'avés.

II
8   Sire, je voi l'un dolant,
   L'autre lié de bien amer ;
   Mais je ne m'en doi blasmer,
   Car j'en go ; et neporquant,
  Comment que faite en soit me volentés,
12 Li maus plus que li biens i est trouvés.

III
   Adan, a guise d'enfant
   Me respondés, c'est tout cler !
   On [n'] i puet tant endurer
16 De maus, che sevent aucquant,
  C'uns tous seus biens n'estaigne les griétés
  C'on a senti : li biens pert plus assés.

IV
   Sire, amans en soeffre tant
20 C'on en voit maint desperer.
   Trop chier voit on comperer
   Deduit et riqueche grant ;
  Et d'autre part chascuns n'est pas amés
24 Qui a les biens d'amour chier comperés.

V
   (25a) Adan, tout li plus souffrant
   Dou pis c'Amours set donner
   N'en veulent mie saner !
28 Dont est il bien apparant

―――――――

25. li maus

VII   Grévillers, je dis qu'Adam
          Est lâche et poltron :
Le marcheur engraisse, et il vit dans la joie,
Mais l'assis vite sèche.

VIII   Cuvelier, messire Jean
          Est si léger et volage
Qu'il ne peut s'arrêter à un morceau de choix
Et fuir pauvreté et misère.

III

I   Adam, je vous interroge sur l'amour :
          Dites-moi franchement
          Ce que peuvent le plus trouver
          En amour les vrais amants :
Bien ou mal ? Vous devez bien le savoir,
Car vous en avez l'expérience.

II   Messire, je vois que bien aimer
          Rend l'un tout triste, l'autre heureux ;
          Mais je n'ai pas à m'en plaindre,
          Car j'y trouve mon plaisir ; néanmoins,
Quoique j'en obtienne ce que je veux,
On trouve en amour plus de mal que de bien.

III   Adam, vous me répondez
          Comme un enfant, c'est clair !
          D'aucuns le savent, on n'y peut
          Endurer tant de maux
Qu'un seul bonheur ne calme les douleurs
Qu'on a senties : le bien l'emporte de beaucoup.

IV   Messire, l'amant en souffre tant
          Qu'on en voit beaucoup désespérer.
          On voit payer bien cher
          Plaisir et richesse ;
Et d'autre part, ils ne sont pas tous aimés
Ceux qui ont payé cher les biens d'Amour.

V   Adam, ceux qui souffrent le plus
          Les pires maux qu'Amour peut donner
          N'en veulent pas guérir !
          Il est donc bien évident

Que li biens est assés plus drus semés,
Car maus qui plaist ne doit estre contés.

VI   Sire, Amour trouvai quisant,
32   Quant je le soloie anter,
En villier, en desirrer,
En penser et en doutant.
Mais point n'estes d'amour bien embrasés,
36   Pour chou n'i cuidiés point tant de durtés.

VII   Ferri, on trueve lisant
Que tant de mal n'a pas li condampnés
Con a de joie ichil qui est sauvés.

VIII 40   Grieviler, en aquerant
Est chascuns plus traveilliés et penés
Qu'il ne soit au despendre reposés.

IV

CXI.R 1584
I   Sire Jehans, ainc ne fustes partis
Ne demandés d'amour, si con je croi,
D'omme qui ja en alast escondis ;
4   Or me sachiés dont a dire, quant doi
Ont tant amee une dame proi(25b)sie
Que chascuns d'amer li prie,
L'uns en ribant, li autres sans dausnoy,
8   Li quiex aime en meilliuer foy !

II   Adan, bien sui de respondre garnis :
Nus n'en ira ja escondis de moi
Se il me part. Sachiés qu'il m'est avis
12   Que chieus aime trop miex, ensi le voi,
Qui cois se tient vers li quant l'a proïe ;
Car Amours veut et otrie
Le coi tenir : chiex en set miex sen roi
16   Qui en pensant se tient coi.

III   Sire Jehan, de chou ne sui pas fis.
Souvent par fausseté maintient on soi
Couvertement, et pour estre avant mis ;
20   Mais raison a qui bien aime, par coi
Dalés se dame en jouant s'esbanie,
Car tes maintiens senefie

───────────────

6. li uns — 13. q. le p.— 14. otroie

Que le bien y pousse beaucoup plus dru,
Mal qui plaît n'en est pas un.

VI   Messire, quand je hantais Amour,
Je l'ai trouvé cuisant
Avec ses veilles, ses désirs,
Ses pensées et ses craintes.
Vous n'êtes pas vraiment brûlant d'amour,
Aussi n'avez-vous pas idée de sa cruauté.

VII   Ferri, on trouve dans les livres
Que le damné n'a pas tant de mal
Que n'a de joie le sauvé.

VIII   Grévillers, gagner coûte
A chacun plus de fatigue et de peine
Que dépenser ne lui vaut de repos.

IV

I   Messire Jean, à ma connaissance,
Jamais vous n'avez éconduit qui vous a
Proposé un jeu-parti ou une demande d'amour ;
Dites-moi donc, quand deux aiment tant
Une dame de grande valeur
Que chacun la prie d'amour,
L'un en faisant la fête, l'autre sans indiscrétion,
Lequel aime le plus sincèrement !

II   Adam, je suis prêt à répondre :
Je n'éconduirai personne qui me proposera
Un jeu-parti. Sachez-le, il me semble
Qu'il aime bien mieux, je le crois,
Celui qui est discret avec elle quand il la prie ;
Car Amour veut et permet
La discrétion : il sait mieux son affaire
Celui qui, réfléchi, reste discret.

III   Messire Jean, je n'en suis pas sûr.
Souvent on se comporte avec dissimulation
Par hypocrisie et pour être poussé en avant.
Mais il a raison celui qui aime bien
En prenant plaisir à jouer auprès de sa dame,
Car un tel comportement

L'abondanche dou cuer, a chou m'otroi,
24   N'Amours n'a de taisir loi.

IV   Adan, sachiés que j'ai le meilleur pris,
Car en amour ne doit avoir desroi.
Il n'a si fin amant dusqu'a Paris
28   Qui ne sanlast musars en son riboi ;
Car Amours het tout outrage et folie.
Chiens esragiés, coi c'on die,
Ne fera ja lonc fouc, je vous castoi,
32   De trop riber outre moi !

V   (25c) Sire Jehan, au riboi me sui mis,
Et nepourquant de vous le contraire oi !
Chieus qui devant se dame est amuïs
36   Iert comparés, puis que faire le doi,
Au clerc couvert de fause ypocrisie
Tant qu'il vient a canesie,
Et dont est plains d'outrage et de buffoy.
40   Par quoi simpleche renoi.

VI   Adan, amans doit estre si faitis
C'on ne le voie onques en mauvais ploi.
Uns fins cremans est plus prisiés tous dis
44   Que li parlans : uns en vaut miex que troi.
Ja soursalis n'iert de si grant prisie
Comme apensés ; a le fie
Piert on par chou ; je sai bien et parçoi
48   Simplece vaut miex d'effroi.

VII   Soustenu ai, sire, a droit me partie.
A un cuer plain de veulie
Pour mains de mal qu'a un çoilart m'apoi.
52   Di je voir, sire Audefroi ?

VIII   Dragon, ribers demoustre moquerie ;
Li pensans ne se faint mie.
Dames sont si batues a le roi
56   Des ribans qu'il i ont poi.

V

CXII.R 703
I   Adan, se vous amiés bien loialment,
Lequel ariés vous plus kier :
Ou c'Amours vous i vausist avan(25d)chier

---

50. A un clerc — 56. ribaus

Est signe d'un cœur débordant, c'est mon avis,
Et Amour ne fait pas du silence sa loi.

IV   Adam, sachez que j'ai fait le meilleur choix,
Car en amour le désordre n'a pas sa place.
Il n'est pas de vrai amant, fût-ce à Paris,
Qui ne semblerait sot en faisant la fête ;
Car Amour déteste tout excès et folie.
    Quoi qu'on dise, le chien enragé
Gardera mal le troupeau, je vous avertis,
    En faisant la fête sans mesure.

V   Messire Jean, j'ai choisi la fête
Et pourtant je vous entends soutenir le contraire !
Celui qui est sans voix devant sa dame,
Je le comparerai, puisqu'il le faut,
Au clerc masqué d'hypocrisie
    Qui obtient par là un canonicat
Et est alors enflé d'orgueil et de morgue.
    Aussi je rejette l'attitude effacée.

VI   Adam, l'amant doit être ainsi fait
Qu'on ne le prenne jamais en faute.
Un amant craintif est toujours plus apprécié
Qu'un bavard : il en vaut plus que trois.
Jamais le prétentieux ne sera aussi estimé
    Que le réfléchi ; souvent
La prétention vous perd ; je sais bien et connais
    Qu'être effacé vaut mieux qu'être agité.

VII   Messire, j'ai soutenu légitimement ma cause.
    Je me range du côté du cœur qui s'amuse,
Moins dangereux que le cachottier.
    Dis-je vrai, messire Audefroi ?

VIII   Dragon, faire la fête c'est se moquer ;
    Le réfléchi ne fait pas semblant.
Les dames ont si souvent senti les filets
    Des fêtards qu'ils y gagnent peu.

V

I   Adam, si vous aimiez avec loyauté,
    Que préféreriez-vous ?
Qu'Amour voulût bien vous aider

4   A son pooir bonnement
Et vo dame fust en vo nuisement,
Ou que vo dame avanchier vous vausist
A son pooir et Amours vous nuisist ?

II   8   Sire, Amours prenc en mon avanchement,
     Car s'ele me veut aidier,
Chele que j'ain ne me puet empirier
     Ne ja n'averoit talent
12   Si curieus d'estre en mon grevement
C'Amours en autre ploi ne le mesist
Et que par forche amer ne le feïst.

III   Adan, Amours n'a sens n'entendement,
16   Parler ne set ne plaidier ;
N'ele ne puet ami assouagier,
     Se chele ne s'i asent
A cui li fais de le besoingne apent.
20   Mais quant chele en cui le besongne gist
Veut, qui qu'en poist, son ami enricist.

IV   Ainc mais ne vous oï si folement,
     Sire, parler ne jugier.
24   On met l'escaudé doit pour alegier
     Vers le fu, car autrement
S'en daurroit on, sachiés, plus longuement.
Comment arai secours se d'Amour n'ist
28   Qui desirrer et amer (26a) le me fist ?

V   Adan, vous m'avés fait un argument
     De nient pour mi assaier.
Maistres ne puet aprentich avoier
     Pour batre fort et souvent
32   Desi adont que ses cuers s'i asent.
Castois n'est preus se cuers n'i obeïst :
Amours commenche et dame parfurnist.

VI   36   Sire, Amours set assés plus soutieument
     Les siens batre et castoier ;
Car chieus cui ele akeut a guerroier
     Errant cuer et cors li rent.
40   Sachiés, c'est pour folie ou pour argent
S'Amours de cuer de feme se partist
Et puis au requerant ne contredist.

VII   Grieviler, Amours esprent
44   Ne plus avant ses pooirs ne s'estent.

---

13. me fist — 36. soutieuement

De son mieux
Et que votre dame cherchât à vous nuire
Ou que votre dame voulût bien vous aider
De son mieux et qu'Amour vous nuisît ?

II   Messire, je choisis l'aide d'Amour,
     Car s'il veut m'aider,
Celle que j'aime ne peut me faire de mal
     Et elle n'aurait pas plus tôt
Le vif désir de causer ma perte
Qu'Amour ne lui donnât d'autres sentiments
Et ne la fît de force aimer.

III   Adam, Amour n'a ni raison ni bon sens,
     Il ne sait parler ou débattre ;
Et il ne peut être agréable à un amant
     Si n'y consent celle
Sur qui repose le poids de trancher.
Mais quand celle dont tout dépend
Le veut, elle fait riche son ami, en dépit de tous.

IV   Jamais, messire, je ne vous ai entendu
     Si sottement parler et juger.
On approche du feu un doigt échaudé
     Pour le soulager ; sinon,
On y aurait mal, sachez-le, plus longtemps.
Comment aurai-je du secours s'il ne vient d'Amour
Qui m'a fait désirer et aimer ma dame ?

V   Adam, vous avez produit un argument
     Sans valeur pour me mettre à l'épreuve.
Le maître a beau battre fort et souvent
     L'apprenti, il ne peut le corriger
Avant que son cœur n'y consente.
Un sermon ne sert à rien si le cœur ne l'écoute :
Amour commence, mais la dame achève.

VI   Messire, Amour met beaucoup plus de finesse
     A battre et sermonner les siens ;
Car celui à qui il déclare la guerre
     Se rend vite à lui, cœur et corps.
Sachez-le, c'est luxure ou soif d'argent
Si Amour quitte un cœur de femme
Et qu'elle ne s'oppose plus à qui la courtise.

VII   Grévillers, Amour enflamme
Et son pouvoir ne s'étend pas plus loin.

Dame aime adés quant il li abelist,
Nient autrement : Adans ne set qu'il dist.

VIII   [Ferri, tout certainement
48   Sire Jehans a trop fol ensient,
Qui gage chou de quoi li biens nourist.
S'Amours i nuist, nule riens ne souffist.]

VI

CXIII.R 950

I   Adan, a moi respondés
Con lais hom a cest affaire,
Car ne sai point de gramaire
4   Et vous estes bien letrés !
Lequel ariés vous plus chier
Ou vo (26b) dame a gaaingnier
Outre son gré par droite traïson,
8   Ou li servir loiaument en pardon
Trestoute vo vie
Et si s'en tiengne a païe ?

II   Sire, on voit les plus senés
12   A le fois traïson faire
Pour riqueche a eus atraire !
Que me pourfite li grés
De me dame, au droit jugier,
16   Qui m'ara fait traveillier
Tout mon vivant sans autre guerredon ?
A ses autres biens voeil avoir parchon,
Se n'i faurrai mie,
20   Se le truis appareillie.

III   Adan, jamais ne prendés
Cose ou traïson repaire,
C'a tous fins cuers doit desplaire.
24   Certes, che me samble assés
Quant on set tant esploitier
C'on set se dame apaier
Par li servir en droite entention.
28   En li traïr conquerre ne puet on
Si grant singnourie,
Et si l'a on courouchie.

_____

45. D. amie — 47. *Reprise rétablie d'après Q*
7. vo gré — 23. Car — 26. set de d. — 28. servir

La dame aime dès qu'il lui plaît de le faire,
Pas autrement : Adam ne sait ce qu'il dit.

VIII   Ferri, à coup sûr,
Messire Jean juge tout de travers,
Lui qui refuse ce qui donne le bonheur.
Si Amour vous nuit, rien ne vous vaut.

VI

I   Adam, répondez-moi
Cette fois en laïc,
Car j'ignore tout du latin
Et vous êtes excellent latiniste !
Que préféreriez-vous,
Conquérir votre dame
Malgré elle par pure traîtrise
Ou la servir avec loyauté toute votre vie
       Avec désintéressement
Si elle s'en satisfait ?

II   Messire, on voit les plus raisonnables
Agir parfois par traîtrise
Pour se procurer quelque richesse !
A dire vrai, qu'ai-je à gagner
A voir satisfaite ma dame
Qui m'aura tourmenté
Ma vie durant sans autre contrepartie ?
Je veux partager ses autres trésors
       Et je n'y manquerai pas
Si elle m'en donne l'occasion.

III   Adam, ne faites jamais rien
Qui implique quelque traîtrise :
A tout vrai cœur elle ne peut que déplaire.
Certes, il me semble suffisant
De savoir parvenir
A satisfaire sa dame
En la servant en toute loyauté.
En la trahissant on ne peut pas faire
       Une si noble conquête
Et, de plus, on la blesse.

IV
32
  Sire, a chou que dit avés,
  En vous a foivle contraire !
  Comment puet li hom meffaire
  Qui a parture est menés
  De deus maus s'il laist glachier
36
  Le pieur pour li aidier
Dou mains mauvais ? Sans acomplir mon bon
Ne porroie (26c) finer se par mort non.
   Miex vient querre aïe
40
  C'atendre si grief haschie.

V
  Adan, fort me trouverés
  Et deffensavle adversaire !
  Car au pieur vous voi traire
44
  Pour chou que trop goulousés
  Chou qui ne vous a mestier.
  On doit savoir sans cuidier
Que loiautés est de fine boichon,
48
Et traïson de trop vilain renon ;
   Par coi chascuns prie
  Que traïson soit honnie.

VI
  Sire, chis cas est prouvés
52
  Que traïson ne doit plaire ;
  Mais ma dame est debonnaire,
  Par coi, se je sui outrés
  Par forche de desirrier,
56
  Si l'en cuit jou apaier.
A sen besoing fait on bien mesproison
Sour cuidance de pais et de pardon :
   Grans pais, coi c'on die,
60
  Gist en grant guerre a le fie.

VII
  Ferri, bon se fait gaitier
De commenchier outrage ne tenchon
Sour l'espoir de venir a raenchon.
64
   Li faus se cointie
  Dont li sages se castie.

VIII
  Grieviler, ne doi cachier
Vers ma dame simpleche ne raison,
68
Car volentiers tient femme a compaignon,
   Tant l'ai assaïe,
  Chelui qui bien le manie !

---

31. en chou

IV   Messire, à en juger par vos propos,
Vous êtes un piètre contradicteur !
Comment l'homme amené à choisir
Entre deux maux peut-il méfaire
S'il laisse le pire
Pour trouver son recours
Dans le moins mauvais ? Ne prenant pas mon plaisir,
Je n'aurais d'autre issue que la mort.
       Il vaut mieux chercher de l'aide
Qu'attendre un si cruel supplice.

V   Adam, vous trouverez en moi
Un adversaire fort et redoutable !
Je vous vois prendre le pire parti,
Parce que vous convoitez beaucoup
Ce que vous ne devez pas.
On doit être humblement convaincu
Que la loyauté est d'une rare facture
Et que la traîtrise a bien mauvais renom ;
       Aussi chacun demande
Que la traîtrise soit hors d'état de nuire.

VI   Messire, il est bien établi
Que la traîtrise ne saurait plaire ;
Mais ma dame est généreuse ;
Aussi, si je suis vaincu
Par la force de mon désir,
J'espère bien nous réconcilier.
Si nécessaire, on commet une faute
En présumant qu'on aura paix et pardon :
       Quoi qu'on dise, la paix
Est parfois le fruit de la pire guerre.

VII   Ferri, il fait bon se garder
De commencer une folle querelle
En se flattant de se racheter.
       Le fou se vante
De ce dont le sage s'abstient.

VIII   Grévillers, je ne dois me montrer
Envers ma dame ni franc ni raisonnable,
Car la femme tient volontiers pour bon compagnon,
       J'en ai l'expérience,
Celui qui sait la prendre en main !

VII

CXIV.R 494

I
  Adan, qui aroit amee
  Une dame loiaument
  .VII. ans tout entiere(26d)ment
4 Et n'eüst en li trouvee
    Merchi ne confort
    Fors adés sanlant entort,
  S'en porroit il departir par raison
8 Et querre ailleurs confort et guarison ?

II
  Sire, pour folie bee
  Jones hom qui bien s'entent
  A feme si longuement,
12 Puis qu'il en a tel saudee :
    Ortie qui mort,
    Sachiés, tempre s'i amort.
  Quel espoir de s'amour avoir puet on
16 Puis qu'en .VII. ans n'en fait demoustrison ?

III
  Adan, ch'est chose passee :
  Chiex qui a amer emprent
  N'est mie preus s'il n'atent
20 Que merchis soit meüree.
    Faus est et s'a tort
    Qui s'en part pour desconfort ;
  Car bien doit dame, ains c'otroit si haut don,
24 Prouver lonc tans se bien l'emploie ou non.

IV
  Vous parlés a le volee,
  Sire ! Car dame a briement,
  Quant il li vient a talent,
28 Sans assai s'amour donnee
    Pour avoir deport,
    Non pas pour estre en descort
  .VI. ans ne .VII. ; s'anchois n'a guerredon,
32 Pourquerre aillours se puet sans mesprison.

V
  (27a) Adan, Amours fu trouvee
  Pour servir outreement,
  Sans fin ; mais peu s'i entent
36 Vos cuers : joneche li vee.
    Dou chemin se tort
    Qui s'en part devant le mort.
  Son loier pert qui ne sert dusqu'en son :
40 Par bien servir eurent li saint pardon.

VII

I Adam, celui qui aurait aimé
   Une dame loyalement
   Sept ans entiers,
   Mais n'aurait trouvé en elle
    Ni pitié ni réconfort,
   Rien que toujours de la cruauté,
  Aurait-il le droit de la quitter
  Et de chercher ailleurs réconfort et guérison ?

II Messire, il veut décrocher la lune
   Le jeune homme qui se consacre
   A une femme si longtemps,
   Si telle est sa solde :
    Qui mord une ortie,
   Sachez-le, s'y frotte toujours trop tôt.
  Quel espoir peut-on avoir qu'elle vous aime
  Si en sept ans elle n'en a donné signe ?

III Adam, c'est sûr et certain :
   Celui qui veut aimer
   Ne vaut rien s'il n'attend
   Que sa grâce vienne à maturité.
    Il est bien fou, il a tort,
   Celui qui renonce de découragement ;
  Une dame, avant d'octroyer un si noble don,
  Vérifie longtemps s'il est bien employé ou non.

IV Vous parlez à la légère,
   Messire ! Car une dame a tôt fait,
   Si elle en a envie,
   De donner son amour sans mise à l'épreuve
    Pour prendre son plaisir,
   Non pour rester en désaccord
  Six ans ou sept ; s'il n'a pas avant de contrepartie,
  Il peut, sans faute, chercher ailleurs.

V Adam, l'amour a été inventé
   Pour qu'on serve sans mesure
   Ni fin ; mais votre cœur ne s'y entend
   Guère : sa jeunesse le lui interdit.
    Il sort de sa route
   Celui qui renonce avant la mort.
  Il perd son salaire celui qui ne sert jusqu'au bout :
  Pour avoir bien servi, les saints ont eu entier pardon.

VI
Sire, ame est par chou sauvee
Que Sains Esperis l'esprent
Qui le conforte souvent
44   Ains que du cors soit sevree.
      Quant par son acort,
Dame fait son ami fort
Et vertueus d'un regart de boichon,
48   Adont doit il manoir en sa prison.

VII
      Ferri, Adans dort !
On doit amer outre bort,
Coi c'on i truist, plaisanche ou soupechon ;
52   Car en amour n'a point de muïson.

VIII
      Dragon, a mal port
Arive qui sans resort
Se veut tenir a dame a cuer felon :
56   Son preu defuit pour se destruction.

VIII

CXV.R 1817
I
Adan, vous devés savoir
Canque il esquiet en amour ;
Or me dites donques voir :
4   Douquel doit plus grant paour
      Avoir fins amis,
      Ou d'estre escon(27b)dis
Quant a se dame proïe,
8   Ou, quant il a fait amie,
Dou reperdre en aucun tans ?
Or n'en soiés pas mentans !

II
Sire, amans prie en espoir
12   Qu'i avra joie et retour ;
Dont doit par droiture avoir
Li amés doute gringnour,
      Car il a apris
16   Soulas et delis :
Si aroit pis le moitie
S'on li toloit chele vie :
Dont li aventure est grans ;
20   Car cuers de feme est cangans.

III
Adan, chieus n'a que doloir
Qui a d'amie l'onnour,
Ains doit en joie manoir.

VI Messire, si l'âme est sauvée,
C'est que le Saint-Esprit l'enflamme,
Lui qui la réconforte souvent
Avant qu'elle ne soit séparée du corps.
   Quand, de bon cœur,
La dame rend son ami plus fort
Et plus solide d'un regard de bonne facture,
Alors il a lieu de rester son prisonnier.

VII Ferri, Adam dort !
On doit aimer au-delà de toute mesure,
Quoi qu'il en résulte, plaisir ou souci ;
Car l'amour n'admet pas le changement.

VIII Dragon, il échoue
Sur de rudes écueils celui qui s'attache
Inébranlablement à une dame au cœur cruel :
A son profit il préfère sa perte.

VIII

I Adam, vous devez savoir
Tout ce qu'il arrive en amour ;
Dites-moi donc la vérité :
De quoi un vrai amant doit-il avoir
   La plus grande peur,
   D'être éconduit
Quand il prie sa dame
Ou, quand il a une amie,
De la reperdre un jour ?
N'allez pas me mentir !

II Messire, l'amant fait sa cour
Dans l'espoir de joie et de contrepartie ;
Logiquement celui qui est aimé
A lieu d'être plus inquiet,
   Car il sait ce que sont
   Bonheur et plaisir :
Il serait deux fois plus malheureux
Si on le privait de cette vie :
Le risque en est grand,
Car le cœur de la femme est changeant.

III Adam, il n'a pas lieu de souffrir
Celui qui a une amie en fief,
Mais il doit vivre en joie.

24   Bien est en seüre tour
         Qui plaide saisis,
         Et chieus desconfis
      Qui crient c'on ne l'escondie ;
28   Car s'ele s'amour otrie
      Et du perdre est puis doutans,
      Dont est il doubles dolans.

IV   Sire, adés par estouvoir
32   Volés avoir le meillour !
      Chieus qui a a perdre avoir,
      Confort d'amie et douchour
         Doit cremir tous dis
36   Plus que li mendis
      Pour chou c'a perdre n'a mie ;
      Aussi n'a amans qui prie !
      Car ne puet estre perdans
40   D'amour, s'il n'en est tenans.

V   Adan, qui terre ou manoir
      Requiert (27c) en court de seignour,
      Il se doit plus douter, voir,
44   Entreus qu'il atent le jour
         Que drois soit oïs,
         Que, quant ens est mis,
      De reperdre, se demie
48   A de sens ne de voisdie.
      Povres doit estre esmaians
      Et riches fiers et joians.

VI   Sire, on afaite un ostoir
52   Et puis fait il mauvais tour :
      Se j'ai dame a mon voloir,
      N'en doi doute avoir menour.
         Tant sont de mesdis
56   Que nus estre fis
      Ne doit en se singnerie ;
      Car anchois a on envie
      Au jour d'ui seur les poissans
60   C'on n'ait seur les mendians !

VII   [Ferri, cuers falis
      Est [et] en lui pau se fie
      Rices qui puis apovrie.
64   Li diseteus requerans
      En peril est drois Tristrans.

---

61. *Reprises rétablies d'après Q*

Il est dans une tour sûre celui
   Qui, possédant son fief, se défend ;
   Abattu, au contraire,
Celui qui craint qu'on ne l'éconduise ;
Car si elle octroie son amour
Et qu'ensuite il a peur de le perdre,
Alors il est deux fois malheureux.

IV   Messire, toujours il faut
    Que vous ayez raison !
    Celui qui risque de perdre ce qu'il a,
    Le réconfort et la douceur qu'est une amie,
       Doit toujours craindre
       Plus que le pauvre
    Qui n'a rien à perdre ;
    Comme l'amant qui fait sa cour !
    Car il ne peut perdre celle
    Qu'il aime, s'il ne la possède.

V   Adam, celui qui demande une terre
    Ou un manoir à la cour de son seigneur,
    Doit, assurément, être plus inquiet
    Pendant qu'il attend le jour
       Où la sentence sera rendue
       Que, quand il est investi,
    De perdre son bien, — s'il a tant soit peu
    De raison et de bon sens.
    Le pauvre a lieu d'être angoissé,
    Le riche d'être fier et joyeux.

VI   Messire, on dresse un autour
    Et puis il vous joue un mauvais tour :
    Même si j'ai une dame à ma volonté,
    Je n'ai pas lieu d'être moins inquiet.
       On médit tant
       Que nul ne peut être sûr
    De ce qu'il possède ;
    Car au jour d'aujourd'hui
    On envie plus les possédants
    Que les mendiants !

VII   Ferri, c'est un cœur lâche,
    Sans confiance en soi,
    Le riche qui craint la pauvreté.
    Le solliciteur dans le besoin
    Est, pour le péril, un vrai Tristan.

VIII   Bien voel que Ferris
            Sace que plus se gramie
68   Cil qui pert se manandie
            Que ne faice li faillans
            Au don dont est desirans.]

IX

CXVI.R 277

I   Adan, mout fu Aristotes sachans
           Et si fu il par Amours tes menés
           Qu'enselés fu comme chevaus ferrans
4   Et chevauchiés, ensi que vous savés,
           Pour cheli que il voloit a amie,
           Qui, en le fin, couvent ne li (27d) tint mie.
           Vaurriés vous estre atournés ensement
8   De vo dame, se vous tenoit couvent?

II   Sire, qui prent as fais des souffissans
           Essample et cuer n'en doit estre blamés :
           Aritostes fu de moi plus vaillans
12   En renommee, en scienche, en bontés;
           Et quant il ot le plaisanche acomplie
           De sa dame, [n']en ot il mie aïe.
           Dont doi je bien faire tel hardement,
16   Qui mains vail, et s'arai alegement.

III   Adan, or estes vous trop esmaians
           Et peu en vo scienche vous fiés
           Qui varriés estre a tel honte escaans
20   Que chevauchiés fussiés pour estre amés !
           Mout en avés abaissie clergie !
           Mais je sai bien peresche vous maistrie :
           Pour esquiever le paine c'on en sent
24   Au deservir, volés goïr vieument.

IV   Sire Jehan, chieus qui est desirrans
           A paine cuide estre a tans soëlés.
           Parmi tous prieus doit faire fins amans
28   A se dame toutes ses volentés.
           On ne le doit pas tenir a folie,
           Car biens d'Amours est de tel signerie
           C'on n'i puet emploier mauvaisement
32   Honte a souffrir diffame (28a) ne tourment.

---

26. c. ja estre s.

VIII   Je veux que Ferri
              Sache que qui perd sa propriété
              Se désole plus que ne le fait
              Qui n'obtient pas
              Le don qu'il désire.

                        IX

I   Adam, Aristote était plein de sagesse
      Et pourtant Amour le maîtrisa si bien
      Qu'il fut sellé comme un cheval gris
      Et chevauché, comme vous le savez,
      Pour l'amour de celle qu'il voulait pour amie
      Et qui, pour finir, ne lui tint pas parole.
      Voudriez-vous être ainsi traité
      Par votre dame, si elle vous tenait parole ?

II   Messire, on ne doit pas blâmer
      Qui prend exemple sur les actes des meilleurs :
      Aristote me dépassait
      En renom, en savoir, en valeur ;
      Et quant il eut accompli la volonté
      De sa dame, il n'en eut pas de secours.
      Donc j'ai bien lieu d'être aussi audacieux
      Moi qui vaux moins et qui serai soulagé.

III   Adam, vous êtes bien inquiet
      Et vous avez peu confiance en votre savoir,
      Vous qui voudriez subir la honte
      D'être chevauché pour être aimé !
      Vous avez humilié l'état de clerc !
      Mais je sais bien que paresse est votre maîtresse :
      Pour éviter la peine qu'on ressent
      A servir, vous voulez jouir à bas prix.

IV   Messire Jean, qui est plein de désir
      Ne croit jamais être assez tôt rassasié.
      En dépit de tous les périls le vrai amant
      Doit faire toutes les volontés de sa dame.
      On ne doit pas tenir cela pour folie,
      Car les biens d'Amour sont si nobles
      Qu'on ne saurait à tort les payer
      De la honte de subir déshonneur ou supplice.

V   Adan, jamais ne soiés connissans
        Que vous soiés a tel honte livrés
        C'on vous chevaut ! Ch'est bien chose apparans
36   Que autrement vous desirrer n'osés
        Que vous aiés soulas ne druerie.
        Bon en fait en secré souffrir haschie ;
        Mais nus n'en doit souffrir apertement
40   Blasme commun, car Amours le deffent.

VI   Sire, voire ! mais, se g'i sui fallans
        A me dame, g'iere desesperés.
        Je voi que cuers de feme est si cangans
44   Que li loiaus est souvent refusés,
        Et chieus qui sert Amours par trecherie
        A de se dame honnour et compaignie ;
        Par coi je douch che peril seulement
48   Que je servi eüsse pour noient.

VII   Evrart, avoirs mal aquis apovrie,
        Mais biens d'Amours a droit pris monteplie.
        On doit d'amour goïr secreement
52   Et qui ne le fait ensi, il mesprent.

VIII   Ferri, faus est chieus qui son preu detrie,
        A cui on offre a faire courtoisie
        Pour peu de honte avoir, s'il ne le prent ;
56   Car qui premiers choisist ne s'en repent.

X

CXVII.R 1833

I   Adan, amis, je vous dis une fois
        [A] vous et maistre Jehan de Marli
            Que jamais ne partiroie ;
4   Mais (28b) tenir ne m'en porroie !
        Qui fait mieus, ou chieus qui atent merchi
        En bien servant un an ou deus ou trois,
            Ou chieus qui loeus merchi proie ?

II   8 Sire, d'amant est mout grans estrelois,
        Qui prie loeus c'Amours l'a assailli,
            Aussi c'uns courliex sur voie.
            Chieus fait miex qui s'umeloie
12   Et sueffre et crient estre escondis de li
        Et est en bon espoir, humles et cois,
            Et prent chou c'Amours envoie.

V   Adam, n'allez pas reconnaître
     Que vous consentez à être exposé à la honte
     D'être chevauché ! C'est le signe très clair
     Que vous n'osez désirer goûter
     Autrement le plaisir et l'amour.
     Rien de mal à souffrir en secret un supplice ;
     Mais nul ne doit souffrir en public à cause de lui
     Le blâme de tous, car Amour le défend.

VI   Oui, messire ! mais si j'échoue à conquérir
     Ma dame, je serai désespéré.
     Je vois que la femme a le cœur si changeant
     Que l'ami loyal est souvent éconduit
     Et que celui qui sert Amour trompeusement
     Jouit de sa dame et de sa compagnie ;
     Aussi je crains seulement le péril
     D'avoir servi pour rien.

VII   Evrard, bien mal acquis ne profite jamais,
     Bien d'Amour honnêtement conquis fructifie.
     On doit jouir d'Amour secrètement,
     Et qui n'agit ainsi commet une faute.

VIII   Ferri, bien fou qui diffère son profit,
     A qui on offre les dernières faveurs
     Contre un peu de honte et qui refuse ;
     Car qui choisit sans tarder ne s'en repent pas.

X

I   Adam, mon ami, je vous ai dit un jour,
     A maître Jean de Marly et à vous,
        Que jamais plus je ne ferai de jeu-parti ;
        Mais je ne pourrais m'en retenir !
     Qui fait mieux, celui qui attend sa grâce
     En servant un an ou deux ou trois,
        Ou celui qui la réclame tout de suite ?

II   Messire, c'est un grand abus qu'un amant
     Réclame dès qu'Amour le tourmente,
        Pressé comme un courrier en mission.
        Il fait mieux celui qui s'humilie
     Et souffre et craint d'être éconduit par sa dame,
     Espère fermement, humble et discret,
        En prenant ce qu'Amour lui accorde.

III
16 Adan, che me sanle povres esplois
    De lonc tans servir ains c'on ait jehi
        Ses maus ! Car ichil fausnoie
        Qui n'ose assaier se goie
    Anchois qu'il ait trop en pardon servi.
20 Et s'il i faut, mout s'en daura, ch'est drois ;
        Mais d'autre amour se pourvoie !

IV Sire, qui veut estre sire de lois
    Anchois qu'il ait d'autre scienche oï,
24   Mout petit i monteploie.
        [...] qui merchi proie
    [...] ains qu'il l'ait deservi ;
    Car il doit son bienfait moustrer anchois
28   Qu'il prit, s'il (28c) veut c'on le croie.

V   Adan, tous tans parlés vous en clergois,
    Et clerc et lai sont en amour onni :
        Il n'i keurt c'une monnoie,
32   C'est jeus de boute en coroie !
    C'aussi bien sont li tardieu escarni
    Que li hastieu ; par quoi chelui mains prois
        Qui plus longement foloie.

VI 36 Sire, con plus aroie esté destrois
    Et desirrans merchi, sachiés de fi,
        Plus grant plaisanche averoie
        En s'amour, s'aprés l'avoie.
40 On prie tost feme de vilain cri :
    Qui tost requiert, il n'est dont pas courtois
        Et fole est qui li otroie.

VII   Dragon, Adan peu kerroie.
44 Il meïsmes fist ensi que je di :
    Il requist tost, lues fu fais li otrois,
        Bien l'en vint, or le renoie !

XI

R. 1675
I   Adan, amis, mout savés bien vo roi
        D'Amour servir, selonc chou que j'entenc ;
        Or me dites par amisté de coi
4   Vous le servés ne pourcoi ne com(28d)ment.
        J'ai bien mestier de vo ensengnement,

25-26. *Lacunes dans W, unique copie pour ce jeu-parti.*

III   Adam, la belle affaire
Que servir longtemps avant d'avouer
    Son mal ! Il se trompe celui
    Qui n'ose tenter sa chance
Avant d'avoir beaucoup servi en pure perte.
S'il échoue, il en souffrira beaucoup, et c'est juste ;
    Qu'il cherche un autre amour !

IV   Messire, qui veut être expert en droit
Avant d'avoir appris d'un autre,
    Y fait peu de progrès.
    [Bien fou] qui réclame sa grâce
Avant de l'avoir mérité ;
Il doit prouver sa valeur avant
    De réclamer, s'il veut qu'on le croit.

V   Adam, vous parlez toujours la langue du clerc,
Mais clercs et laïcs sont égaux en amour :
    Une seule monnaie y a cours,
    C'est le tour d'escamoteur !
Car on s'y moque autant des lents
Que des pressés ; aussi ai-je moins d'estime
    Pour qui délire plus longtemps.

VI   Messire, plus j'aurais été angoissé
Et désireux de grâce, sachez-le,
    Plus je trouverais de plaisir
    A son amour si ensuite je l'avais.
C'est la femme perdue de réputation qu'on presse :
Celui qui réclame vite manque donc de manières
    Et galante est celle qui lui cède.

VII   Dragon, je n'en croirais guère Adam.
Lui-même, il a fait comme je dis :
Il réclama vite, on lui céda aussitôt,
    Il s'en trouva bien, et il le nie !

XI

I   Adam, mon ami, vous connaissez bien votre affaire
Quant au service d'Amour, je l'entends dire :
Dites-moi donc, je vous prie, de quoi
Vous le servez, pourquoi et comment.
J'ai bien besoin de vos leçons,

Car je n'en sai mie
Le maintien ne le maistrie ;
8 Sel voeil savoir de vous, aprendés m'ent !

II Sire Jehan, mout bien savoir le doi :
Je serch Amours du cuer premierement,
Et pour amie avoir, che sont li doi ;
12 Et si le serc en chantant liement,
En desirrant, en bel contenement.
Che vous senefie
Comment j'ai Amours servie :
16 Or avés des trois choses jugement.

III Adan, tout chou que dire vous en oi
Sai jou piecha, et tout si faitement
Serc jou Amours, et de plus ; car tout coi
20 Me tieng en loiauté parfaitement
Ne de cangier n'ai pooir ne talent
Cheli c'ai choisie.
Se vous plus a l'autre fie
24 Ne me moustrés, je n'aprendrai noient !

IV Sire, on ne puet Amour servir sans foi,
Chil n'aime pas qui aime faintement ;
Dont n'avés vous riens ajousté sour moi :
28 J'avoie avant tout contenu briement.
Moustrer ne puis quanques (29a) il i apent,
C'Amours me tarie
Et tant me diversefie
32 Que j'en diroie articles plus de chent !

V Adan, de sens grant defaute en vous voi.
Com plus i a d'articles, plus en sent
Chieus qui d'Amour maint ou cuer du tournoi.
36 Li tariers mie ne le deffent
Ne li diversités, ains les aprent ;
Mais par legerie
N'en avés apris demie.
40 G'irai conseil querre a plus sage gent.

VI Sire, le favle oïr volés, je croi,
Dou rouge cokelet ! Mais nequedent
Jou le dirai pour vous oster d'esfroi :
44 Je serch Amours en proiant humlement,
En veillant, en pensant a li souvent
En espoir d'aïe.

---

11. avoir amie *(mais le copiste a invité par de petits traits à inverser les deux mots)*

Car j'ignore
En quoi il consiste ;
Aussi je veux le savoir de vous, instruisez-moi !

II   Messire Jean, j'ai tout lieu de m'y connaître :
Je sers Amour du cœur premièrement,
Et pour avoir une amie — et de deux !
Et je le sers par mon chant joyeux,
Par mes désirs et ma belle conduite.
Voilà qui vous indique
Comment j'ai servi Amour :
Je vous ai répondu sur les trois points.

III   Adam, tout ce que je vous en entends dire,
Je le sais depuis longtemps : c'est bien ainsi
Que je sers Amour, et mieux encore ; car je reste
D'une parfaite loyauté
Et je n'ai ni le pouvoir ni le désir de laisser
Celle que j'ai distinguée.
Si vous ne m'en enseignez plus
Cette fois, je n'apprendrai rien !

IV   Messire, on ne peut servir Amour sans loyauté,
Il n'aime pas celui qui fait semblant d'aimer ;
Vous n'avez donc rien ajouté à mes dires
Qui disaient tout en quelques mots.
Je ne peux montrer tout ce qui en découle,
Car Amour me tracasse
Et me tourmente tant
Que j'aurais plus de cent articles à toucher !

V   Adam, vous manquez vraiment de raison.
Plus il y a d'articles, plus s'en ressent
Qui se trouve au cœur du tournoi d'Amour.
Tracas et tourment n'interdisent pas
De s'en ressentir, mais les enseignent ;
Léger comme vous êtes,
Vous n'en avez pas appris la moitié.
J'irai demander conseil à de plus savants.

VI   Messire, vous voulez, je crois, entendre
Toujours la même chanson ! Néanmoins
Je vous répondrai pour vous rassurer :
Je sers Amour en priant avec humilité,
En veillant, en songeant souvent à lui
Dans l'espoir qu'il m'aide.

Se che ne vous rassasie,
48 Encor orrés plus de mon errement.

VII Adan, or estes vous en meilleur ploi,
Mais nel prenc mie encore en paiement.
Vostre respons a Lambert Ferri proi
52 Qu'il estudit bien et soigneusement
Se vous en avés fait souffissaument
     Saine vo partie.
     Le verité nous en die !
56 Je l'en querrai, car bien sai qu'il s'entent.

VIII Sire Jehans, encor pas ne recroi,
Ains vous tenisse assés a parlement,
Se vous ne vous en fussiés mis seur soi.
60 Je m'i metrai aussi, car autrement
Ne vous porroie oster legierement
     De vo enredie.
     Vous esmustes ceste aillie.
64 Mais trop vous en partés honteusement !

IX Adan, non fac ! Vous dites estreloi !
Je vous tenisse a jeu bien longuement,
Mais jou le lais pour chou que vous perchoi
68 Si nonsachant que de chou me (29b) repent
Que j'ai vo sens prisié si longuement.
     S'en iert amenrie
     Me parole et mains prisie ;
72 Car vous parlés d'Amour trop jonement.

X Sire, autre gent que li jone n'ont loi
De servir Amour ne de parler ent ;
Car maint jone escolier, a chou m'apoi,
76 Sont plus agu de faire un argument
C'uns anchiens ne soit qui de jouvent
     L'estude a laissie.
     Vous devés avoir guerpie
80 Amours ; pour chou parlés si rudement.

XI Adan, chil qui sont batu a le roi
Se vardent miex de fol enbatement
Que li niais. Bien sai que je foloi,
84 Qui vous demant sens ni apensement.
Je maing par sens en amour fermement,
     Vous par daserie
     Si que li vens qui balie ;
88 Et trop me respondés bochuement.

_____
59. moi — 85. sermement

Si cela ne vous satisfait pas,
Je vous dirai plus de ma conduite.

VII   Adam, vous avez amélioré votre cas,
Mais je n'ai pas encore entière satisfaction.
Je prie Lambert Ferri qu'il étudie bien
Votre réponse, très soigneusement,
Pour voir si vous avez pleinement
        Justifié votre repartie.
    Qu'il nous dise ce qu'il en est !
Je le croirai, je sais qu'il est compétent.

VIII   Messire Jean, je ne m'avoue pas vaincu,
Mais j'aurais longtemps débattu avec vous
Si vous ne vous en étiez pas remis à lui.
Je m'en remettrai aussi à lui ; car sinon,
Je ne pourrais vous arracher aisément
        A votre entêtement.
    Vous avez cherché cette querelle,
Mais vous vous dérobez honteusement !

IX   Pas du tout, Adam ! Vous avez tort !
Je continuerais longtemps le jeu avec vous,
Mais je le laisse parce que je vous découvre
Si ignorant que je me repens
D'avoir si longtemps fait cas de votre intelligence.
        Ce que je dirai y perdra
    Du crédit et de l'autorité ;
Car vous parlez d'Amour en jeune ignorant.

X   Messire, seuls les jeunes sont qualifiés
Pour servir Amour et en parler ;
Pour argumenter, bien des jeunes étudiants,
C'est mon opinion, ont plus d'acuité
Qu'un vieux qui a quitté les études
        Depuis sa jeunesse.
    Vous devez avoir abandonné
Amour pour en parler si grossièrement.

XI   Adam, ceux qui ont senti les filets
Se gardent mieux d'un envol imprudent
Que l'oiseau qui n'a quitté le nid. Je le sais, je suis fou
De vous demander raison et réflexion.
Ferme en amour, j'agis en homme raisonnable,
        Vous en rêveur
    Que le vent emporte ;
Et vous me répondez comme un bossu.

XII
Sire, vers vous m'umeli et souploi,
Et vous me rampronés vilainnement !
Vaintre cuidiés par tenche et par anoi
92 Pour miex couvrir vo rude entendement.
Pour chou, s'aucuns son contraire desment
Et dist vilenie,
N'a il mie desrainie
96 Se cause, s'il ne le prueve en present.

XIII
Adan, par outrage ne par buffoi
Ne vaint on pas se cause, voirement,
Mais par raison, par sens et par castoi.
100 Pour chou vous proi tout debonnairement
Que vous sentés d'Amours plus vivement.
Vo teste aguisie
Respondist miex le moitie
104 Se sentissiés con ses pooirs s'estent.

XIV
Sire, encore alés vous au marescoi !
(29c) Bien me paiés de trufes et de vent,
Quant vous dites que je senc d'Amour poi ;
108 Car pour Amours je sai certainement
Ne guerpiriés a pieche vo argent !
Che fac jou clergie :
D'Amour doi savoir le vie,
112 Se nus le set pour sentir asprement !

XV
Adan, par Dieu ! au hanap ou je boi
D'Amours, ne porriés boire nulement.
Vous en sentés en joie et en dosnoi,
116 Et jou en ire et en cruel tourment.
Se vous avés pour Amour folement
L'escole widie,
Vos sens point ne monteplie
120 Que je cuidoie isnel ; or le truis lent !

XVI
Sire, en servant Amours mout mieus [m']emploi
Que se je fusse escoliers seulement ;
Et pour itant, se l'escole renoi,
124 Ch'est pour moi emploier plus hautement.
Et vous dites que j'oeuvre sotement,
Qui l'ai eslongie !
Ne doit dire tel folie
128 Hom qui conoist qu'il aime loiaument.

---

100. *Var.* pruis *Q* pris *Aa* — 101. *Var.* Q. pau *AaQ* — 102. testes — 103. En r. l.
m. *AaQ* — 114. Ne porriés vous boire nulement

XII   Messire, je vous parle avec humilité et respect
Et vous vous moquez de moi injurieusement !
Vous croyez me dominer en me cherchant querelle
Pour mieux masquer votre rudesse d'esprit.
Ce n'est pas parce que l'on contredit son partenaire
      Et qu'on l'insulte,
    Que l'on a gagné sa cause,
Mais en en prouvant la justesse sur-le-champ.

XIII   Adam, c'est sûr, on ne fait pas triompher sa cause
En insultant ou traitant de haut les gens,
Mais en argumentant, en raisonnant, en corrigeant.
Aussi je vous prie en toute amitié
De ressentir plus vivement Amour.
      Votre esprit mieux aiguisé
    Répondrait deux fois mieux
Si vous ressentiez jusqu'où son pouvoir s'étend.

XIV   Messire, vous pataugez de plus belle !
Vous vous en tirez par des plaisanteries et du vent
Quand vous dites que je ressens peu d'amour ;
Je suis sûr et certain que vous ne renonceriez
Pour Amour avant longtemps à votre argent !
      Et moi je renonce à ma vocation
    De clerc : si quelqu'un sait ce qu'est Amour
Pour en avoir ressenti la violence, c'est bien moi !

XV   Adam, par Dieu ! vous seriez bien incapable
De boire à la coupe d'Amour où je bois.
Vous ressentez les plaisirs de la galanterie
Et moi des chagrins et de cruels tourments.
Si vous avez sottement quitté les études
      Pour l'amour,
    Votre intelligence n'y a pas gagné
Que je croyais vive : je la trouve lente !

XVI   Messire, je m'emploie beaucoup mieux
A servir Amour que si j'étais étudiant ;
Par conséquent, si je renonce aux études,
C'est pour m'employer à une tâche plus haute.
Et vous dites qu'en m'en éloignant
      J'agis sottement !
    Il ne doit pas dire de telles folies
L'homme qui prétend aimer loyalement.

XVII   Adan, de vous vauroie faire un roy
          Ne riens n'ai dit pour vostre empirement.
          Mais trop vous eslongiés, par saint Eloy,
132   De le matiere ; et c'est, mien ensient,
          Par joneche : n'avés pas cruelment
                Amours assaie !
             Chil [l'] ont autrement sentie
136   Qui sevent d'ore et dou Viés Testament.

XVIII   Sire, adés fait bon laissier l'esbanoi
          Entreus qu'il est biaus et sans mautalent.
          Je vous pardoins le honte et le desroi
140   Que sans raison m'avés fait, par couvent
          Qu'encore un home ou deus soingneusement
                Prendons sans boisdie :
             Ferris le me loe et prie
144   Que nous avons (29d) pris au commenchement.

XIX   Adam, mout bien me plaist, et si l'otroi,
          Qu'a vous ne voeil riote ne content,
          Mais bien en pais. En signeur Audefroi
148   M'en mech : or penst bien curieusement
          Se vous avés respondu passaument.
                S'il le vous grascie,
             Me teste en iert apaisie ;
152   Et se che non, je voeil que il l'ament.

XX   Autrui que vous, dame de Danemoi,
          N'i voeil avoir pour mi nommeement.
          Or serés vous en jugement tout troi,
156   Vous, Audefroi et Ferris ensement.
          J'ai selonc che que Bone Amours s'estent
                Verité jugie.
             Dame, or soiés en m'aïe,
160   Se vous veés que raisons le consent.

XII

XCVII.R 1443

I   Compains Jehan, un jeu vous voel partir ;
          S'en kieusissiés tost a vo volenté.
          Li quele amours vaut miex a maintenir
4   Ou de cheli qui onques n'a amé,
          Ou d'une autre qui d'une druerie

─────────────
1. don

XVII   Adam, je voudrais faire un roi de vous
Et je n'ai rien dit pour vous diminuer.
Mais, par saint Eloi ! vous vous écartez beaucoup
Du sujet et c'est, à mon avis,
Défaut de jeunesse : vous n'avez pas une expérience
      Cruelle d'Amour !
   Ils l'ont autrement ressenti
Ceux à qui passé et présent n'ont rien à apprendre.

XVIII   Messire, il est bon de mettre fin à un jeu
Tant qu'il est agréable et sans aigreur.
Je vous tiens quitte de vos injures et écarts
   — Je ne les avais pas mérités — à condition
Que nous prenions avec soin sans tricherie
      Encore un ou deux arbitres :
   Ferri, que nous avons pris au début,
Me le conseille et m'en prie.

XIX   Adam, cela me plaît et j'y consens :
Je ne veux ni querelle ni dispute,
Mais rester en paix. Je m'en remets
A messire Audefroi : qu'il examine avec soin
Si vous avez répondu comme il convient.
      S'il s'y accorde,
   J'aurai la tête en paix !
Sinon, qu'il corrige votre réponse !

XX   Dame de Danemoi, je ne veux surtout
Avoir pour moi personne d'autre que vous.
Vous aurez donc tous trois à juger,
Audefroi, Ferri et vous.
J'ai dit la vérité sur toute l'étendue
      Du pouvoir d'Amour.
   Dame, soyez de ma partie
Si vous trouvez que la raison y consent.

XII

I   Jean, mon compagnon, je vous propose un jeu ;
Choisissez vite à votre gré.
Quel amour vaut-il mieux vivre,
Celui d'une qui n'a jamais aimé
Ou celui d'une autre qui a rompu

S'est (30a) par raison et par honnour partie?
Et andeus sont d'un pris, d'une biauté.

II 8   Adan, je mech en cheli mon desir
Qui bien d'amour a seü et prouvé.
S'ele ot ami qui bien le sot servir,
Je senc mon cuer si ferm en loiauté
12   C'aussi et miex sera de moi servie.
S'il fu faintis, a moi n'avenra mie ;
Par tant porrai mieus deservir son gré.

III   Sire Jehan, selonc le mien plaisir,
16   Au meilleur prendre avés mal assené.
On dist qu'envis puet on son cuer partir
De la ou s'est premierement donné.
Par tant aim miex que chele soit m'amie
20   Qui a premiers s'est a moi otroïe
Et tous amans a pour moi refusé.

IV   Adan, je di, et se n'i puis faillir,
Qu'a le meilleur des deus ai assené ;
24   Car s'il l'estuet ore a moi obeïr,
De tant a plus et apris et usé
A faire honneur et sens et courtoisie.
Et quant d'amour est bien en signerie,
28   Tant rent plus tost au vrai ami bonté.

V   Sire, assés miex vous deveriés tenir
A che qui tantes fois est esprouvé.
Vous savés bien c'on voit si retenir
32   Feme tot chou ou sen cuer a enté
Que le saveur a nul jour n'en ouvlie.
Pour chou aim miex feme en mon sens nourie
Que s'ele eüst a autre escole esté.

XIII

CXVIII.R 359

I   (30b) Adan, si soit que me feme amés tant
C'on puet amer et jou le vostre aussi ;
Andoi sommes de goie desirrant,
4   Amés n'estes, aussi est il de mi ;
Et pour itant demanch se vous vaurriés

---

16. Prendre au meilleur savés mal assener — 18. donnés — 32. *Var.* Le novel pot ce qu'en lui a entré M (cf. *Horace, Ep. I, 2, 70-71*)
3. desirrans

En tout bien tout honneur une liaison ?
Toutes deux sont égales en mérite, en beauté.

II Adam, je mets mes désirs en celle
Qui a une bonne expérience de l'amour.
Si elle a eu un ami qui savait la servir bien,
Je sens mon cœur d'une loyauté si inébranlable
Que je la servirai aussi bien, voire mieux.
Et s'il a été médiocre, cela ne m'arrivera pas ;
Aussi je mériterai mieux sa reconnaissance.

III Messire Jean, à mon opinion,
Vous n'avez pas pris le meilleur parti.
On dit qu'il est difficile d'éloigner son cœur
De là où il s'est donné en premier.
Aussi j'aime mieux avoir pour amie
Celle qui en premier s'est donnée à moi
Et qui a refusé tous amants pour moi.

IV Adam, je dis, sans crainte de me tromper,
Que j'ai pris le meilleur des deux ;
Car s'il lui faut s'attacher à moi,
Elle sait d'autant plus d'expérience
Etre affable, sage et galante.
Et plus elle est passée maître en amour,
Plus vite elle est aimable envers un ami vrai.

V Messire, vous feriez mieux de vous en tenir
A ce qui a été vérifié tant de fois :
Vous savez bien qu'on voit la femme
Retenir tout ce à quoi elle a lié son cœur
Au point de n'en oublier jamais la saveur.
Aussi je préfère une femme que j'ai éduquée
A une qui aurait été à une autre école.

XIII

I Adam, supposons que vous aimiez ma femme
Autant qu'on peut aimer, et moi la vôtre ;
Tous deux nous désirons jouir de leur amour,
Mais vous n'êtes pas aimé, et moi non plus ;
Aussi je vous demande si vous voudriez

Que je fuisse de le vostre acointiés
Si tres avant c'on en puet avoir goie,
8   Et s'eüssiés tout autel de le moie.

II   Rogier, metés vo coc en plache avant !
Adont sarai se j'ai le jeu parti.
Se vo feme cuidasse aussi vaillant
12   Con le moie, j'eüs(30c)se tost choisi.
Se pour vo feme ensi le moie aviés,
Encontre dis un tout seul meteriés ;
Et cat en sac a vous acateroie,
16   Se sans assai tel escange prendoie.

III   Adan, vers moi alés debat cachant.
A deus dames sommes andoi ami,
Et vous m'alés de coc aatissant !
20   Vous ne savés quant je vo feme vi !
Je vous demant le voie dont issiés
Et, par orgueil, d'un autre m'arainiés.
Et pour vous di c'amans trop se desroie
24   Qui ne s'assent a che c'Amours envoie.

IV   Rogier, d'Amours ne savés tant ne quant.
Se j'aim vo feme, il n'affiert point pour li
Que vous aiés le moie en vo commant ;
28   Ne point Amours ne le commande ensi.
Et qui le fait mout en est avilliés.
Je ne sui pas, sans che faire, esmaiés,
Se l'aim et serf de cuer, que je ne doie
32   Avoir merchi ; mais vo cuers faut et ploie.

V   Adan, non fait, ains vous va cuers faillant
Quant refusés le deduit de merchi
Pour vo feme que vous alés doutant,
36   A vo sanlant, sans amour ; pour che di
Que vous estes de sens amenuisiés.
S'en me vie m'escaoit tes marchiés
Que vous gagiés, certes ! trop faus seroie
40   Se mon desir pour mon anui laissoie.

VI   Rogier, chil sont musart et nonsachant
Qui pour un seul goïr sont si hardi
Qu'il emprendent honte et damage grant.
44   Prendés che bon marcié, car j'en di fi !
Miex ameroie adés estre entrepiés
Qu'estre en amour par tel (30d) cose essauchiés.

───────────────

6. acointise

Que je fusse lié avec la vôtre
Au point de pouvoir en jouir
Et vous pareillement avec la mienne.

II   Roger, faites donc d'abord voir votre coq,
Alors je saurai si j'y trouve mon avantage !
Si je supposais votre femme d'une valeur
Egale à la mienne, j'aurais vite choisi.
Si vous échangiez à vos conditions votre femme
Et la mienne, vous miseriez un contre dix ;
Je vous achèterais chat en poche
Si j'acceptais sans essai un pareil échange.

III   Adam, vous me cherchez querelle.
Nous sommes les amis de deux dames
Et vous me provoquez avec votre coq !
Vous ne savez pas si j'ai vu votre femme !
Je vous demande comment vous allez vous en tirer
Et vous me parlez avec arrogance d'autre chose.
Pour vous je dis que l'amant a bien tort
Qui ne consent à ce qu'Amour inspire.

IV   Roger, vous ne savez ni peu ni prou en amour.
Même si j'aime votre femme, il ne convient pas
Que contre elle vous ayez la mienne à vos ordres ;
Amour ne veut pas qu'il en aille ainsi.
Qui fait cela en est déshonoré.
Je ne doute pas, sans faire cela,
Si je l'aime et sers du fond du cœur, d'obtenir
Sa grâce ; mais vous manquez lâchement de cœur.

V   Pas du tout, Adam ! C'est vous qui en manquez
Quand vous refusez les dernières faveurs
A cause de votre femme dont vous avez peur,
Apparemment, sans l'aimer. Aussi je dis
Que vous avez perdu la tête.
Si dans ma vie on me proposait un marché
Comme celui que vous refusez, certes ! je serai fou
De renoncer à mon désir pour ce qui me pèse.

VI   Roger, ils sont sots et ignorants ceux
Qui, rien que pour du plaisir, sont assez hardis
Pour souffrir honte et dommage.
Acceptez ce bon marché ; moi, j'en fais fi !
J'aimerais mieux être toujours malheureux
Qu'être vainqueur en amour par ce procédé.

    Et contre Amour de vo feme gorroie,
48   Car che seroit marchiés que je feroie.

VII   Adan, pourfit de damage cuidiés !
    Li espreviers est trop mal affaitiés
    Qui refuse, quant il a fain, se proie.
52   Tesmoingniés le, sires de le Tieuloie !

VIII Ferri, Amours d'am[i]e est courte et briés,
    Mais sen baron sert feme en tous meschiés.
    Seroie je dont faus se je laissoie
56   Me feme a che que tost reperderoie ?

XIV

CXIX.R 1066

I   Adan, liquels doit miex trouver merchi
     En se dame, au dire voir :
    Ou chieus qui va tous jours parler a li
4   La ou il le puet veoir,
     Ja tant n'i ara de gent,
     Pour le grant amour qu'i sent ?
    Ou chieus qui se (31a) lairoit anchois morir
8   Que il laissast perchevoir son desir ?

II   Sire Jehan Bretel, je responc chi :
     Sachiés, bien font leur devoir
    En poursievant leur dames fin ami ;
12   Et si doivent miex avoir
     Confort et alegement
     Que chil qui n'ont hardement
    D'anter cheles dont il voeulent goïr ;
16   Car de petit d'amour vienent taisir.

III   Adan, de chou largement vous desdi.
     Chieus qui ne s'ose mouvoir
    N'a li parler pour eschiever le cri
20   Et si sert en bon espoir
     Desert miex bien que li chent ;
     Car chieus moustre apertement
    Qui trop s'enbat, qu'il oseroit tolir
24   Se dame honneur pour son bon acomplir.

IV   Sire, d'amours avés mout poi senti ;
     Par chou le puet on veoir
    Qu'e[n] chou c'amant sont de parler hardi
28   Puet on l'amour perchevoir ;

Je jouirais de votre femme malgré Amour
Puisque ce serait un marché que je ferais.

VII Adam, vous voyez du profit à votre dommage !
L'épervier est bien mal dressé
Qui refuse sa proie quand il a faim.
Soyez-en mon témoin, messire de La Thieuloye.

VIII Ferri, amour de maîtresse est court et bref,
Mais la femme sert son mari quoi qu'il arrive.
Ferais-je donc la folie d'échanger
Ma femme contre ce que je reperdrais vite ?

XIV

I Adam, lequel doit mieux trouver grâce
Chez sa dame, en toute vérité :
Celui qui va toujours lui parler
Là où il a chance de la voir,
— Si nombreux qu'y soient les gens —,
Tant il ressent d'amour ?
Ou celui qui préférerait mourir
Plutôt que de laisser deviner son désir ?

II Messire Jean Bretel, voici ma réponse :
Sachez-le, les vrais amis font
Leur devoir en ne quittant pas leurs dames ;
Ils ont plus de droits
A être réconfortés et soulagés
Que ceux qui n'ont le courage
De fréquenter celles dont ils veulent jouir ;
Car le silence vient de peu d'amour.

III Adam, sur ce point je suis en total désaccord.
Celui qui n'ose bouger
Ni lui parler pour éviter les médisances
Et sert pourtant l'espoir au cœur
Mérite mieux une faveur que n'importe qui.
Car celui qui est très pressant
Montre ouvertement qu'il oserait enlever
Son honneur à sa dame pour se satisfaire.

IV Messire, vous avez bien peu aimé ;
On le voit à ce que vous ignorez
Qu'on devine l'amour à ce que les amants
Ont la hardiesse de parler ;

Car au grant fu qui esprent
Couvient il espurgement :
Parole doit pour le cuer esclarchir,
32   En liu de femeril, par bouche issir.

V   Adan, mout miex se tient Diex a servi
D'un moine au caperon noir,
Quant il aoure en lieu coi et seri,
36   Que s'il faisoit aparoir
S'oroison trop baudement.
Amours veut faire ensement :
Loial honteus doit amie enrichir
40   Et loial (31b) baut eskiever sans merir.

VI   Sire Jehan, a chou que j'ai oï
Faites vo sens peu paroir ;
Car puis c'Amours a cuer d'amant saisi,
44   Mesure n'i puet manoir ;
C'a che c'on ne voit souvent
Et c'on aime loiaument
Ceurt tost chascuns quant il i puet venir ;
48   Et pereche fait maint home apovrir.

VII   Ferri, jugiés nous briement !
Je di qu'en amours mesprent
Qui luffres est. Chascuns doit garandir
52   L'onneur se dame et mesdisans cremir.

VIII   Dragon, faus est qui atent.
On doit jehir son talent
Si c'autres n'i puist a tans seurvenir
56   Et che qu'il a espargnié enveïr.

XV

CXXII.R 690

I   Assignés chi, Griviler, jugement !
Ouquel puet miex chieus se paine emploier
Qui Amours veut par parole essauchier :
4   Ou en chelui qui aime loiaument
Pour che qu'il n'ait (31c) volenté ne talent
De soi cangier,
Ou en chelui qui aime faussement
8   Pour ravoier ?

---

30. allegement — 32. C'est certes cose parmi le b. i. — 34. au noir caperon —
45. Car

Car un grand feu qui s'enflamme
Doit se nettoyer de sa fumée :
Pour purifier le cœur, la parole doit
Sortir de la bouche, son trou de cheminée.

v Adam, Dieu se tient pour bien mieux servi
Par un moine au capuchon noir
Qui l'adore en un lieu discret et tranquille
Que s'il priait ostensiblement
Et avec pétulance.
Amour veut qu'on procède de même :
L'amie doit combler le loyal réservé
Et éviter, sans le récompenser, le loyal pétulant.

vi Messire Jean, d'après ce que j'entends,
Vous montrez mal votre sagesse ;
Quand Amour s'est saisi du cœur de l'amant,
Il ignore toute mesure
Et, à ce qu'on ne voit pas souvent
Et qu'on aime avec loyauté
Chacun court vite, s'il en a l'occasion ;
Mais paresse appauvrit bien des gens.

vii Ferri, jugez-nous vite !
Je dis qu'en amour il commet une faute
Celui qui est goinfre. Chacun doit respecter
L'honneur de sa dame et craindre les médisants.

viii Dragon, bien fou qui attend !
On doit confesser son désir
Avant qu'un autre ne survienne
Et n'attaque ce qu'on a épargné.

XV

i Prononcez, Grévillers, un jugement !
Auprès de qui celui qui veut glorifier Amour
Par ses propos peut-il mieux employer sa peine :
Auprès de celui qui aime avec loyauté
Afin qu'il n'ait le désir ou l'envie
D'être inconstant,
Ou auprès de celui qui aime mensongèrement
Pour le mettre dans le droit chemin ?

II   Adan, de che vous jugerai briement.
          En un loial a peu a preechier,
          Et ensement, qui est en bon sentier,
12   Peu fait qui dist : « Alés seürement ! »
          Chieus fait trop miex qui se paine despent
               Au losengier
          Tant qu'il l'ait fait a amer loiaument
16   Acoragier.

III   Jehan de Griviler, seur fondement
          Foivle et mauvais fait mal edefier.
          Laissiés le faus amant a justichier ;
20   Si vous tenés a chelui qui ne ment,
          C'on voit par defaute d'ensengnement
               Maint desvoier
          Et mainte tour qui n'a retenement
24   Adamagier.

IV   Adan, sachiés que mal ot qui n'entent
          Et mal entent c'on ne puet conseillier.
          Chiex fait trop mains qui loe un bon ouvrier
28   Que ne fait chieus qui a ouvrer l'aprent.
          Qui chou ne set ne voit pas clerement
               Pour droit jugier,
          N'il n'est pas plains de bon entendement,
32   Au mien cuidier.

V   Jehan, chelui resanlés proprement
          Qui le grant fais prent, si laist le legier.
          Li hon qui veut le grant fais encarchier
36   Le pieur prent en son maniement.
          Et si dist on par tout communement
               Que de brukier
          Ne porroit nus, tant ouvrast soutieument,
40   Faire esprevier.

VI   (31d) Adan, sera chis estris longement ?
          Mout savés bien de vostre tort plaidier.
          Hom soëlés n'a mestier de mengier :
44   Laissiés chelui qui aime fermement,
          Si conseilliés de [son] fol errement
               Le malparlier !
          On doit vitaille a familleuse gent
48   Appareillier.

---

31. N'il n'est n'il n'est — 39. soutieuement

II   Adam, j'aurai vite fait d'en juger.
Le loyal ne donne guère lieu à un sermon,
De même, quand vous êtes sur la bonne route,
Il en fait peu, celui qui dit : « Allez prudemment ! »
Il en fait beaucoup plus, celui qui dépense sa peine
      Auprès du perfide
Jusqu'à lui donner le désir d'aimer
      Avec loyauté.

III   Jean de Grévillers, on ne construit pas
Sur de mauvaises et fragiles fondations.
Renoncez à gouverner l'amant déloyal
Et occupez-vous de celui qui ne ment pas,
Car on en voit beaucoup s'égarer
      Faute d'éducation
Et bien des tours, faute d'étais,
      Etre abîmées.

IV   Adam, sachez-le, qui n'écoute pas entend mal
Et il écoute mal celui qui n'attend pas de conseils.
Qui loue un bon travailleur en fait moins
Que qui vous apprend à travailler.
Qui ignore cela n'est pas assez clairvoyant
      Pour juger correctement
Et il manque de bon sens,
      A mon avis.

V   Jean, vous ressemblez très exactement à celui
Qui prend un lourd fardeau et laisse le léger.
L'homme qui veut se charger d'un lourd fardeau
Fait le pire choix pour son travail.
Et c'est l'opinion générale
      Que de buse
Nul ne pourrait, si ingénieux fût-il,
      Faire épervier.

VI   Adam, ce débat va-t-il durer longtemps ?
Vous savez bien défendre une mauvaise cause.
Un homme rassasié n'a pas besoin de manger :
Laissez celui qui aime avec constance
Et reprenez de ses mauvaises manières
      Le médisant !
C'est aux gens qui ont faim qu'il faut
      Donner des vivres.

VII

Jehan, se vous ne posés autrement,
Che c'avés dit vous couvient renoier.
On doit anchois l'estavle verillier
52   Que li chevaus soit perdus nichement.
Pour che couvient avoir garnissement,
      Mais qui trechier
Veut, il ne fait de bon preechement
56   El que moquier.

VIII

Adan, tout faus sont li vostre argument.
On puet mout bien pecheour radrechier,
Quant on le veut estruire et ensengnier,
60   Et faire encor ovrer plus saintement
Que ne fait chieus qui vit onniement
      Sans folier.
Preus est qui fait povre commenchement
64   Monteplier.

XVI

CXXIII.R 1094

I

Avoir cuidai engané le marchié
Quant couvoitai bele dame jolie
Et tant pourquis qu'ele m'eut otroié
4   Qu'elle m'amoit et me fist courtoisie.
Mais (32a) li marchiés m'a trop miex engané,
Car en li n'a ne foi ne loiauté,
Ains l'a chascuns a sen tour gaaingnie !
8   Adan, ai jou perdu ou gaaingnié ?

II

Sire Jehans, bien avés esploitié
Se de vo dame avés joie acomplie,
Comment qu'ele ait cuer et cors entechié
12   D'atraire a li cheus dont ele est proïe.
Le cuer en avés vous, sans faille, iré ;
Mais, puis c'avés son deduit desirré
Et bonnement s'est a vous obligie,
16   Vo travail tieng a mout bien emploié.

III

Adan, povrement avés soutillié !
Se je conquis, che fu bachelerie ;
Et quant j'euc par bel servir desrainié
20   Che que je vauc et fui en segnerie,
Adont oi je a perdre a g[r]ant plenté.

---

59. estruire

VII Jean, si vous en restez à ces prémisses,
Il vous faudra renier ce que vous avez dit.
On doit vérouiller l'écurie
Avant que le cheval ne soit sottement perdu.
Il faut donc prendre ses précautions ;
  Mais celui qui veut
Tromper, il ne fait rien d'autre que se moquer
  Des sermons.

VIII Adam, vos arguments sont tout faux.
On peut très bien ramener le pécheur
En lui donnant de bonnes leçons,
Et le faire agir plus saintement
Que celui qui vit sans écart
  Ni débordement.
Il a du mérite celui qui de pauvre début
  Fait grande fin.

XVI

I Je croyais avoir fait une bonne affaire
En désirant une plaisante dame
Et en la courtisant tant qu'elle m'accorda
Son amour et ne se montra pas farouche.
Mais l'affaire n'était pas si bonne,
Car elle n'a ni parole ni loyauté :
Chacun à son tour l'a conquise !
Adam, ai-je perdu ou gagné ?

II Messire Jean, c'est un beau succès
Si vous avez pris votre plaisir de votre dame,
Même si elle est faite, cœur et corps,
Pour accueillir tous ceux qui la prient.
Vous en êtes, assurément, fâché ;
Mais puisque vous avez désiré en jouir
Et qu'elle s'est acquittée sans façon envers vous,
Vous n'avez pas perdu votre peine.

III Adam, le pauvre raisonnement !
Si je la conquis, ce fut de haute lutte ;
Et quand, à force de servir, j'eus obtenu
Ce que je voulais et que je fus en sa possession,
Alors j'eus à perdre énormément.

Quant je perdi che que j'euc conquesté,
Je sai, pour voir, qu'ele m'eut le moitie
24   Plus que reconforté adamagié.

IV   Sire Jehan, de nient avés plaidié,
Car, se j'ai une dame couvoitie
Qui m'a selonc men desir apaié,
28   S'aprés le voi d'au(32b)cun visse entechie,
Mout tost arai son deduit ouvlié ;
Car on n'est pas, sachiés, si escaufé
De tenir bele dame compaignie
32   C'on est d'un sien lait visse refroidié.

V   Adan, bien d'Amour sont mal emploié
En chelui qui legierement ouvlie.
Se j'ai grant bien en me dame cuidié
36   Et l'ai en bonne entention servie
Tant qu'ele m'a par amours fait bonté,
S'aprés en li perchois desloiauté,
Me joie faut et mes deus monteplie,
40   Et con plus vail, plus me tieng a quoissié.

VI   Sire Jehan, chieus qui a assaié
Des biens d'Amours doit faire chiere lie ;
Et aprés che, quant se sent engingnié
44   Et que sa dame est a autrui amie,
S'adont s'en part, dont il a bien prouvé
Que chieus a plus de biens en li trouvé
Que du mauvais, et bien le senefie
48   Che qu'il n'a pas son serviche laissié.

VII   Ferri, tant sont fin ami avullé
Que chascuns maint en le caitiveté
Plus volentiers qu'en son preu : ch'est folie !
52   Faire l'estuet, car Amours l'a jugié.

XVII

CXX.R 1679
I   Sire, assés sage vous voi
Pour moi consillier
De chou dont vous vuel proiier :
4   Se j'aim une dame en foy,
Quant doi estre plus jolis,
U quant je sui si souspris
Que s'amour li proi
8   Et sui de desir espris,

Ayant perdu ce que j'avais conquis,
Je sais, assurément, qu'elle m'a deux fois plus
Fait de dommage qu'elle ne m'a donné de plaisir.

IV   Messire Jean, vous parlez pour ne rien dire ;
Car si j'ai convoité une dame
Qui a satisfait mes désirs
Et si après je lui découvre des tares,
J'aurai très vite oublié le plaisir donné ;
Car, sachez-le, le désir de tenir
Compagnie à une dame ne vous échauffe pas
Autant que ne vous refroidissent ses tares.

V   Adam, celui qui oublie facilement
Ne mérite pas les plaisirs d'Amour.
Si j'ai cru trouver de grandes vertus en ma dame
Et l'ai servie de bon gré
Au point qu'elle m'a par amour accordé ses bontés
Et si après je découvre en elle de la déloyauté,
Ma joie cesse et ma douleur s'accroît,
Et plus je vaux, plus je me tiens pour lésé.

VI   Messire Jean, celui qui a goûté
Aux plaisirs d'Amour a tout lieu de se réjouir.
Ensuite, quand il se sent trompé
Et voit que sa dame est l'amie d'un autre,
Si alors il la quitte, il a ainsi la preuve
Que son rival a trouvé chez elle plus de vertus
Que de vices, ce que signifie le fait
Que, lui, n'a pas renoncé à la servir.

VII   Ferri, les vrais amants sont si aveugles
Que chacun préfère sa misère
A son profit. C'est folie !
Nécessité fait loi, Amour l'a voulu.

XVII

I   Messire, je vous sais assez informé
        Pour me conseiller
Sur ce dont je veux vous prier :
Si j'aime avec loyauté une dame,
Quand dois-je avoir plus de joie,
Quand je suis si épris
        Que je sollicite son amour
Et que je brûle de désir

U quant je sui si oïs
   Ke j'en ai l'otroi ?

II
12
Adan, le consel de moi
   Veer ne vous quier.
Je vous di, au mien cuidier,
Par le foy que je vous doi,
Que mout doit estre esbaudis
16
Qui de cuer proie toudis,
   Et plus que li doi
Cil qui de l'otroi est fis :
Il i a ja tant conquis
20
   Qu'il set bien pour quoy.

III
Sire, d'amours, [or] bien [l'] oy,
   Ne savés jugier.
Clers cante adés au moustier
24
Et bien sert, quant il a poi,
Pour estre canoune eslis ;
Et, quant il l'est, si vaut pis.
   Pour itant je croi
28
Cil qui est d'otroi saisis
Recroit, com hon enrichis
   Qui piert l'esbanoy.

IV
32
Adan, se vo dit ne ploi,
   Poi faich a prisier.
Li prians est en dangier
Tous jours et en grant effroy
Pour paour d'estre escondis ;
36
Mais cil qui l'otroi a pris,
   Il est sans anoy.
Plus est liés li hons garnis
D'otroi c'uns prians mendis
40
   N'est, a che m'apoi.

V
Sire, quant en un tournoy
   Prendés chevalier
Pour lui faire fiancier,
44
Loes le devés laissier quoy
Qu'il est a fiance mis.
Se ma dame m'a proumis
   Son cuer, plus n'ai loi
48
D'estre cantans ne polis
Pour eskiever les mesdis
   Pour mi et pour soi.

Jeu-parti XVII absent de W et rétabli d'après Q, dont les leçons suivantes ont été rejetées : 14. doit — 30. Quil piet — 31. n'emploi

Ou quand je suis si bien entendu
Qu'elle me donne son consentement ?

II   Adam, je ne vous refuserai pas
Un conseil.
Je vous dis très sincèrement
Qu'à mon avis,
Qui prie toujours du fond du cœur
Doit être très joyeux,
Mais plus que mille
Celui qui est sûr de son consentement :
Il a déjà tant obtenu
Qu'il sait bien pourquoi.

III   Messire, je m'en rends compte, en amour
Vous êtes mauvais juge.
Le clerc chante sans cesse à l'église
Et, pauvre, fait bien le service
Pour être élu chanoine ;
Et quand il l'est, il vaut pis.
C'est pourquoi je crois
Que celui qui a le consentement de la dame
Se relâche, en homme comblé
Qui perd le bonheur.

IV   Adam, si je ne vous réfute pas,
Je ne mérite aucune estime.
Le solliciteur vit toujours
Dans l'incertitude et l'angoisse
De peur d'être éconduit ;
Celui qui a le consentement,
Il est sans inquiétude.
L'homme en possession du consentement
Est plus heureux que n'est le pauvre
Solliciteur, c'est mon opinion.

V   Messire, quand dans un tournoi,
Vous prenez un chevalier
Et lui faites donner sa parole,
Vous devez le laisser tranquille
Dès qu'il a donné sa parole.
Si ma dame m'a promis
Son cœur, je n'ai plus le droit
De chanter et d'être gracieux
De peur des médisances
Sur elle et sur moi.

VI
52
    Adan, mal mon sens emploi
      En vous castiier :
    On ne puet fol radrechier
    A sens quant prins a son ploi.
    Otrois est si signouris,
56
    Qui l'a si est raemplis
      De si gent conroi
    Qu'estre ne puet desconfis ;
    Mais li prians est hounis
60
      A petit de foy.

VII
    Je preng signeur Audefroi
      Pour nous apaisier,
    Cui denier ont fait laissier
64
    Gieu, feste, gas et riboy.

VIII
    A Robillart de Kainsnoi
    Qui d'Amours set le mestier,
    Celui tieng pour droiturier
68
    A son jugement m'otroy.

XVIII

CXXI.R 2049

I
    Adan, du quel cuidiés vous
    Qu'i vive a dolour plus grant,
    U cil qui est fins jalous
4
    De celi qu'il aime tant
    Qu'il ne s'en puet departir,
    Et si l'a a son plaisir,
    U cius qui maint en dangier et li prie,
8
    Mais riens n'i prent, et s'est sans jalousie ?

II
    Sire, de ces amourous
    Connois bien le plus dolant.
    Saciés que c'est uns maus dous
12
    De jalousie en amant,
    Si vient de trop enchierir ;
    Mais cil qui ne puet goïr
    De sa dame soeffre droite haskie,
16
    Car li jalous a chou dont il mendie.

III
    Adan, povrement rescous
    Vous estes, je vous creant.
    Jalouzie est uns courous

---

53. f. castiier — 56. Qui la li e. r. — 60. A peu

VI   Adam, je gaspille mon intelligence
        A vous faire la leçon :
    On ne peut ramener un fou
    A la raison, quand il s'obstine.
    Le consentement a un tel pouvoir
    Que qui l'obtient est comblé
        D'une telle satisfaction
    Qu'il ignore l'abattement.
    Mais peu de loyauté suffit à briser
        Le solliciteur.

VII   Je choisis messire Audefroi
        Pour nous accorder,
    Lui à qui l'argent a fait délaisser
    Les jeux, la fête, les blagues et la noce.

VIII   Robillard du Quesnoy
    Qui s'y connaît en amour,
    Je le tiens pour juste.
    Je m'en remets à son jugement.

XVIII

I   Adam, qui croyez-vous
    Le plus malheureux,
    Celui qui est fou de jalousie
    A cause de celle qu'il aime tant
    Qu'il ne peut s'en détacher
    Et qui l'a à sa volonté,
Ou celui qui vit dans l'incertitude, la prie,
N'obtient rien, mais est sans jalousie ?

II   Messire, de ces amoureux
    Je sais bien le plus malheureux.
    Sachez-le, c'est un doux mal
    Que la jalousie quand on aime :
    Il vient d'un excès d'amour ;
    Mais celui qui ne peut jouir
De sa dame souffre un vrai supplice,
Car le jaloux a ce dont lui est privé.

III   Adam, la pauvre défense,
    Je vous jure !
    La jalousie est une peine

20   Pour quoi on vit en morant :
            Je n'i senc nul bien entir ;
            Mais cil qui vit en desir
         Continueus de [bien] servir [s'] amie
24   Vit bien a pais en povreté jolie.

IV   Sire, ja n'ere au desous
            De chou que j'ai dit avant.
            Mius vient, au tesmoing de tous,
28   Le ventre avoir trop tendant
            Pour un peu de mal souffrir
            Que de famine langhir.
         Chius est plus malbaillis cui fains aigrie
32   Que ne soit cil qui de trop mengier crie.

V   Adan, parmi grans tribous
            Conquist, tout en mendiant,
            Et houneur et pris Aious,
36   Ce set bien cascuns ; mais quant
            Hom a grant tere a tenir
            Et si ne s'en set chavir,
         Ains vit dolans, il a pis le moitie
40   Que cil qui en povreté monteplie.

VI   Sire, les raisons de nous
            Vous pruevent a recreant,
            Mais que ce ne soit courous.
44   On voit le rice, en waitant,
            Avoir deduit et plaisir,
            Et les diseteus kaïr
         En desespoir d'anui qui les tarie.
48   Soustenu ai par chou bien ma partie.

VII   Grieviler, qui sans merir
            Sert a pais de cuer entir,
         [En] desirant il a plus noble vie
52   Que cil qui got d'Amours et ne s'i fie.

Jeu-parti XVIII absent de W et rétabli d'après Q : 35 pais Aions

Telle qu'on vit en mourant :
Je n'y vois aucun vrai bien ;
Mais qui vit avec le désir
Continuel de bien servir son amie
Vit en paix dans une joyeuse pauvreté.

IV   Messire, jamais je ne reviendrai
Sur ce que je viens de dire.
Mieux vaut, de l'avis de tous,
Avoir le ventre gonflé
Au point d'en souffrir un peu
Que dépérir de faim.
Celui que la faim tourmente est plus mal loti
Que celui qui crie pour avoir trop mangé.

V   Adam, au prix de grandes épreuves
Et dépourvu de tout, Aioul
S'est acquis honneur et gloire,
Chacun le sait ; mais quand on a
A gérer une grande terre
Et qu'on n'y parvient pas,
Mais vit dans le malheur, on a un sort deux fois
Pire que celui qui, pauvre, s'enrichit.

VI   Messire, nos arguments
Prouvent que vous êtes battu,
Ne vous en déplaise !
On voit le riche, qui est sur ses gardes,
Avoir du plaisir et du bonheur
Et les pauvres succomber
Au désespoir, tant la douleur les tourmente.
Voilà qui renforce bien ma cause.

VII   Grévillers, qui sans être récompensé
Sert paisiblement d'un cœur sincère
A une vie plus glorieuse en désirant
Que qui jouit d'Amour et ne lui fait confiance.

Li rondel Adan

I

VDB 70

Je muir, je muir d'amourete,
Las ! Aimi !
Par defaute d'amiete,
4   *De merchi.*
A premiers le vi douchete
[....................]
Je muir, [je muir d'amourete,
8   *Las ! Aimi !]*
D'une atraiant manierete
Dont le vi,
Et puis le truis si fierete
12   Quant li pri.
Je muir, je muir d'amourete,
Las ! Aimi !
Par defaute d'amiete,
16   *De merchi.*

II

VDB 71

(32d) *Li dous regars de me dame*
Me fait esperer merchi.
Diex gart son gent cors de blame !
4   *Li dous regars de ma dame.*
Je ne vi onques, par m'ame,
Dame plus plaisant de li :

_____

10. Adont

Les Rondeaux d'Adam

I

Je meurs, je meurs d'amourette,
Pauvre que je suis !
Faute de ma petite amie,
De sa pitié.
Au début elle était toute douce
[.....................]
Je meurs, je meurs d'amourette,
Pauvre que je suis !
Ses manières pleines de grâce,
Quand je la vis ;
Et puis je la trouve si fière
Quand je la prie.
Je meurs, je meurs d'amourette,
Pauvre que je suis !
Faute de ma petite amie,
De sa pitié.

II

Le doux regard de ma dame
Me fait espérer sa grâce.
Dieu garde la belle de blâme !
Le doux regard de ma dame.
Je n'ai connu, par mon âme,
Dame plus plaisante qu'elle :

Li dous regars de ma dame
8   *Me fait esperer merchi.*

III

VDB 72

Hareu ! li maus d'amer
    M'ochist !
Il me fait desirrer,
4   *Hareu ! li maus d'amer,*
Par un douch regarder
    Me prist
Hareu ! li maus d'amer
8   *M'ochist !*

IV

Fines amouretes ai,   Dieus !
Si ne (33a) *sai quant les verrai.*

I   Or manderai m'amiete
4   Qui est cointe et joliete
Et s'est si saverousete
C'astenir ne m'en porrai.
Fines amouretes ai,   Dieus !
8   *Si ne [sai quant les verrai].*

II   Et s'ele est de moi enchainte,
Tost devenra paile et tainte :
S'il en est esclandle et plainte,
12   Deshonneree l'arai.
Fines amouretes ai,   [Dieus !
Si ne sai quant les verrai].

III   Miex vaut que je m'en astiengne
16   Et pour li joli me tiengne
Et que de li me souviegne,
Car s'onnour li garderai.
(33b) *Fines amouretes ai,   [Dieus !]*
20   *Si ne sai [quant les verrai].*

---

3. font
11. esclandele

Le doux regard de ma dame
Me fait espérer sa grâce.

III

A l'aide ! le mal d'amour
        Me tue !
Il m'emplit de désir,
A l'aide ! le mal d'amour,
Qui par un doux regard
        M'a pris
A l'aide ! le mal d'amour
        Me tue.

IV

Les jolies amourettes que j'ai,   *Dieu !*
Je ne sais quand je les verrai.

I   J'inviterai ma petite amie,
La gracieuse, la mignonne,
Elle a tant de saveur,
Comment m'en empêcher ?
Les jolies amourettes que j'ai,   *Dieu !*
Je ne sais quand je les verrai.

II   Mais si je la rends enceinte,
Elle sera livide et pâle :
Qu'il y ait scandale et plainte,
La voilà déshonorée.
Les jolies amourettes que j'ai,   *Dieu !*
Je ne sais quand je les verrai.

III   Mieux vaut donc m'en empêcher,
Pour elle, de belle humeur,
Et penser d'abord à elle :
Je garderai son honneur.
Les jolies amourettes que j'ai,   *Dieu !*
Je ne sais quand je les verrai.

V

VDB 73

    A Dieu commant amouretes,
      Car je m'en vois
    Souspirant en terre estrange.
4   Dolans lairai les douchetes,
      Et mout destrois.
    A Dieu commant [amouretes
      Car je m'en vois].
8   J'en feroie roïnetes
      S'estoie roys ;
    Comment que la chose empraigne,
    A Dieu commant amouretes,
12   *Car je m'en vois*
    [Souspirant en terre estrange].

VI

VDB 74

    Fi ! maris, de vostre amour,
      Car j'ai ami.
    Biaus est et de noble atour :
4   *Fi ! maris, de vostre amour !*
    Il me (33c) sert et nuit et jour :
      Pour che l'aim si.
    Fi ! maris, de vostre amour,
8   *[Car j'ai ami].*

VII

VDB 75

    Dame, or sui traïs
      Par l'ocoison
    De vos iex qui sont privé laron.
4   Et par vo douch ris,
    Dame, or sui traïs.
      Car il est assis
      Seur cuer felon,
8   Dont j'apel vo vis de traïson.
    Dame, or sui traïs
      Par l'ocoison
    De vos iex [qui sont privé laron].

Var. 4 vis *k* — 6-7. Cuer avez assis / En cors felon *k* — 8. voz ris *k*

V

A Dieu je recommande mes amours,
  Car je m'en vais
Soupirant en terre étrangère.
Tout triste, je laisserai les mignonnes
  Le cœur serré.
A Dieu je recommande mes amours,
  Car je m'en vais.
J'en ferais bien des reines
  Si j'étais roi ;
Quoi qu'il advienne,
A Dieu je recommande mes amours,
  Car je m'en vais
Soupirant en terre étrangère.

VI

Fi ! mari, de votre amour,
  J'ai un amant.
Il est beau et bien tourné :
Fi ! mari, de votre amour !
Il me sert et nuit et jour :
  Aussi je l'aime !
Fi ! mari, de votre amour !
  J'ai un amant.

VII

Dame, je suis trahi
  Par la faute
De vos yeux, ces voleurs.
  Et par votre sourire
Dame, je suis trahi.
Car il dissimule
  Un cœur cruel :
J'accuse votre visage de trahison.
Dame, je suis trahi
  Par la faute
De vos yeux, ces voleurs.

VIII

VDB 76

Amours et ma dame aussi,
Jointes mains vous proi merchi !
Vo tres grant biauté mar vi,
4   *Amours et (33d) ma dame [aussi].*
Se n'avés pité de mi,
Vo tres grant bontés mar vi.
Amours et ma dame aussi,
8   *Jointes mains vous proi merchi.*

IX

VDB 77

Or est Baiars en la pasture,   hure !
  Des deux piés defferrés
  Des deux piés defferrés.
4   Il porte souef l'ambleüre,   [hure !]
  Or est Baiars [en la pasture,   hure !]
  Avoir lui ferai couverture,   hure !
    Au repairier des prés,
8   Au repairier des prés.
Or est Baiars en la pasture,   [hure !
  Des deux piés defferrés,
  Des deux piés defferrés].

X

VDB 78

A jointes mains vous proi,
Douche dame, merchi !
Liés sui quant (34a) je vous voi,
4   *A jointes mains vous proi.*
Aiiés merchi de moi,
Dame, je vous em pri.
A jointes mains vous proi,
8   *Douche dame, merchi !*

Var. 2 cri *k* — 5-6. Onques puis que la choisi, / N'oi pansee fors a li *k*

VIII

Amour, vous aussi ma dame,
Mains jointes je vous demande grâce !
Que me sert votre beauté,
Amour, vous aussi ma dame ?
Si vous n'avez pas pitié,
Que me sert votre bonté ?
Amour, vous aussi ma dame,
Mains jointes je vous demande grâce !

IX

Voilà Bayard dans les prés,   *ohé !*
    Les deux pieds déferrés,
    Les deux pieds déferrés.
Il va doucement l'amble,   ohé !
Voilà Bayard dans les prés,   *ohé !*
Je lui donnerai une housse,   ohé !
    A son retour des prés,
    A son retour des prés.
Voilà Bayard dans les prés,   *ohé !*
    Les deux pieds déferrés,
    Les deux pieds déferrés.

X

Les mains jointes je demande,
Douce dame, ma grâce !
Heureux quand je vous vois,
Les mains jointes je demande,
Faites-moi donc grâce.
Les mains jointes je demande,
Douce dame, ma grâce !

XI

VDB 79

> *Hé ! Diex, quant verrai*
>   *Cheli que j'aim,*
> Certes, je ne sai,
4 *Hé ! Diex, quant verrai ?*
> De vir son cors gai
>   Muir tout de faim.
> *Hé ! Diex, quant verrai*
8   *Cheli que j'aim ?*

XII

VDB 80

> *Diex ! comment porroie*
> *Sans cheli durer*
> *Qui me tient en joie ?*
4 Elle est simple et coie,
> *Diex ! comment porroie ?*
> Ne m'en partiroie
> Pour les iex crever,
8 Se s'amour n'avoie.
> *Diex ! comment porroie*
> *Sans cheli durer*
> *Qui me tient en joie ?*

XIII

VDB 81

> (34b) *Trop desir a veoir*
>   *Che que j'aim !*
> Ne m'en puis remouvoir,
4 *Trop desir a veoir*
> Et au main et au soir
>   Me complain.
> *Trop desir a veoir*
8   *Che que j'aim !*

XIV

VDB 82

> *Bonne amourete*
>   *Me tient gai,*

XI

Hé ! Dieu, quand verrai-je
    Celle que j'aime ?
Certes, je ne sais,
Hé ! Dieu, quand verrai-je ?
Voir son joli corps,
    J'en meurs de faim.
Hé ! Dieu, quand verrai-je
    Celle que j'aime ?

XII

Dieu ! comment pourrais-je
Vivre sans celle
Qui fait ma joie ?
Elle est pure et discrète,
Dieu ! comment pourrais-je ?
Je ne m'en séparerais pas,
Dût-on me crever les yeux,
Même si je n'avais son amour.
Dieu ! comment pourrais-je
Vivre sans celle
Qui fait ma joie ?

XIII

Je désire tant voir
    Ce que j'aime !
Je ne peux m'en séparer,
Je désire tant voir
Et matin et soir
    Je me plains.
Je désire tant voir
    Ce que j'aime !

XIV

Plaisante amourette
    Me garde en joie,

Ma compaignete,
4   *Bone amourete !*
Ma cançonnete
Vous dirai :
Bonne amourete
8   *Me tient gai.*

XV

VDB 83

Tant con je vivrai,
N'amerai autrui que vous.
Ja n'en partirai,
4   *Tant con je vivrai,*
Ains vous servirai
Loiaument, mis m'i sui tous :
Tant con je vivrai,
8   *N'amerai autrui que vous.*

XVI

R 1870a

(34c) *Dieus soit en cheste maison,*
Et biens et goie a fuison !

I   Nos sires Noueus
4   Nous envoie a ses amis,
Ch'est as amoureus
Et as courtois bien apris,
Pour avoir des pairesis
8   A Nohelison.
(34d) *Diex soit en cheste maison,*
[Et biens et goie a fuison !]

II   Nos sires est teus
12   Qu'il prieroit a envis,
Mais as frans hosteus
Nous a en son lieu tramis,
Qui sommes de ses nouris
16   Et si enfançon.
Diex soit en ceste [maison
Et biens et goie a fuison !]

---

13. honteus

Petite compagne,
Plaisante amourette !
Ma petite chanson
   Entendez-la :
Plaisante amourette
   Me garde en joie.

XV

   Tant que je vivrai,
Je n'aimerai d'autre que vous.
   Je ne partirai
   Tant que je vivrai,
   Mais vous servirai
Loyalement, je m'y donne tout :
   Tant que je vivrai,
Je n'aimerai d'autre que vous.

XVI

Dieu soit dans cette maison,
Bonheur et joie à foison !

I   Monseigneur Noël
Nous envoie à ses amis,
   Aux amoureux,
A tous ceux qui savent vivre,
Pour avoir des sous
   Au temps de Noël.
Dieu soit dans cette maison,
Bonheur et joie à foison !

II   Monseigneur n'est pas
De ceux qui implorent ;
   Aux bonnes maisons
Il nous adresse à sa place,
Nous qui sommes des siens,
   Et ses petits enfants.
Dieu soit dans cette maison,
Bonheur et joie à foison !

Li motet Adan

I

Raynaud I, 224-225

3)   (35a) Aucun se sont loé d'Amours,
        Mais jé m'en doi plus que nus blamer
            C'onques a nul jour
4   N'i poi loiauté trouver.
                Je cuidai
        Au premiers avoir amie par loiaument
            Ouvrer;
8   Mais g'i peüsse longuement
            Baer,
        Car quant je miex amai,
        Plus me couvint (35b) maus endurer ;
12   N'onques chele que j'amoie ne mi vaut moustrer
        Sanlant ou je me deüsse conforter
            Ne merchi esperer.
        Tout adés metoit paine a moi eskiever.
16   Trop mi donna a penser
        Ains que je le peüsse ouvlier :
        Or voi je bien sans douter
        Que loiaus hom est perdus qui veut amer,
20   Ne nus, che m'est vis, ne s'en doit merler
        Fors chil qui bee a servir de guiller !

2)   (34d) *A Dieu commant amouretes*
            Car je m'en vois,
        Dolans pour les douchetes,
4   Fors dou douc païs d'Artois
        Qui est si mus et destrois,
        Pour che que li bourgois
        Ont esté si fourmené,
8   Qu'il n'i queurt drois

Les Motets d'Adam

I

3)
    D'aucuns se sont loués d'Amour,
Plus que personne j'ai lieu de m'en plaindre,
        Car jamais
    Je ne l'ai trouvé loyal.
        Je croyais
    D'abord conquérir mon amie en agissant
        Avec loyauté ;
    Mais j'aurais pu longtemps
        Espérer,
        Car mieux j'aimais,
    Plus il me fallait souffrir de maux ;
Et jamais celle que j'aimais n'a voulu me faire
Le moindre signe d'encouragement ni me laisser
        Le moindre espoir.
Elle se donnait toujours du mal pour m'éviter.
    Elle occupa longtemps mes pensées
    Avant que je la pusse oublier :
    Je vois bien, sans aucun doute,
Que le loyal qui veut aimer est un homme perdu,
Et personne, je crois, ne doit s'en mêler,
A moins qu'il n'entende faire un service trompeur !

2)
    A Dieu je recommande mes amours,
        Car je m'en vais,
    Tout triste à cause des mignonnes,
    Hors du pays d'Artois
    Qui est réduit au silence et à la peur
    Parce que les bourgeois
    Ont été si maltraités
        Que n'y ont cours droit

                        Ne lois.
                        Gros tournois
                        Ont avulés
12   Contes et rois,
                    Justiches et prelas tant de fois
                    Que mainte bele compaingne,
                    Dont (35a) Arras mehaingne,
16   Laissent amis et maisons et harnois
                    Et fuient cha deus, cha trois
                    Souspirant en terre estrange.

1) SUPER TE

II

Raynaud 1, 240-243
3)   (35c) *De ma dame vient*
                    Li dous maus que je trai,
                        Dont je morrai,
4   S'esperanche ne me retient
                        Et *la grans joie que j'ai.*
                    Car j'aperchoi bien et sai
                    C'on m'a grevé et mellé
8   Si qu'ele m'a tout ensi qu'entrouvllié,
                Qui en soloie estre au deseure.
                        Diex ! quant venra l'eure
                        Qu'aie a li parlé
12   Et de chou qu'on m'a mis seure
                        Mi escusé !
                        Tres douche amie,
                        Aiiés de moi pité,
16   Pour Dieu merchi !
                    Onques n'ama qui pour si pau haï,
                        Ne deservi
                        Ne l'ai mie.
20   (36a) Ains est par envie
                        C'on en a mesdit ;
                        Et en leur despit
                        Maintenant irai
24   Et pour euls crever ferai
                    Meilleur sanlant que je ne deveroie.
                    Fui te, gaite ! fai me voie !
                    Par chi passe gent de joie :

2) 11. anulés *(cf. var.* avuglé *Mo)*
3) 2. *Var.* Li griés *Mo*

Ni loi.
Les gros écus
Ont aveuglé
Contes et rois,
Juges et prélats tant de fois
Que bien des bons compagnons
Laissent — Arras en est mutilé —
Amis, maisons et équipages
Et fuient, deux ici, trois là,
Soupirant en terre étrangère.

1) SUPER TE

II

3)   *De ma dame vient*
Le doux mal que j'endure
          Dont je mourrai
Si ne me retiennent l'espérance
Et *la grande joie que j'ai.*
Car je vois et sais bien
Qu'on m'a nui et qu'on nous a brouillés
Au point qu'elle m'a tout oublié
Moi qui l'avait conquise.
          Dieu ! Quand viendra l'heure
          Où je lui parlerai
Et où de ce dont on m'accuse
          Je me défendrai !
          Très chère amie,
          Ayez pitié de moi,
          Pour l'amour de Dieu !
Jamais n'aima qui haït pour si peu,
          Et ce sort je ne l'ai pas
          Mérité ;
Mais c'est par envie
Qu'on a médit de moi ;
Et en dépit d'eux
Je vais venir sur-le-champ,
Et pour les faire crever j'aurai
Plus fière allure que je ne devrais.
Pars, guetteur ! ouvre-moi la voie !
Par là vont des gens heureux :

28   Tart m'est que g'i soie !
     Encore m'i aiiés vous nuisi,
     Si serai je miex de li
     C'onques ne fui,
32   Se seulete
     Ancui en un destour
     Truis m'amiete
     La douchete,
36   La sadete,
     Blondete,
     Saverousete,
     Cui Diex doinst bon jour !

2)   (35d) *Diex ! comment porroie*
                Trouver voie
                D'aler a chelui
4   *Cui amiete je sui ?*
     Chainturele, va i en lieu de mi,
          Car tu fus sieue aussi,
          Si m'en conquerra miex.
8   Mais comment serai sans ti ? Diex !
          Chainturele, mar vous vi :
          Au deschaindre m'ochiés.
          De mes grietés
12   A vous me confortoie
          Quant je vous sentoie
                Aimi !
     A le saveur de mon ami.
16   Nepourquant
     D'autres en ai a cleus d'argent
     Et de soie pour men user ;
     Mais lasse ! *comment porroie*
20   (36b) *Sans cheli durer*
               Qui me tient en joie ?
     Canchonnete, chelui proie
          Qui le m'envoia,
24   Puis que jou ne puis aler la,
          Qu'il en viengne a moi chi
          Droit a jour failli
     Pour faire tous ses bons, et il m'orra
28   Quant il ert poins, canter a haute vois :
     Par chi va la mignotise, par chi ou je vois.

1) OMNES

---

28. *Var.* je issoie *Mo* — 29. avés — 37. *Var.* brunete *Mo* — 39. Que — 2) 22. *Var.* Ceinturele *Mo*

Il me tarde d'être avec eux.
Bien que vous m'ayez nui auprès d'elle,
Je serai mieux vu d'elle
Que je ne l'ai jamais été,
   Si aujourd'hui,
Toute seule à l'écart,
   Je trouve mon amie,
     La mignonne,
     La tendre,
     La blonde,
     La savoureuse :
   Dieu la bénisse !

2)   *Dieu ! Comment pourrais-je*
     Trouver le moyen
     D'aller à celui
     Dont je suis l'amie ?
Ma ceinture, vas-y à ma place,
     Car tu as été à lui aussi
     Et il m'en croira mieux.
Mais comment rester sans toi ? Dieu !
Ma ceinture, quel dommage !
     Vous ôter me tue.
     De mes peines
     Vous me consoliez
Quand je retrouvais sur vous
     — Hélas ! —
     Le parfum de mon ami.
     Pourtant
J'en ai d'autres à clous d'argent
Et en soie pour mon usage :
Malheureuse ! *comment pourrais-je*
     Vivre sans celle
     Qui fait ma joie ?
Ma chanson, prie celui
     Qui me l'a envoyée,
Puisque je ne peux aller à lui,
Qu'il vienne à moi ici
     Dès le soir tombé
Prendre tout son plaisir ; et il m'entendra,
Quand il sera temps, chanter à haute voix :
Là passe la grâce, par là où je passe.

1) OMNES

III

Raynaud I, 216-218

3) (36a) Entre Adan et Hanikiel
  Hancart (36c) et Gautelot
  A grant esbanoi qui ot
4   Leur revel :
    Quant il hoquetent,
    Plus tost clapetent
      Que fretel
8   Li damoisel,
  Mais qu'il aient avant baisié saint Tortuel ;
  Et si chantent tout sans livre
      Viés et nouvel.
12   Gautelot fait l'ivre
  Si proprement et si bel
  Qu'i sanle a son musel
  Qu'il doive traire a se fin.
16 Et quant il font le molin
    Ensanle tout quatre
    Et au plastre batre
      En hoquetant,
20   Sont si deduisant,
    Si gai, si goiant
      Et si riant
      Chil .iv. enfant
24 Que nule gent tant !

2) (36b) Chiés bien seans,
    Ondés et fremi(36d)ans,
    Plain frons reluisans
4   Et parans,
    Resgars atraians,
    Vairs, humelians,
      Catillans
8   Et frians,
  Nés par mesure au viaire afferans,
    Bouchete rians,
  Vermeillete a dens blans,
12   Gorge bien naissans,
      Col reploians,
    Pis durs et poignnans,
    Boutine souslevans,

—————————

3) 23. .iii.

3)   D'Adam et d'Haniquel
Hancard et Gautelot,
Il s'amuse bien qui entend
    La fête ;
Quand ils chantent en syncopant,
    Les jeunes gens
Ont les lèvres plus rapides
    Que des flûtes,
Pour peu qu'ils soient pompettes ;
Et ils chantent par cœur
    Du vieux et du nouveau.
Gautelot fait l'ivrogne
Si joliment et si bien
Qu'à voir son museau
On dirait qu'il va trépasser.
Et quand ils font la ronde
    Tous les quatre
Ou se battent comme plâtre
    En syncopant,
Ils s'amusent tant,
Sont si gais, si joyeux
    Et si rieurs
Ces quatre enfants
Que personne ne l'est autant !

2)   Belle chevelure,
Ondulée et chatoyante,
Front large, brillant
    Et ouvert,
Regard attirant,
Clair, compatissant,
    Chatouillant,
    Appétissant,
Nez fait sur mesure pour le visage,
    Bouche rieuse,
Rouge, aux dents blanches,
Gorge bien dégagée,
    Cou souple,
Seins durs et pointants,
Ventre en avant,

16   Maniere avenans,
                Et plus li remanans
                Ont fait tant d'encans
                Que pris est Adans!

1) APTATUR

IV

Raynaud II, 114-115
3)   (37a) J'os bien m'amie aparler
                    Les son mari
                Et baisier et acoler
4   D'encoste li,
                Et lui ort jalous clamer,
                    Wihot aussi,
            Et hors de se maison enfremer
8   Et tous mes bons de m'amiete achiever
                Et le vilain faire muser.

2)   (37b) Je n'os a m'amie aler
                    Pour son mari,
                Que il ne se puist de mi
4   Garde donner;
                Car je ne me puis garder
                    D'encoste li
                De son bel viaire regarder;
8   Car entre amie et ami
                    Anieus sont a cheler
                    Li mal d'amer.

1) SECULUM

V

Raynaud II, 115
2)   (37a) J'ai adés d'Amours chanté et servi
                    En bon espoir
                Ma dame, et si ai guerpi
4   Pour li avoir
                Escole, amis et a(37b)voir.
                    Est che dont drois
                    K'Amours mi laissent?
8   *Nenil, voir!*

1) OMNES

Façon avenante
Et plus encore le reste
Ont fait tant d'enchantements
Qu'Adam est pris !

1) APTATUR

IV

3) J'ose parler à mon amie
    Devant son mari,
L'embrasser et l'enlacer
    De tout près,
Et, lui, l'appeler sale jaloux,
    Cocu aussi,
Lui fermer sa maison au nez
Et prendre mon plaisir de mon amie
Et faire marcher le rustre.

2) Je n'ose aller voir mon amie
    A cause de son mari,
De peur qu'il ne se garde
    De moi ;
Car je ne peux me garder
    De, tout près,
Contempler son beau visage ;
    Entre amie et ami,
Ils sont pénibles à cacher
    Les maux d'amour !

1) SECULUM

V

2) J'ai toujours chanté Amour et servi
    En espérant
Ma dame, et j'ai quitté,
    Pour l'avoir,
Etude, amis et richesse.
    Est-il donc juste
    Qu'Amour me laisse ?
    Non, oh ! non.

1) OMNES

(39a)   Chi commenche li gieus de Robin et Marion
qu'Adans fist

MARIONS

Robins m'aime, Robins m'a,
Robins m'a demandee, si m'ara.
Ro(39b)bins m'acata cotele
4   *D'escarlate bonne et bele,*
Souskanie et chainturele.   Aleuriva !
Robins m'aime, Robins m'a,
Robins m'a demandee, si m'ara.

LI CHEVALIERS

8   *Je me repairoie du tournoiement,*
Si trouvai Marote seulete, au cors gent.

MARIONS

Hé ! Robin, se tu m'aimes,
Par amours, maine m'ent !

LI CHEVALIERS

12   Bergiere, Diex vous doinst bon jour !

MARIONS

Diex vous gart, sire !

LI CHEVALIERS

Par amour,
Douche puchele, or me contés
Pour coi ceste canchon cantés

Titre : var. Li jeus du bergier et de la bergiere *P'*— 11. mainenent

Le Jeu de Robin et Marion par Adam

MARION

Robin m'aime, Robin m'a,
Robin m'a demandée, il m'aura.
Robin m'acheta blousette
De drap bel et bon,
Robe longue et ceinturette.   Aleuriva !
Robin m'aime, Robin m'a,
Robin m'a demandée, il m'aura !

LE CHEVALIER

M'en revenant du tournoi,
J'ai trouvé seule Marion, joli corps.

MARION

Ah ! Robin, si tu m'aimes,
Je t'en prie, emmène-moi !

LE CHEVALIER

Bergère, Dieu vous bénisse !

MARION

Dieu vous garde, messire !

LE CHEVALIER

                          Je vous en prie,
Douce belle, dites-moi donc
Pourquoi vous chantez cette chanson

16   Si volentiers et si souvent :
        « Hé ! Robin, se tu m'aimes,
        Par amours, maine m'ent ».

MARIONS

        Biaus sire, il i a bien pour coi.
20   (39c) J'aim bien Robinet et il moi,
        Et bien m'a moustré qu'il m'a chiere.
        Donné m'a ceste panetiere,
        Ceste houlete et cest coutel.

LI CHEVALIERS

24   Di moi, veïs tu nul oisel
        Voler par deseure les cans ?

MARIONS

        Sire, j'en vi je ne sai kans !
        Encore i a en ces buissons
28   Cardonnereul[e]s et pinçons
        Qui mout cantent joliement.

LI CHEVALIE[R]S

        Si m'aït Dieus, bele au cors gent,
        Che n'est point che que je demant.
32   Mais veïs tu par chi devant
        Vers ceste riviere nule ane ?

MARIONS

        C'est une beste qui recane ?
        J'en vi ier .III. seur che quemin
36   Tous quarchiés aler au molin.
        Est che chou que vous demandés ?

LI CHEVALIE[R]S

        Or sui je mout bien assenés !
        Di moi, veïs tu nul hairon ?

---

26. S. j'en ai veu n. s. q. *(corr. A. Henry, dans Romania, 73, 1952, 236)*, var. S. oïl
je ne sai pas quans *Aix* —28. corr. A. Henry, ibid., 235

Si volontiers et si souvent :
« Ah ! Robin, si tu m'aimes,
Je t'en prie, emmène-moi ! »

MARION

Messire, il y a bien de quoi.
J'aime beaucoup mon Robin, et lui moi.
Et il m'a bien montré que je lui suis chère.
Il m'a donné cette panetière,
Ce bâton et ce couteau.

LE CHEVALIER

Dis-moi, n'as-tu pas vu un oiseau
Voler au-dessus des champs ?

MARION

Messire, j'en ai vu je ne sais combien !
Il y a encore dans ces buissons
Des chardonnerets et des pinsons
Qui chantent tout à fait gaiement.

LE CHEVALIER

Dieu m'en soit témoin, belle au joli corps,
Ce n'est pas ce que je demande.
Mais n'as-tu pas vu voler par ici
Vers ce marais une cane ?

MARION

C'est une bête qui hihane ?
J'en ai vu hier trois sur ce chemin
Qui allaient au moulin, bien chargées.
Est-ce ce que vous demandez ?

LE CHEVALIER

Me voilà bien renseigné !
Dis-moi, n'as-tu pas vu un héron ?

MARIONS

40 Herens? Sire, par me foi, non!
Je n'en vi nes un puis quaresme
Que j'en vi mengier chiés dame Eme,
Me taiien, cui sont ches brebis.

LI CHEVALIERS

44 Par foi, or sui jou esbaubis
N'ainc mais je ne fui si gabés!

MARIONS

Sire, foi que vous mi devés,
(39d) Quele beste est che seur vo main?

LI CHEVALIERS

48 C'est uns faucons.

MARIONS

Mengüe il pain?

LI CHEVALIERS

Non, mais bonne char.

MARIONS

Cele beste!
50 Esgar! ele a de cuir le teste!
Et ou alés vous?

LI CHEVALIERS

En riviere.

MARIONS

52 Robins n'est pas de tel maniere,
En lui a trop plus de deduit!
A no vile esmuet tout le bruit
Quant il joue de se musete.

LI CHEVALIERS

56 Or dites, douche bregerete,

---

40. Hairons — 49-50. *la rubrique* MARIONS *est répétée après* beste

MARION

Hareng ? Ma foi, non, messire !
Je n'en ai pas vu un seul depuis le carême,
Où j'en ai vu manger chez madame Emma,
Ma grand-mère, à qui sont ces brebis.

LE CHEVALIER

Ma foi, je n'en reviens pas :
Jamais on ne s'est autant moqué de moi !

MARION

Messire, en toute franchise, dites-moi
Quelle bête vous avez sur votre main !

LE CHEVALIER

C'est un faucon.

MARION

Mange-t-il du pain ?

LE CHEVALIER

Non, de la bonne viande.

MARION

Cette bête !
Voyez-moi ça ! Elle a la tête en cuir !
Et où allez-vous ?

LE CHEVALIER

Chasser dans le marais.

MARION

Robin n'est pas comme vous,
Il est beaucoup plus amusant !
Dans notre village, il met chacun en fête
Quand il joue de sa cornemuse.

LE CHEVALIER

Mais dites donc, douce bergère,

Ameriés vous un chevalier?

MARIONS

Biaus sire, traiiés vous arrier!
Je ne sai que chevalier sont.
60   Deseur tous les homes du mont
Je n'ameroie que Robin.
Chi vient au vespre et au matin
A moi, toudis et par usage.
64   Chi m'aporte de son froumage :
Encore en ai jë en mon sain
Et une grant pieche de pain
Que il m'aporta a prangiere.

LI CHEVALIERS

68   Or me dites, douche bregiere,
Vauriés vous venir avoec moi
Jeuer seur che bel palefroi,
Selonc che bosket, en che val?

MARIONS AU CHEVALIER

72   (40a) Aimi! Sire, ostés vo cheval!
A poi que il ne m'a blechie.
Li Robins ne regiete mie
Quant je vois aprés se karue.

LI CHEVALIERS

76   Bregiere, devenés ma drue
Et faites che que je vous proi!

MARIONS AU CHEVALIER

Sire, traiés ensus de moi!
Chi estre point ne vous affiert.
80   A poi vos chevaus ne me fiert.
Comment vous apele on?

LI CHEVALIERS

                              Aubert!

MARIONS AU CHEVALIER

Vous perdés vo paine, sire Aubert :
Je n'amerai autrui que Robert!

Aimeriez-vous un chevalier?

MARION

Monsieur, reculez-vous!
Je ne sais pas ce que sont les chevaliers.
De tous les hommes du monde
Je n'aimerais que Robin.
Il vient me retrouver ici, matin et soir,
Tous les jours, c'est son habitude.
Il m'apporte de son fromage :
J'en ai justement dans mon corsage
Avec un gros morceau de pain
Qu'il m'a apporté pour dîner.

LE CHEVALIER

Mais dites-moi donc, douce bergère,
Voudriez-vous venir avec moi
Faire un tour sur ce beau cheval,
Le long de ce petit bois, dans ce vallon?

MARION, *au chevalier*

Aïe! messire, ôtez votre cheval!
Il a failli me blesser.
Celui de Robin ne rue pas
Quand je marche derrière son attelage.

LE CHEVALIER

Bergère, devenez ma maîtresse
Et faites ce dont je vous prie!

MARION, *au chevalier*

Messire, écartez-vous de moi!
Votre place n'est pas ici.
Votre cheval a failli me donner un coup.
Comment vous appelle-t-on?

LE CHEVALIER

                    Aubert!

MARION, *au chevalier*

Vous perdez votre peine, messire Aubert :
Je n'aimerai jamais que Robert!

LI CHEVALIERS

84 Nan, bregiere ?

MARIONS AU CHEVALIER

Nan, par ma foi !

LI CHEVALIERS

Cuideriés empirier de moi,
Qui si lonc jetés me proiere ?
Chevaliers sui, et vous bregiere !

MARIONS AU CHEVALIER

88 Ja pour che ne vous amerai :
Bergeronnete sui, mais j'ai
Ami bel et cointe et gai !

LI CHEVALIERS

(40b) Bregiere, Diex vous en doinst joie !
92 Puis qu'ensi est, g'irai me voie.
Hui mais ne vous sonnerai mot.

MARIONS AU CHEVALIER

Trairi deluriau deluriau deluriele !
Trairi deluriau deluriau delurot.

LI CHEVALIERS

96 *Hui main jou chevauchoie lés l'oriere d'un bois,*
Trouvai gentil bergiere, tant bele ne vit roys. Hé !
Trairi deluriau deluriau deluriele !
Trairi deluriau deluriau delurot.

MARIONS

100 *Hé, Robechon !*
Leure leure va.
Car vien a moi !
Leure leure va.
104 *S'irons (40c) jeuer   dou*
Leure leure va,   dou
Leure leure va.

---

101. Deure

LE CHEVALIER

Jamais, bergère ?

MARION, *au chevalier*

> Ma foi, jamais !

LE CHEVALIER

Croiriez-vous déchoir avec moi
Pour vous moquer autant de ma prière ?
Je suis un chevalier, et vous une bergère !

MARION, *au chevalier*

Je ne vous en aimerai pas davantage :
Je suis une petite bergère, mais j'ai
Un ami beau, gracieux et gai !

LE CHEVALIER

Dieu vous donne bien du plaisir avec lui,
Bergère ! Puisque c'est ainsi, je continuerai.
Vous ne m'entendrez plus dire un mot.

MARION, *au chevalier*

Trairi deluriau deluriau delurielle !
Trairi deluriau deluriau delurot.

LE CHEVALIER

Ce matin, chevauchant à l'orée d'un bois,
J'ai trouvé jolie bergère, le roi n'a pas si belle.   *Hé !*
Trairi deluriau deluriau delurielle !
Trairi deluriau deluriau delurot.

MARION

> *Hé ! Robichon !*
> *Leure leure va.*
> *Viens donc à moi !*
> *Leure leure va.*
> *Et nous jouerons   du*
> *Leure leure va,   du*
> *Leure leure va.*

ROBIN

Hé, Marion !
108   *Leure leure va.*
Je vois a toi !
Leure leure va.
S'irons jeuer   dou
112   *Leure leure va,   dou*
Leure leure va.

MARIONS

Robin !

ROBINS

        Marote !

MARIONS

                Dont viens tu ?

ROBINS

Par le saint [Dieu], j'ai desvestu,
116   Pour che qu'i fait froit, men jupel ;
S'ai pris me cote de burel
Et si t'aport des pommes. Tien !

MARIONS

Robin, je te connuc trop bien
120   Au canter, si con tu venoies.
Et tu ne me reconnissoies ?

ROBINS

Si fis, au chant et as brebis.

MARIONS

Robin, tu ne ses, dous amis,
124   Et si ne le tien mie a mal,
Par chi vint uns hom a cheval
Qui avoit cauchie une moufle
Et portoit aussi c'un escoufle
128   Seur sen poing. Et trop me pria
(40d) D'amer, mais poi i conquesta,
Car je ne te ferai nul tort !

ROBIN

> *Hé ! Marion !*
> *Leure leure va.*
> *Je vais à toi !*
> *Leure leure va.*
> *Et nous jouerons   du*
> *Leure leure va,   du*
> *Leure leure va.*

MARION

Robin !

ROBIN

    Mariette !

MARION

        D'où viens-tu ?

ROBIN

Pardi ! j'ai quitté ma casaque
A cause du froid,
Et j'ai pris ma blouse de grosse laine
Et puis je t'apporte des pommes. Tiens !

MARION

Robin, je t'ai parfaitement reconnu
A ta façon de chanter, pendant que tu venais.
Et toi, tu ne me reconnaissais pas ?

ROBIN

Oh ! si. A ta chanson et à tes brebis.

MARION

Robin, tu n'es pas au courant, mon ami,
— Mais ne va pas le prendre mal ! —
Un homme à cheval est venu par ici,
Il avait enfilé une moufle
Et portait une sorte de buse
Sur son poing. Et il m'a pressée
De l'aimer, mais sans le moindre succès,
Parce que je ne te ferai jamais de tort !

ROBINS A MAROTE

Marote, tu m'aroies mort !
132   Mais, se g'i fusse a tans venus,
Ne jou ne Gautiers li Testus
Ne Baudons, mes cousins germains,
Diable i eüssent mis les mains,
136   Ja n'en fust partis sans bataille !

MARIONS A ROBIN

Robin, dous amis, ne te caille !
Mais or faisons feste de nous.

ROBINS

Serai je drois ou a genous ?

MARIONS

140   Vien ! si te sié encoste moi,
Si mengerons.

ROBINS

            Et jou l'otroi.
Je se[r]rai chi les ton costé.
Mais je ne t'ai riens aporté !
144   Si ai fait certes grant outrage.

MARIONS

Ne t'en caut, Robin ! Encor ai je
Du froumage chi en mon sain
Et une grant pieche de pain
148   Et des poumes que m'aportas.

ROBINS

Diex ! Que chis froumages est cras !
Ma seur, mengüe !

MARIONS

            Et tu aussi.
Quant tu vieus boire, si le di !
152   Ves chi fontaine en un pochon.

ROBIN, *à Marion*

Mariette, tu m'aurais tué !
Mais si j'étais arrivé à temps
Avec Gautier Le Têtu
Et Baudouin, mon cousin germain,
Les diables auraient eu beau s'en mêler,
Il ne serait pas parti sans bataille !

MARION, *à Robin*

Robin, mon ami, ne t'inquiète pas !
Faisons-nous plutôt une petite fête.

ROBIN

Je serai debout ou à genoux ?

MARION

Viens ! Assieds-toi à côté de moi
Et nous allons manger.

ROBIN

                    D'accord.
Je vais m'asseoir ici à côté de toi.
Mais je ne t'ai rien apporté !
Quelle faute j'ai faite là !

MARION

Ne t'inquiète pas, Robin ! J'ai encore
Du fromage, ici dans mon corsage,
Et un gros morceau de pain
Et des pommes que tu m'avais apportées.

ROBIN

Dieu ! Ce fromage est gras à souhait !
Ma chérie, mange !

MARION

                    Et toi aussi.
Et si tu as envie de boire, dis-le !
Voici de l'eau fraîche dans ce pot.

ROBINS

Diex ! Qui ore eüst du bacon
Te taiien, bien venist a point !

(41a)　　MARIONS

156
Robinet, nous n'en arons point,
Car trop haut pent as quieverons !
Faisons de che que nous avons,
Ch'est assés pour le matinee.

ROBINS

160
Diex ! Que j'ai le panche lassee
De le choule de l'autre fois !

MARIONS

Di, Robin, foy que tu mi dois,
Choulas tu ? Que Diex le te mire !

ROBINS

164
Vous l'orrés bien dire,　　bele,
Vous l'orrés bien dire.

MARIONS

Di, Robin, veus tu plus mengier ?

ROBINS

Naie, voir !

MARIONS

168
　　Dont metrai je arrier
Che pain, che froumage en mon sain
Dusqu'a ja que nous arons fain.

ROBINS

Ains le met en te panetiere.

MARIONS

Et ves l'ichi. Robin, quel chiere !
Proie et commande ! Je ferai.

ROBIN

Dieu ! Si on avait du lard
De ta grand-mère, ça tomberait à pic !

MARION

Mon petit Robin, nous nous en passerons,
Il pend bien trop haut à ses poutres !
Faisons avec ce que nous avons,
C'est assez pour la matinée.

ROBIN

Dieu ! Comme le ventre me fait encore mal
De la partie de soule de l'autre jour !

MARION

Dis, Robin, en toute franchise,
Tu as joué à la soule ? Dieu te le rende !

ROBIN

Vous l'entendrez dire,   belle,
Vous l'entendrez dire.

MARION

Dis, Robin, veux-tu manger davantage ?

ROBIN

Non, non !

MARION

            Alors je vais remettre
Ce pain et ce fromage dans mon corsage
En attendant que nous ayons faim.

ROBIN

Mets ça plutôt dans ta panetière.

MARION

L'y voilà ! Robin, quelle mine !
Prie et commande ! J'obéirai.

ROBINS

172　Marote, et jou esprouverai
　　　Se tu m'ies loiaus amiete,
　　　Car tu m'as trouvé amiet.
　　　Bergeronnette, douche baisselete,
176　*Don(41b)nés le moi vostre chapelet,*
　　　Donnés le moi vostre chapelet !

MARIONS

　　　Robin, veus tu que je le mette
　　　Seur ton chief par amourete ?
180　*[M'en iert il mieus se je l'i met ?]*

ROBINS

　　　Oïl, vous serés m'amiete,
　　　Vous averés ma chainturete,
　　　M'aumosniere et mon fremalet.
184　*Bergeronnete, douche baisselete,*
　　　Donnés le moi vostre chapelet !

MARIONS

　　　Volentiers, men douc amiet.
　　　Robin, fai nous un poi de feste.

ROBINS

188　Veus tu des bras ou de le teste ?
　　　Je te di que je sai tout faire.
　　　Ne l'as tu point oï retraire ?

MARIONS

　　　(41c) *Robin, par l'ame ten pere,*
192　*Ses tu bien aler du piet ?*

ROBINS

　　　Oïl, par l'ame me mere,
　　　Resgarde comme il me siet,
　　　　Avant et arriere, bele !
196　　　*Avant et arriere !*

---

178. meche — 180. *rétabli d'après Aix* — 181. Oïl et v.

ROBIN

Eh bien, Mariette, je vais voir
Si j'ai en toi une petite amie aussi loyale
Que le petit ami que tu as trouvé en moi.
Petite bergère, douce fillette,
Donnez-la-moi votre couronne,
Donnez-la-moi votre couronne !

MARION

Robin, veux-tu que je la mette
Sur ta tête comme amourette ?
En serai-je mieux si je l'y mets ?

ROBIN

Oui, vous serez ma petite amie,
Vous aurez ma ceinturette,
Ma bourse et ma broche.
Petite bergère, douce fillette,
Donnez-la-moi votre couronne !

MARION

De bon cœur, mon petit ami.
Robin, un peu de distraction !

ROBIN

Avec les bras ou avec la tête ? Que veux-tu ?
Je te jure que je sais tout faire.
Tu ne l'as pas entendu dire ?

MARION

Robin ! par l'âme de ton père,
Sais-tu bien danser du pied ?

ROBIN

Oh ! oui, par l'âme de ma mère,
Regarde comme ça me sied !
      Avant et arrière,   belle !
      Avant et arrière !

MARIONS

Robin, par l'ame ten pere,
Car nous fai le tour dou chief !

ROBINS

Marot, par l'ame me mere,
200   *J'en venrai mout bien a chief.*
        I fait on tel chiere,   bele ?
        I fait on tel chiere ?

MARIONS

Robin, par l'ame ten pere,
204   *Car nous fai le tour des bras !*

ROBINS

Marot, par (41d) l'ame me mere,
Tout ensi con tu vaurras.
        Est chou la maniere,   bele ?
208   *Est chou la maniere ?*

[MARIONS

Robin, par l'ame ton pere,
Ses tu faire le touret ?

ROBINS

Ouil, par l'ame ma mere,
212   *Ra il en moi biau vallet,*
        Devant et derriere,   bele ?
        Devant et derriere ?]

MARIONS

Robin, par l'ame ten pere,
216   *Ses tu baler au[s] seriaus ?*

ROBINS

Oïl, par l'ame me mere,
Mais j'ai trop mains de chaviaus
        Devant que derriere,   bele !
220   *Devant que derriere.*

209-214. *donnés par Aix seul* — 216. seraiu

MARION

Robin! par l'âme de ton père,
Fais-nous donc le tour de la tête!

ROBIN

Mariette! par l'âme de ma mère,
J'en viendrai très bien à bout.
    Y fait-on telle mine,   belle?
    Y fait-on telle mine?

MARION

Robin! par l'âme de ton père,
Fais-nous donc le tour des bras!

ROBIN

Mariette! par l'âme de ma mère,
Tout à fait comme tu voudras!
    Est-ce la manière,   belle?
    Est-ce la manière?

MARION

Robin! par l'âme de ton père,
Sais-tu faire le petit tour?

ROBIN

Oh! oui, par l'âme de ma mère,
Ne suis-je pas beau garçon,
    Devant et derrière,   belle?
    Devant et derrière?

MARION

Robin! par l'âme de ton père,
Sais-tu danser à la veillée?

ROBIN

Oh! oui, par l'âme de ma mère,
Mais j'ai bien moins de cheveux
    Devant que derrière,   belle!
    Devant que derrière!

MARIONS

Robin, ses tu mener le treske ?

ROBINS

Oïl ! mais li voie est trop freske
Et mi housel sont desquiré.

MARIONS

224   Nous sommes trop bien atiré,
Ne t'en caut ! Or fai, par amour.

ROBINS

Aten ! G'irai pour le tabour
Et pour le muse au grant bourdon ;
228   Et si amenrai chi Baudon,
Se trouver le puis, et Gautier.
Aussi m'aront il bien mestier
Se li chevaliers revenoit.

(42a)   MARIONS

232   Robin, revien a grant esploit !
Et se tu trueves Peronnele,
Me compaignesse, si l'apele :
Le compaignie en vaura miex.
236   Ele est derriere ces courtiex
Si c'on va au molin Rogier.
Or te haste !

ROBINS

        Lais m'escourchier !
Je ne ferai fors courre.

MARIONS

        Or va !

ROBINS

240   Gautiers ! Baudon ! Estes vous la ?
Ouvrés moi tost l'uis, biau cousin !

---

238. me e.

MARION

Robin, sais-tu conduire la farandole ?

ROBIN

Oh ! oui, mais le chemin est trop mouillé
Et mes bottes sont déchirées.

MARION

Nous sommes très bien équipés,
Ne t'inquiète pas ! Fais donc, je t'en prie.

ROBIN

Attends ! J'irai chercher le tambourin
Et la musette au grand bourdon,
Et je ramènerai ici Baudouin,
Si je peux le trouver, et Gautier.
D'ailleurs ils me seront bien utiles
Si le chevalier revient.

MARION

Robin, reviens bien vite !
Et si tu trouves ma camarade
Peronnelle, invite-la !
Notre groupe y gagnera.
Elle se trouve derrière les enclos
Quand on va au moulin de Roger.
Dépêche-toi !

ROBIN

             Laisse-moi me retrousser !
Je ne m'arrêterai pas de courir.

MARION

                      Va donc !

ROBIN

Gautier ! Baudouin ! Etes-vous là ?
Ouvrez-moi vite la porte, cousins !

GAUTIERS

Bien soies tu venus, Robin !
C'as tu qui ies si essouflés ?

ROBINS

244   Que j'ai ? Las, je sui si lassés
Que je ne puis m'alaine avoir.

BAUDONS

Di s'on t'a batu !

ROBINS

              Nenil, voir.

GAUTIERS

Di tost s'on t'a fait nul despit !

ROBINS

248   Signeur, escoutés un petit !
Je sui chi venus pour vous deus,
Car je ne sai ques menestreus
A cheval pria d'amer ore
252   Marotain ; si me douch encore
Que il ne reviegne par la.

GAUTIERS

S'il revient, il le comperra !

BAUDONS

Che f[e]ra mon, par ceste teste !

(42b)   ROBINS

256   Vous averés trop bonne feste,
Biau seigneur, se vous i venés ;
Car vous et Huars i serés,
Et Peronnele. Sont chou gent ?
260   Et s'averés pain de fourment,
Bon froumage et clere fontaine.

BAUDONS

Hé ! biau cousin, car nous i maine !

GAUTIER

Bienvenue, Robin!
Qu'est-ce que tu as pour être si essoufflé?

ROBIN

Ce que j'ai? Ah! je suis si fatigué
Que je n'arrive pas à reprendre mon souffle.

BAUDOUIN

Dis, on t'a battu?

ROBIN

                    Non! pas du tout.

GAUTIER

Dis vite, on t'a offensé?

ROBIN

Messieurs, écoutez un peu!
Je suis venu vous chercher tous les deux,
Parce que je ne sais quel bon apôtre
A cheval vient de presser Mariette
De l'aimer; et j'ai encore peur
Qu'il ne revienne par là.

GAUTIER

S'il revient, il le paiera cher!

BAUDOUIN

C'est sûr, je le jure!

ROBIN

Je vous ferai une bien belle fête,
Messieurs, si vous venez;
Avec vous il y aura Huard
Et Péronnelle. Du beau monde, n'est-ce pas?
Et vous aurez du pain blanc,
Du bon fromage et de l'eau fraîche et claire.

BAUDOUIN

Ah! cousin, mène-nous-y donc!

ROBINS

Mais vous deus irés chele part,
264   Et je m'en irai pour Huart
Et Peronnele.

BAUDONS

Va don, va!

GAUTIERS

Et nous en irons par deça
Vers le voie devers le Pierre;
268   S'aporterai me fourke fiere!

BAUDONS

Et je men gros baston d'espine
Qui est chiés Bourguet me cousine!

ROBINS

Hé! Peronnele, Peronnele!

PERONNELE

272   Robin, ies tu che? Quel nouvele?

ROBINS

Tu ne ses? Marote te mande,
Et s'averons feste trop grande.

PERONNELE

Et qui i sera?

ROBINS

Jou et tu,
276   Et s'arons Gautier le Testu,
Baudon et Huart et Marote.

PERONNELE

Vestirai je me bele cote?

ROBINS

(42c) Nennil, Perrote! nenil nient,
280   Car chis jupiaus trop bien t'avient.

ROBIN

Non ! vous deux vous irez de ce côté,
Et moi j'irai chercher Huard
Et Péronnelle.

BAUDOUIN

Vas-y, va !

GAUTIER

Et nous, nous irons de ce côté
Par le chemin de La Pierre.
Et j'emporterai ma bonne fourche.

BAUDOUIN

Et moi mon gros bâton noueux
Qui est chez ma cousine Bourguet.

ROBIN

Hé ! Péronnelle, Péronnelle !

PERONNELLE

Robin, est-ce toi ? Que se passe-t-il ?

ROBIN

Tu ne sais pas ? Mariette te demande :
Nous allons faire une bien belle fête !

PERONNELLE

Et qui y aura-t-il ?

ROBIN

Toi et moi,
Et encore Gautier Le Têtu,
Baudouin et Huard et Mariette.

PERONNELLE

Est-ce que je passe ma belle jupe ?

ROBIN

Non ! Pierrette, non ! non !
Cette casaque te va très bien.

Or te haste, je vois devant.

PERONNELE

Va ! Je te sievrai maintenant
Se j'avoie mes aigniaus tous.

LI CHEVALIERS

284   Dites, bergiere, n'estes vous
Chele que je vi hui matin ?

MARIONS

Pour Dieu, sire, alés vo chemin !
Si ferés mout grant courtoisie.

LI CHEVALIERS

288   Certes, bele tres douche amie,
Je ne le di mie pour mal,
Mais je vois querant chi aval
Un oisel a une sonnete.

MARIONS

292   Alés selonc ceste haiete :
Je cuit que vous l'i trouverés,
Tout maintenant i est volés.

LI CHEVALIERS

Est, par amours ?

MARIONS

Oïl, sans faille.

LI CHEVALIERS

296   Certes, de l'oisel ne me caille
S'une si bele amie avoie.

MARIONS

Pour Dieu, sire, alés vostre voie,
Car je sui en trop grant frichon.

LI CHEVALIERS

300   Pour qui ?

Presse-toi, je file devant.

PERONNELLE

File ! Je te suivrais à l'instant,
Même si j'avais tous mes agneaux.

LE CHEVALIER

Dites, bergère, n'êtes-vous pas
Celle que j'ai vue ce matin même ?

MARION

Pour l'amour de Dieu, messire, passez votre chemin !
Ce serait très aimable de votre part.

LE CHEVALIER

Allons, ma très douce amie,
Je ne pense pas à mal ;
Mais je recherche par ici
Un oiseau avec un grelot.

MARION

Suivez cette petite haie,
Je crois que vous l'y trouverez :
Il vient à l'instant d'y voler.

LE CHEVALIER

A l'instant, vraiment ?

MARION

Oui, assurément.

LE CHEVALIER

A vrai dire, je ne m'inquiéterais pas de l'oiseau
Si j'avais une aussi belle amie.

MARION

Pour l'amour de Dieu, messire, passez votre chemin !
Je suis toute bouleversée.

LE CHEVALIER

A cause de qui ?

MARIONS

      Certes, pour Robechon.

LI CHEVALIERS

Pour lui ?

MARIONS

      Voire, s'il le savoit,
(42d) Jamais nul jour ne m'ameroit !
Ne je tant rien n'aim comme lui.

LI CHEVALIERS

304   Vous n'avés garde de nului
Se vous volés a mi entendre.

MARIONS

Sire, vous nous ferés sousprendre.
Alés vous ent ! Laissié[s] m'ester,
308   Car je n'ai a vous que parler.
Laissié[s] m'entendre a mes brebis.

LI CHEVALIERS

Voirement sui je bien caitis
Quant je mec le mien sens au tien !

MARIONS

312   Si en alés, si ferés bien ;
Aussi oi je chi venir gent,
     J'oi Robin flagoler
     Au flagol d'argent,
316   *Au flagol d'argent.*
Pour Dieu, sire ! Or vous en alés !

LI CHEVALIERS

Bergerete, a Dieu remanés !
Autre forche ne vous ferai.
320   Ha ! mauvais vilains, mar i fai !
Pour coi tues tu mon faucon ?
Qui te donroit un horion,
Ne l'aroit il bien emploiet ?

---

307. me e. — 309. me e.

MARION

A cause de mon Robin, bien sûr.

LE CHEVALIER

A cause de lui ?

MARION

Oui. S'il le savait,
Jamais plus il ne m'aimerait, jamais !
Et moi, je n'aime personne autant que lui.

LE CHEVALIER

Vous n'avez à craindre personne,
Si vous voulez bien vous occuper de moi.

MARION

Messire, vous allez nous faire surprendre.
Allez-vous-en ! Laissez-moi tranquille :
Je n'ai rien à vous dire.
Laissez-moi m'occuper de mes brebis.

LE CHEVALIER

Je suis vraiment bien sot
De discuter avec toi !

MARION

Allez-vous-en ! Vous ferez bien.
D'ailleurs, j'entends venir du monde.
    J'entends Robin jouer
    Du flageolet d'argent,
    Du flageolet d'argent.
Pour l'amour de Dieu, messire ! allez-vous-en !

LE CHEVALIER

Bergère, que Dieu vous garde !
Je ne vous forcerai pas davantage.
Ah ! coquin de rustre, gare à toi !
Pourquoi assommes-tu mon faucon ?
Si on te donnait une claque,
Ne serait-ce pas bien mérité ?

ROBINS

324   Ha ! sire, vous feriés pechiet !
P[e]eur ai que il ne m'escape.

Li CHEVALIERS

Tien de loier ceste souspape
(43a) Quant tu le manies si gent !

ROBINS

328   Hareu ! Diex, hareu ! bonne gent !

Li CHEVALIERS

Fais tu noise ? Tien che tatin !

MARIONS

Sainte Marie ! j'oi Robin,
Je croi que il soit entrepris.
332   Ains perderoie mes brebris
Que je ne li alasse aidier.
Lasse ! Je voi le chevalier !
Je croi que pour moi l'ait batu.
336   Robin, dous amis, que fais tu ?

ROBINS

Certes, douche amie, il m'a mort !

MARIONS

Par Dieu, sire, vous avés tort,
Qui ensi l'avés deskiré.

Li CHEVALIERS

340   Et comment a il atiré
Mon faucon ? Esgardés, bregiere !

MARIONS

Il n'en set mie la maniere.
Pour Dieu, sire, or li pardonnés.

---

341. Esgrardés

ROBIN

Ah ! messire, ce serait bien mal de votre part !
J'ai seulement peur qu'il ne m'échappe.

LE CHEVALIER

Prends cette baffe pour ta peine !
Ça t'apprendra à le tenir si bien.

ROBIN

Alerte ! Mon Dieu, alerte ! braves gens !

LE CHEVALIER

Ah ! tu hurles ? Prends cette gifle !

MARION

Sainte Vierge ! J'entends Robin,
Je pense qu'il est en difficulté.
J'aimerais mieux perdre mes brebis
Que de ne pas aller à son secours.
Malheureuse ! Je vois le chevalier !
Je pense que c'est à cause de moi qu'il l'a battu.
Robin, mon chéri, comment te sens-tu ?

ROBIN

J'en suis sûr, ma chérie, il m'a tué !

MARION

Mon Dieu, messire, vous avez eu tort
De le déchirer comme ça.

LE CHEVALIER

Et lui, comment a-t-il arrangé
Mon faucon ? Regardez, bergère !

MARION

Il ne sait pas comment le tenir.
Pour l'amour de Dieu, messire, pardonnez-lui !

LI CHEVALIERS

344   Volentiers, s'aveuc moi venés.

MARIONS

Je non ferai !

LI CHEVALIERS

Si ferés, voir !
N'autre amie ne voeil avoir
Et voeil que chis chevaus vous porche.

MARIONS

348   Certes, dont me ferés vous forche !
Robin ! Que ne me resqueus tu ?

ROBINS

Ha ! las, or ai jou tout perdu !
(43b) A tart i venront mi cousin ;
352   Je perc Marot, s'ai un tatin
Et desquiré cote et sercot.

GAUTIERS

Hé ! Resveille toi, Robin !
Car on en maine Marot,
356   *Car on en maine Marot.*

ROBINS

Aimi ! Gautier, estes vous la ?
J'ai tout perdu, Marote en va !

GAUTIERS

Et que ne l'alés vous reskeure ?

ROBINS

360   Taisiés ! Il nous couroit ja seure,
S'il en i avoit .IIII. chens !
C'est uns chevaliers hors du sens
Qui a une si grant espee !
364   Ore me donna tel colee
Que je le sentirai grant tans.

---

347. porte

LE CHEVALIER

De bon cœur, si vous venez avec moi.

MARION

Moi ! Ah, non !

LE CHEVALIER

       Mais si ! Si !
Je ne veux pas avoir d'autre amie
Et je veux que ce cheval vous emporte.

MARION

En ce cas, assurément, il faudra me forcer !
Robin, pourquoi ne viens-tu pas à mon aide ?

ROBIN

Hélas ! Voilà que j'ai tout perdu !
Mes cousins arriveront trop tard.
Je perds Mariette, je prends une gifle,
Et ma blouse et ma cape sont déchirées.

GAUTIER

Hé ! réveille-toi, Robin !
Car on emmène Mariette,
Car on emmène Mariette.

ROBIN

Misère ! Gautier, êtes-vous là ?
J'ai tout perdu, Mariette s'en va !

GAUTIER

Et pourquoi n'allez-vous pas à son aide ?

ROBIN

Taisez-vous ! Il nous foncerait dessus,
Même si nous étions quatre cents !
C'est un chevalier fou furieux
Qui a une épée si grande !
Il vient de me donner un coup
Que je n'ai pas fini de sentir.

BAUDONS

Se g'i fusse venus a tans,
Il i eüst eü merlee.

ROBINS

368   Or esgardons leur destinee,
Par amours ; si nous embuissons
Tout troi derriere ces buissons,
Car je voeil Marion sekeure
372   Se vous le m'aidiés a reskeure.
Li cuers m'est un peu revenus.

MARIONS

Biau sire, traiés vous ensus
De moi ; si feré[s] grant savoir.

(43c)   LI CHEVALIERS

376   Demisele, non ferai, voir !
Ains vous en menrai aveuc moi
Et si arés je sai bien coi.
Ne soiiés envers moi si fiere.
380   Prendés cest oisel de riviere
Que j'ai pris. Si en mengeras.

MARIONS

J'ai plus chier mon froumage cras
Et men pain et mes bonnes poumes
384   Que vostre oisel atout les plumes.
Ne de rien ne me poés plaire !

LI CHEVALIERS

Qu'est che ? Ne porrai je dont faire
Chose qui te viengne a talent ?

MARIONS

388   Sire, sachiés certainement
Que nenil. Riens ne vous i vaut !

LI CHEVALIERS

Bergerete, et Diex vous consaut !

---

390. Bergiere] *Aix*

BAUDOUIN

Si j'étais arrivé à temps,
Il y aurait eu une belle bataille.

ROBIN

Regardons donc ce qu'ils deviennent,
S'il vous plaît ; et embusquons-nous
Tous les trois derrière ces buissons :
Je veux secourir Marion
Si vous m'aidez à l'arracher au chevalier.
J'ai repris un peu courage.

MARION

Messire, écartez-vous
De moi, vous ferez bien.

LE CHEVALIER

Mademoiselle, il n'en est pas question !
Mais je vous emmènerai avec moi
Et vous aurez je sais bien quoi.
Ne faites pas tant la fière avec moi.
Prenez ce gibier d'eau
Que j'ai attrapé. Tu en mangeras.

MARION

J'aime mieux mon fromage gras
Et mon pain et mes bonnes pommes
Que votre oiseau avec toutes ses plumes.
Et il n'y a rien qui me plaise chez vous !

LE CHEVALIER

Quoi ? Ne pourrai-je donc rien faire
Qui satisfasse tes désirs ?

MARION

Messire, soyez sûr et certain
Que non. Vous aurez beau faire !

LE CHEVALIER

Petite bergère, que Dieu vous assiste donc !

Certes, voirement sui je beste
392   Quant a ceste beste m'areste!
Adieu, bergiere.

MARIONS

              Adieu, biau sire.
Lasse! Or est Robins en grant ire,
Car bien me cuide avoir perdue.

ROBINS

Hou! hou!

MARIONS

396   Dieus! c'est il qui la hue!
Robin, dous amis, comment vait?

ROBINS

Marote, je sui de bon hait
Et garis puis que je te voi!

MARIONS

400   Vien donques cha! Acole moi.

(43d)   ROBINS

Volentiers, suer, puis qu'il t'est bel.

MARIONS

Esgarde de cest sosterel
Qui me baise devant le gent!

BAUDONS

404   Marot, nous sommes si parent,
Onques ne vous doutés de nous.

MARIONS

Je ne le di mie pour vous,
Mais il par est si soteriaus
408   Qu'il en feroit devant tous chiaus
De no vile autretant comme ore.

Assurément, je suis vraiment bête
De perdre mon temps avec cette bête !
Adieu, bergère !

MARION

                    Adieu, messire.
Malheureuse ! Robin doit être en fureur :
Il est persuadé de m'avoir perdue.

ROBIN

Hou ! Hou !

MARION

              Mon Dieu ! C'est lui qui appelle par là !
Robin, mon chéri, comment te sens-tu ?

ROBIN

Mariette, je suis en excellente santé,
Tout rétabli puisque je te vois !

MARION

Approche-toi donc ! Embrasse-moi.

ROBIN

De bon cœur, chérie, puisque tu le veux.

MARION

Regardez-moi le benêt
Qui me bécote devant le monde !

BAUDOUIN

Mariette, nous sommes ses parents,
Ne vous inquiétez pas pour nous.

MARION

Je ne parle pas pour vous,
Mais il est si benêt
Que devant tous ceux de notre village
Il n'agirait pas autrement que maintenant.

ROBINS

Et qui s'en tenroit?

MARIONS

                    Et encore !
Esgarde comme est reveleus !

ROBINS

412   Diex, con je seroie ja preus
Se li chevaliers revenoit !

MARIONS

Voirement, Robin ? Que che doit
Que tu ne ses par quel engien
416   Je m'escapai ?

ROBINS

                    Je le soi bien.
Nous veïsmes tout ton couvin.
Demandes Baudon, men cousin,
Et Gautier, quant t'en vi partir,
420   S'il orent en moi que tenir !
Trois fois leur escapai tous deus.

GAUTIERS

Robin, tu ies trop corageus !
Mais quant li cose est bien alee,
424   De legier doit estre ouvliee
Ne nus ne le doit point reprendre.

(44a)   BAUDONS

Il nous couvient Huart atendre
Et Peronnele qui venront.
Ou ! Ves les chi !

GAUTIERS

428   Voirement sont.
Di, Huart, as tu te chievrete ?

---

421. t. .II.

ROBIN

Et qui s'en retiendrait?

MARION

Encore!
Regardez-moi comme il est entreprenant!

ROBIN

Mon Dieu! Comme je serais courageux
Si le chevalier revenait!

MARION

Vraiment, Robin? Qu'est-ce que ça veut dire
Que tu ne saches pas par quelle astuce
Je me suis échappée?

ROBIN

Je l'ai parfaitement su.
Nous avons vu tout ton manège.
Demande à mon cousin Baudouin
Et à Gautier, quand je t'ai vue partir,
S'ils n'ont pas eu du mal à me retenir!
Je leur ai échappé trois fois, à tous les deux.

GAUTIER

Robin, tu es très courageux!
Mais, puisque l'affaire s'est bien terminée,
Il faut l'oublier bien vite
Et personne ne doit plus en parler.

BAUDOUIN

Il nous faut attendre Huard
Et Péronnelle qui vont arriver.
Oh! Les voici!

GAUTIER

Ce sont bien eux.
Dis, Huard, as-tu ta cornemuse?

HUARS

Oïl !

MARIONS

    Bien viegnes tu, Perrete !

PERONNELE

Marote, Dieus te beneïe !

MARIONS

432   Tu as esté trop souhaidie.
Or est il bien tans de canter !

LI COMPAIGNIE

Aveuc tele compaignie
Doit on bien joie mener.

BAUDONS

436   Somme[s] nous ore tout venu ?

HUARS

Oïl.

MARIONS

    Or pourpensons un ju.

HUARS

Veus tu as Roys et as Roïnes ?

MARIONS

Mais des jeus c'on fait as estrines
440   Entour le veille du Noël ?

HUARS

A saint Coisne ?

BAUDONS

            Je ne voeil el.

_____
437. jeu

HUARD

Oui !

MARION

Bienvenue, Pierrette !

PERONNELLE

Mariette, Dieu te bénisse !

MARION

Tu t'es bien fait désirer.
Il est grand temps de chanter !

TOUS ENSEMBLE

En telle compagnie
Il fait bon s'amuser.

BAUDOUIN

Est-ce que nous sommes tous là ?

HUARD

Oui.

MARION

Réfléchissons à un jeu.

HUARD

Veux-tu jouer aux Rois et aux Reines ?

MARION

Plutôt à des jeux qu'on fait pour les étrennes
Aux alentours de la veillée de Noël ?

HUARD

A saint Côme ?

BAUDOUIN

Je ne demande pas mieux.

MARIONS

C'est vilains jeus : on i cunkie.

HUARS

Marote, si ne riés mie !

MARIONS

444   (44b) Et qui le nous devisera ?

HUARS

Jou, trop bien. Quiconques rira
Quant il ira au saint offrir,
Ens ou lieu saint Coisne doit sir.
448   Et qui en puist avoir s'en ait !

GAUTIERS

Qui le sera ?

ROBINS

                    Jou !

BAUDONS

                         C'est bien fait.
Gautier, offrés premierement.

GAUTIERS

Tenés, saint Coisne, che present.
452   Et se vous en avés petit,
Tenés.

ROBINS

             Ou ! Il le doit ! Il rit !

GAUTIERS

Certes, c'est drois.

HUARS

                         Marote, or sus !

MARION

C'est un jeu déplaisant : on s'y moque des gens.

HUARD

Mariette, ne riez pas !

MARION

Et qui va nous l'expliquer ?

HUARD

Moi, très bien. Quiconque rira
Au moment où il fera son offrande au saint
Devra s'asseoir à la place de saint Côme.
Et que le meilleur gagne !

GAUTIER

Qui sera le saint ?

ROBIN

   Moi !

BAUDOUIN

    Parfait !
Gautier, faites votre offrande le premier.

GAUTIER

Tenez ce présent, saint Côme.
Et si vous n'en avez pas assez,
Tenez encore.

ROBIN

   Oh ! A son tour ! Il rit !

GAUTIER

D'accord, c'est juste.

HUARD

    Mariette ! Debout !

MAROTE

Qui le doit?

HUARS

　　　　　Gautiers li Testus.

MARIONS

456　　Tenés, saint Coisnes, biaus dous sire.

HUARS

Diex! Com ele se tient de rire!
Qui va aprés? Perrote, alés!

PERONNELE

Biau sire saint Coisnes, tenés:
460　　Je vous aporte che present.

ROBINS

Tu te passes et bel et gent.
Or sus, Huart! et vous, Baudon!

BAUDONS

Tenés, saint Coisne, che biau don.

GAUTIERS

464　　Tu ris, ribaus! Dont tu le dois!

BAUDONS

(44c) Non fach! Huart, aprés!

HUARS

　　　　　　　　　Je vois.
Veschi deus mars.

LI ROIS

　　　　　Vous le devés!

---

465. *la rubrique* HUARS *est après* vois

MARION

A qui le tour?

HUARD

A Gautier Le Têtu.

MARION

Tenez, saint Côme, mon cher seigneur.

HUARD

Bon Dieu! Comme elle se retient de rire!
Qui y va après? Pierrette, allez-y!

PERONNELLE

Monseigneur saint Côme, tenez:
Je vous apporte ce présent.

ROBIN

Tu t'en tires très joliment.
Debout, Huard! et vous, Baudouin!

BAUDOUIN

Tenez, saint Côme, ce beau cadeau.

GAUTIER

Tu ris, vaurien! A ton tour donc!

BAUDOUIN

Non! Je ne ris pas. Huard, vas-y!

HUARD

J'y vais.
Voici deux marcs.

GAUTIER

A votre tour.

HUARS

Or tout coi ! Point ne vous levés,
468   Car encore n'ai je point ris.

GAUTIERS

Que ch'est, Huart ? Est chou estris ?
Tu veus toudis estre batus.
Mau soiiés vous ore venus !
472   Or le paiés tost sans dangier !

HUARS

Je le voil volentiers paier.

ROBINS

Tenés, sains Coisnes ! Est che pais ?

MARIONS

Ho ! Singneur, chis jeus est trop lais.
476   En est, Perrete ?

PERRONELE

           Il ne vaut nient.
Et sachiés que bien apartient
Que fachons autres festeletes.
Nous sommes chi .II. baisseletes
480   Et vous estes entre vous quatre.

GAUTIERS

Faisons un pet pour nous esbatre !
Je n'i voi si bon !

ROBINS

           Fi ! Gautier.
Savés si bel esbanoiier
484   Que devant Marote, m'amie,
Avés dit si grant vilenie ?
Dehait ait par mi le musel,
A cui il plaist ne il est bel !
488   Or ne vous aviegne jamais !

---

474. Coismes ; *var.* plais *P'Aix* — 480. .IIII.

HUARD

Hé ! doucement. Ne vous levez pas !
Je n'ai pas encore ri.

GAUTIER

Quoi ? Huard ! Une querelle ?
Tu cherches toujours à te faire battre.
Vous auriez mieux fait de ne pas venir !
Exécutez-vous vite sans discuter !

HUARD

Je veux bien le faire.

ROBIN

Tenez, saint Côme ! D'accord ?

MARION

Oh ! messieurs, ce jeu est vraiment déplaisant.
N'est-ce pas, Pierrette ?

PERONNELLE

                      Il n'a aucun intérêt.
C'est sûr, il faut que nous trouvions
D'autres amusements.
Nous sommes ici deux jeunes filles
Et vous autres, vous êtes quatre.

GAUTIER

Pétons pour nous amuser !
Je ne connais rien d'aussi bon !

ROBIN

                      Pouah ! Gautier.
Vous vous croyez drôle
Pour dire une horreur pareille
Devant mon amie Mariette ?
Au diable celui qui trouve ça
Amusant et plaisant !
Que cela ne vous arrive plus !

GAUTIERS

(44d) Je le lairai pour avoir pais.

BAUDONS

Or faisons un jeu.

HUARS

Quel vieus tu ?

BAUDONS

Je voeil o Gautier le Testu
492   Jouer as Rois et as Roïnes.
Et je ferai demandes fines
Se vous me volés faire roy.

HUARS

Nenil, sire, par saint Eloi !
496   Ains ira au nombre des mains !

GAUTIERS

Certes, tu dis bien, biaus compains.
Et chieus qui chiet en .x. soit rois !

HUARS

C'est bien de nous tous li otrois.
500   Or cha ! Metons nos mains ensanle.

BAUDONS

Sont eles bien ? Que vous en sanle ?
Li quiex commenchera ?

HUARS

Gautiers.

GAUTIER

Je commencherai volentiers.
504   Empreu !

HUARS

Et deus.

GAUTIER

J'y renonce pour être tranquille.

BAUDOUIN

Jouons donc à quelque chose.

HUARD

A quoi veux-tu?

BAUDOUIN

Je veux comme Gautier Le Têtu
Jouer aux Rois et aux Reines.
Et je poserai des questions subtiles
Si vous voulez bien me faire roi.

HUARD

Non! monsieur, par saint Eloi!
On comptera avec les mains.

GAUTIER

Assurément. Tu as raison, camarade.
Et celui qui tombera sur le dix sera roi.

HUARD

Nous sommes tous bien d'accord.
Allons! Mettons nos mains les unes sur les autres.

BAUDOUIN

Sont-elles bien mises? Qu'en pensez-vous?
Qui commencera?

HUARD

Gautier.

GAUTIER

Je commencerai avec plaisir.
Et d'un!

HUARD

Et deux.

ROBINS

> Et trois.

BAUDONS

> > Et quatre.

HUARS

Conte aprés, Marot, sans debatre.

MARIONS

506   Trop volentiers. Et .v.

PERONNELE

> > Et .vi.

GAUTIERS

Et .vii.

HUARS

> Et .viii.

ROBINS

> Et .ix.

BAUDONS

> Et .x.

508   (45a) Enhenc, biau seigneur, je sui rois !

GAUTIERS

Par le mere Dieu, chou est drois
Et nous tout, je cuit, le volons.

ROBINS

Levons le haut et couronnons.
Ho ! Bien est.

HUARS

512   Hé ! Perrete, or donne,
Par amours, en lieu de couronne
Au roi ton capel de festus.

ROBIN

Et trois.

BAUDOUIN

Et quatre.

HUARD

A toi de compter, Mariette, sans discuter.

MARION

Bien volontiers. Et cinq.

PERONNELLE

Et six.

GAUTIER

Et sept.

HUARD

Et huit.

ROBIN

Et neuf.

BAUDOUIN

Et dix.
Tiens, tiens ! messieurs, je suis roi !

GAUTIER

Par la mère de Dieu, c'est juste
Et nous le voulons tous, je crois.

ROBIN

Plaçons-le en hauteur et couronnons-le.
Oh ! C'est bien.

HUARD

Hé ! Pierrette, en guise
De couronne, je t'en prie, donne
Au roi ta coiffe de paille.

PERONNELE

Tenés, rois !

LI ROIS

              Gautiers li Testus,
516   Venés a court ! Tantost ! Venés !

GAUTIERS

Volentiers ! Sire, commandés
Tel cose que je puisse faire
Et qui ne soit a moi contraire :
520   Je le ferai tantost pour vous.

LI ROIS

Di moi, fu[s] tu onques jalous ?
Et puis s'apelerai Robin.

GAUTIERS

Oïl, sire, pour un mastin
524   Que j'oïs hurter l'autre fie
A l'uis de le cambre m'amie :
Si en soupechonnai un home.

LI ROIS

Or sus, Robin !

ROBINS

             Rois, walecomme !
528   Demande moi che qu'il te plaist.

LI ROIS

Robin, quant une beste naist,
A coi ses tu qu'ele est femele ?

ROBINS

(45b) Ceste demande est bonne et bele !

LI ROIS

532   Dont i respon !

PERONNELLE

Tenez, roi !

BAUDOUIN

Gautier Le Têtu,
Venez devant la cour ! Vite ! Venez !

GAUTIER

Volontiers ! Messire, demandez-moi
Une chose que je puisse faire
Et qui ne soit pas à mon détriment :
Je la ferai tout de suite pour vous.

BAUDOUIN

Dis-moi, as-tu été un jour jaloux ?
Ensuite, j'appellerai Robin.

GAUTIER

Oui, messire, à cause d'un chien
Que, l'autre jour, j'ai entendu se heurter
A la porte de la chambre de ma maîtresse :
Je l'ai pris pour un homme.

BAUDOUIN

Debout, Robin !

ROBIN

Roi, welcome !
Demande-moi ce qu'il te plaît.

BAUDOUIN

Robin, quand une bête naît,
A quoi sais-tu que c'est une femelle ?

ROBIN

La bonne, la belle demande que voilà !

BAUDOUIN

Réponds-y donc !

ROBINS

Non ferai, voir !
Mais se vous le volés savoir,
Sire rois, au cul li wardés.
El de mi vous n'en porterés.
536 Me cuidiés vous chi faire honte ?

MARIONS

Il a droit, voir !

LI ROIS

A vous, k'en monte ?

MARIONS

Si fait, car li demande est laide !

LI ROIS

Marot, et je voeil qu'il souhaide
540 Son voloir.

ROBINS

Je n'os, sire.

LI ROIS

Non ?
Va, s'acole dont Marion
Si douchement que il li plaise.

MARIONS

Awar dou sot s'il ne me baise !

ROBINS

544 Certes, non fac !

MARIONS

Vous en mentés !
Encore i pert il : esgardés !
Je cuit que mors m'a ou visage.

_____

537. A vo a vous ken m.

ROBIN

Non, non, pas du tout !
Mais si vous voulez le savoir,
Messire le roi, regardez à son cul.
Vous ne tirerez rien d'autre de moi.
Croyez-vous me ridiculiser ?

MARION

Il a raison, assurément.

BAUDOUIN

Vous, ça vous regarde ?

MARION

Bien sûr, car la demande est déplaisante.

BAUDOUIN

Mariette, je veux encore qu'il exprime
Ce qu'il souhaite.

ROBIN

Je n'ose pas, messire.

BAUDOUIN

Non ?
Va, embrasse donc Marion
Avec tant de douceur que ça lui plaise.

MARION

Regardez-moi le sot comme il me bécote !

ROBIN

Mais non, pas du tout !

MARION

Menteur !
Ça se voit encore : regardez !
Je crois bien qu'il m'a mordue à la joue.

ROBINS

548
Je cuidai tenir un froumage,
Si te senti je tenre et mole !
Vien avant, seur, et si m'acole
Par pais faisant.

MARIONS

       Va, dyable, sos !
Tu poises autant comme un blos.

ROBINS

552
Or, de par Dieu !

(45c)   MARIONS

       Vous vous courchiés !
Venés cha, si vous rapaisiés,
Biau sire, et je ne dirai plus.
N'en soiés honteus ne confus.

LI ROIS

556
Venés a court, Huart ! Venés !

HUARS

Je vois puis que vous le volés.

LI ROIS

Or di, Huart, si t'aït Diex,
Quel viande tu aimes miex.
560
Je sai bien se voir me diras.

HUARS

Bon fons de porc pesant et cras,
A le fort aillie de nois.
Certes, j'en mengai l'autre fois
564
Tant que j'en euch le menison.

BAUDONS

Hé ! Dieu, con faite venison !
Huars n'en diroit autre cose.

ROBIN

J'ai cru que je tenais un fromage,
Tant je te sentais tendre et grasse !
Approche-toi, chérie, et embrasse-moi
Pour faire la paix.

MARION

                    Va, diable, bêta !
Tu es aussi lourd qu'un bloc.

ROBIN

Allons, pour l'amour de Dieu !

MARION

                              Vous vous fâchez ?
Approchez et calmez-vous,
Cher monsieur, et je n'en dirai pas plus.
Il n'y a pas de quoi avoir honte.

BAUDOUIN

Venez devant la cour, Huard ! Venez !

HUARD

J'arrive puisque vous le voulez.

BAUDOUIN

Dis-moi, Huard, en toute honnêteté,
Ce que tu préfères manger.
Je saurai bien si tu me dis la vérité.

HUARD

Un bon derrière de porc lourd et gras
Avec une purée d'ail et de noix.
C'est sûr, j'en ai tant mangé l'autre jour
Que j'en ai eu la colique.

BAUDOUIN

Hé ! Bon Dieu, quelle venaison !
Huard est incapable de parler d'autre chose.

HUARS

Perrete, alés a court !

PERRETE

Je n'ose.

BAUDONS

568   Si feras, si ! Perrete, or di,
Par cele foi que tu dois mi,
Le plus grant joie c'ainc eüsses
D'amours, en quel lieu que tu fusses.
572   Or di, et je t'escouterai.

PERRETE

Sire, volentiers le dirai.
Par foi, chou est quant mes amis
Qui en moi cuer et cors a mis
576   Tient a moi as cans compaignie
(45d) Les mes brebis sans vilenie,
Pluseurs fois menu et souvent.

BAUDONS

Sans plus ?

PERRETE

Voire, voir.

HUARS

Ele ment !

BAUDONS

580   Par le saint Dieu, je t'en croi bien !
Marote, or sus ! vien a court, vien !

MAROTE

Faites moi dont demande bele.

BAUDONS

Volentiers ! Di moi, Marotele,
584   Combien tu aimes Robinet,

HUARD

Pierrette, allez devant la cour !

PERONNELLE

Je n'ose pas.

BAUDOUIN

Si, si ! Pierrette, dis-moi donc,
Et tu me dois la vérité,
Quel est le plus grand plaisir d'amour
Que tu aies eu, où que ce fût.
Dis-le-moi donc, je t'écoute.

PERONNELLE

Messire, je le dirai bien volontiers.
Je le jure, c'est quand mon ami
Qui m'a donné son cœur et son corps
Me tient compagnie dans les champs
Auprès de mes brebis, en tout bien tout honneur,
Aussi souvent que possible.

BAUDOUIN

C'est tout ?

PERONNELLE

Oui, oui.

HUARD

Menteuse !

BAUDOUIN

Pardi ! Je te crois bien !
Mariette, debout ! Viens devant la cour, viens !

MARION

Faites-moi donc une jolie demande ?

BAUDOUIN

Volontiers ! Dis-moi, petite Marion,
Combien tu aimes le petit Robin,

Men cousin, che joli varlet.
Honnie soit qui mentira !

MARIONS

588
Par foi, je n'en mentirai ja !
Je l'aim, sire, d'amour si vraie
Que je n'aim tant brebis que j'aie,
Nis cheli qui a aignelé !

BAUDONS

592
Par le saint Dieu, c'est bien amé !
Je voeil qu'il soit de tous seü.

GAUTIERS

Marote, il t'est trop meskeü !
Li leus emporte une brebis !

MAROTE

596
Robin ! Ceur i tost, dous amis,
Anchois que li leus le mengüe.

ROBINS

Gautier ! Prestés moi vo machue ;
Si verrés ja bacheler preu.
Hareu ! le leu, le leu, le leu !
600
Sui je li plus caitis qui vive ?
Tien, Marote !

MAROTE

                    (46a) Lasse ! caitive !
Comme elle revient dolereuse !

ROBINS

Mais esgar comme ele est croteuse !

MARIONS

604
Et comment tiens tu chele beste !
Ele a le cul devers le teste !

596-97. MAROTE

Mon cousin, ce joyeux garçon.
Honte à toi si tu mens !

MARION

Je le jure, je ne mentirai pas !
Je l'aime, messire, d'un amour si vrai
Que je n'aime autant aucune de mes brebis,
Pas même celle qui vient d'avoir un agneau !

BAUDOUIN

Pardi ! Ça, c'est être aimé !
Je veux que tout le monde le sache.

GAUTIER

Mariette, il t'arrive un grand malheur !
Le loup emporte une brebis !

MARION

Robin ! Cours vite après, mon chéri,
Avant que le loup ne la mange.

ROBIN

Gautier ! Prête-moi ton gourdin ;
Vous allez voir un sacré gaillard en action.
Alerte ! Au loup, au loup, au loup !
Est-ce que je suis le pire drôle qui soit ?
Tiens, Mariette !

MARION

        Hélas ! la pauvre !
Comme elle revient mal en point !

ROBIN

Regarde plutôt comme elle est crottée !

MARION

Mais comment tiens-tu cette bête !
Elle a le cul à la place de la tête !

ROBINS

Ne puet caloir ! Che fu de haste
Quant je le pris. Marote, or taste
608   Par ou li leus l'avoit aierse.

GAUTIERS

Mais esgar comme ele est chi perse !

MARIONS

Gautier ! Que vous estes vilains !

ROBINS

Marote, tenés l'en vos mains,
612   Mais wardés bien que ne vous morde !

MAROTE

Non ferai, car ele est trop orde !
Mais laissié[s] l'aler pasturer.

BAUDONS

Ses tu de quoi je voeil parler,
616   Robin ? Se tu aimes autant
Marotain com tu fais sanlant,
Certes, je le te loeroie
A prendre, se Gautiers l'otroie.

GAUTIERS

620   Jou l'otri.

ROBINS

          Et jou le voeil bien.

BAUDONS

Pren le dont.

ROBINS

          Cha ! Est che tout mien ?

---

611. le e. — 614. le a.

ROBIN

Ça ne fait rien ! C'est parce que j'étais pressé
De la reprendre. Mariette, tâte un peu par là :
C'est l'endroit où le loup l'avait saisie.

GAUTIER

Regarde plutôt comme elle est bleue, ici !

MARION

Gautier ! Comme vous êtes mal élevé !

ROBIN

Mariette, tenez-la dans vos bras,
Mais faites attention, qu'elle ne vous morde pas !

MARION

Non, non ! Elle est trop sale !
Mais laissez-la aller brouter.

BAUDOUIN

Tu sais de quoi j'ai envie de parler,
Robin ? Si tu aimes autant
Mariette que tu en as l'air,
Assurément, je te conseillerais
De l'épouser, si Gautier est d'accord.

GAUTIER

Je suis d'accord.

ROBIN

        Et moi, je le veux bien.

BAUDOUIN

Epouse-la donc.

ROBIN

        Par ici ! Tout ça est à moi ?

BAUDONS

Oïl, nus ne t'en fera tort.

(46b)   MAROTE

Hé, Robin! Que tu m'estrains fort!
624   Ne ses tu faire belement?

BAUDONS

C'est grans merveille qu'il ne prent
De ches deus gens Perrete envie.

PERRETE

Cui? Moi? Je n'en sai nul en vie
628   Qui jamais eüst de moi cure.

BAUDONS

Si aroit, si, par aventure,
Se tu l'osoies assaier.

PERRETE

Ba! Cui?

BAUDONS

            A moi ou a Gautier!

HUARS

632   Mais a moi, tres douche Perrete.

GAUTIERS

Voire, sire! Pour vo musete?
Tu n'as ou monde plus vaillant!
Mais j'ai au mains ronchi traiant,
636   Bons harnas et herche et carue.
Et si sui sires de no rue,
S'ai houche et sercot tout d'un drap.
Et s'a me mere un bon hanap
640   Qui m'escherra, s'elle moroit,
Et une rente c'on li doit
De grain seur un molin a vent,

_____

632. Perrote

BAUDOUIN

Oui, personne ne te le contestera.

MARION

Hé, Robin! Comme tu me serres fort!
Ne peux-tu pas faire les choses gentiment?

BAUDOUIN

Je suis bien étonné que ces deux-là
Ne fassent pas envie à Pierrette.

PERONNELLE

A qui? A moi? Je ne connais personne
Qui se soit jamais intéressé à moi.

BAUDOUIN

Si, si! Peut-être bien que si,
Si tu osais en tâter.

PERONNELLE

Bah! Avec qui?

BAUDOUIN

Avec moi ou Gautier!

HUARD

Ou plutôt, avec moi, ma chère Pierrette.

GAUTIER

Vraiment, monsieur! A cause de votre cornemuse?
C'est tout ce que tu as de plus précieux!
Mais moi, j'ai au moins un cheval de trait,
De bons harnais et une herse et une charrue.
Et puis je suis le premier de notre rue,
Puis j'ai une housse et une cape du même drap.
Et puis ma mère a un bon gobelet
Qui me reviendra, à sa mort,
Et une rente de grain
Qu'on lui doit sur un moulin à vent,

Et une vake qui nous rent
644   Le jour assés lait et froumage.
N'a il en moi bon mariage?
Dites, Perrete?

PERRETE

Oïl, Gautier.
Mais je n'oseroie acointier
648   Nului pour mon frere Guiot,
(46c) Car vous et il estes doi sot :
S'en porroit tost venir bataille.

GAUTIERS

Se tu ne me veus, ne m'en caille!
652   Entendons a ces autres noches!

HUARS

Di moi, c'as tu chi en ches boches?

PERONNELE

Il i a pain, sel et cresson.
Et tu? As tu rien, Marion?

MARIONS

656   Naie, voir, demande Robin!
Fors du froumage d'ui matin
Et du pain qui nous demoura
Et des poumes qu'il m'aporta.
660   Ves en chi, se vous en volés.

GAUTIERS

Et qui veut deus gambons salés?

HUARS

Ou sont il?

GAUTIERS

Ves les chi tous pres.

---

649. li

Et une vache qui nous donne
Beaucoup de lait et de fromage chaque jour.
Ne suis-je pas un bon parti ?
Dites, Pierrette ?

PERONNELLE

       Oui, Gautier.
Mais je n'oserais pas fréquenter
Quelqu'un à cause de mon frère Guiot.
Vous et lui, vous êtes deux sots
Et vous en viendriez vite aux mains.

GAUTIER

Si tu ne veux pas de moi, tant pis !
Occupons-nous de ces autres noces !

HUARD

Dis-moi, qu'as-tu ici, dans ces bosses ?

PERONNELLE

Il y a du pain, du sel et du cresson.
Et toi ? As-tu quelque chose, Marion ?

MARION

Non, non ! Demande à Robin !
Rien que du fromage et du pain
Qu'il nous reste de ce matin
Et des pommes qu'il m'avait apportées.
Si vous en voulez, en voici !

GAUTIER

Et qui veut deux jambons salés ?

HUARD

Où sont-ils ?

GAUTIER

      Les voici tout près.

PERONNELE

Et jou ai deus froumages fres.

HUARS

664   Di, de quoi sont il ?

PERONNELE

De brebis.

ROBINS

Segneur, et j'ai des pois rotis.

HUARS

Quides tu par tant estre quites ?

ROBINS

Naie ! Encor ai jou poumes quites.
668   Marion, en veus tu avoir ?

MARIONS

Nient plus ?

[ROBINS]

Si ai.

MARIONS

(46d) Di me dont, voir,
Que chou est que tu m'as wardé.

ROBINS

J'ai encore un tel pasté,
672   *Qui n'est mie de lasté,*
Que nous mengerons, Marote,
Bec a bec, et moi et vous.
Chi me ratendés, Marote,
676   *Chi venrai parler a vous.*
Marote, veus tu plus de mi ?

MARIONS

Oie, en non Dieu !

_____

678. Oïl] *P'*

PERONNELLE

Et moi, j'ai deux fromages frais.

HUARD

Dis, de quoi sont-ils?

PERONNELLE

De brebis.

ROBIN

Et moi, messieurs, j'ai des pois rôtis.

HUARD

Tu t'imagines être quitte avec ça?

ROBIN

Non! J'ai encore des pommes cuites.
Marion, veux-tu en avoir?

MARION

Rien de plus?

ROBIN

Si!

MARION

Eh bien! dis-moi donc
Ce que c'est que tu m'as gardé.

ROBIN

*J'ai encore un bon pâté
Qui est de toute beauté
Que nous mangerons, Mariette,
Bec à bec, et toi et moi.
Attends-moi ici, Mariette,
J'y viendrai parler à toi.*
Mariette, veux-tu davantage de moi?

MARION

Oui, pour l'amour de Dieu!

ROBINS

Et jou te di
Que jou ai un tel capon,
680   *Qui a gros et cras crepon,*
Que nous mengerons, Marote,
Bec a bec, et moi et vous.
Chi me ratendés, Marote,
684   *Chi venrai parler a vous.*

MAROTE

Robin, revien dont tost a nous !

ROBINS

(47a) Ma douche amie, volentiers.
Et vous, mengiés endementiers
688   Que g'irai, si ferés que sage.

MARIONS

Robin, nous feriemmes outrage.
Saches que je te weil atendre.

ROBINS

Non feras, mais fai chi estendre
692   Ten jupel en lieu de touaille,
Et si metés sus vo vitaille,
Car je revenrai maintenant.

(47d)   MARIONS

Met ten jupel, Perrete, avant :
696   Aussi est il plus blans du mien.

PERONNELE

Certes, Marot, je le voeil bien
Puis que vo volentés i est.
Tenés, veés le chi tout prest.
700   Estendé[s] l'ou vous le volés.

HUARS

Or cha, biau segnieur, aportés,
S'il vous plaist, vo viande cha.

---

694. C. j. r. certes lues] *P'* ; *W interpole ici 70 vers* — 700. le o.

ROBIN

Et moi, je te dis
Que j'ai un très bon chapon,
Qui a gros et gras croupion,
Que nous mangerons, Mariette,
Bec à bec, et toi et moi.
Attends-moi ici, Mariette,
J'y viendrai parler à toi.

MARION

Robin, reviens vite nous retrouver !

ROBIN

Ma chérie, avec plaisir.
Et vous, mangez pendant
Que j'irai ; vous ferez bien.

MARION

Robin, ce ne serait pas poli de notre part.
Sois bien sûr que je veux t'attendre.

ROBIN

Non. Mais plutôt, étends ici
Ta casaque en guise de nappe,
Et mettez dessus vos victuailles,
Je reviens dans un instant.

MARION

Passe-moi ta casaque, Pierrette :
Elle est plus blanche que la mienne.

PERONNELLE

Oui, Mariette, je le veux bien
Puisque vous le désirez.
Tenez, elle est à votre disposition.
Etendez-la où vous le voulez.

HUARD

Allons, messieurs, apportez
Vos vivres ici, s'il vous plaît.

PERONNELE

704 Esgar, Marote ! Je voi la,
Che me samble, Robin venant.

MARIONS

C'est mon. Et si vient tout balant !
Que te sanle ? Est il bons caitis ?

PERONNELE

708 Certes, Marot, il est faitis
Et de faire vo gré se paine.

(48a) MARIONS

Awar les corneurs qu'il amaine !

HUARS

Ou sont il ?

GAUTIERS

Vois tu ches varlés
Qui la tienent ches .II. cornés ?

HUARS

712 Par le saint Dieu, je les voi bien.

ROBINS

Marote, je sui venus. Tien !
Or di, m'aimes tu de bon cuer ?

MARIONS

Oïl, voir.

ROBINS

Tres grant merchis, suer,
716 De che que tu ne t'en escuses.

MARIONS

Hé ! Que sont che la ?

PERONNELLE

Regarde, Mariette ! Je vois là-bas
Robin qui revient, je crois.

MARION

Exact ! Et il arrive en gambadant !
Qu'en penses-tu ? N'est-ce pas un bon drôle ?

PERONNELLE

Assurément, Mariette. Il est aimable
Et il se donne du mal pour vous plaire.

MARION

Regarde les sonneurs qu'il ramène !

HUARD

Où sont-ils ?

GAUTIER

   Ne vois-tu pas ces garçons
Qui tiennent ces deux cors là-bas ?

HUARD

Pardi ! je les vois bien.

ROBIN

Mariette, j'arrive. Tiens !
Dis-moi, tu m'aimes du fond du cœur ?

MARION

Oui, bien sûr.

ROBIN

   Merci, chérie, c'est vraiment
Gentil de ne pas t'en défendre.

MARION

Hé ! Qu'est-ce que c'est que ça ?

ROBINS

                    Che sont muses
Que je pris a chele vilete.
Tien ! Esgar con bele cosete !

(48b)   MARIONS

720   Robin, par amours, sié te cha
Et chil compaignon se[r]ront la.

ROBINS

Volentiers, bele amie chiere.

MARIONS

Or faisons trestout bele chiere.
724   Tien che morsel, biaus amis dous.
Hé ! Gautier, a quoi pensés vous ?

GAUTIERS

Certes, je pensoie a Robin,
Car se nous ne fuissons cousin,
728   Je t'eüsse amee, sans faille.
Car tu es de trop bonne taille.
Baudon, esgar quel cors chi a !

ROBINS

Gautier ! Ostés vo main de la !
732   Et n'est che mie vo amie !

GAUTIERS

En es tu ja en jalousie ?

ROBINS

Oïl, voir !

MARIONS

                    Robins, ne te doute.

ROBINS

Encore voi je qu'il te boute !

---

719. *Après ce vers W interpole 18 vers* — 720. Par amours et si te sié cha] *P'*

ROBIN

                              Des cornemuses
Que j'ai prises au village.
Tiens ! Regarde quelle jolie petite chose !

MARION

Robin, je t'en prie, assieds-toi près de moi
Et nos camarades s'assiéront là.

ROBIN

Avec plaisir, ma petite chérie.

MARION

Et maintenant, bon appétit à tous.
Tiens ce morceau, mon petit chéri.
Hé ! Gautier, à quoi pensez-vous ?

GAUTIER

Ma foi, je pensais à Robin,
Car si nous n'avions pas été cousins,
J'aurais été amoureux de toi, c'est sûr.
Car tu as une bien jolie taille.
Baudouin, regarde-moi ce corps !

ROBIN

Gautier ! Otez votre main de là !
Ce n'est quand même pas votre amie !

GAUTIER

Serais-tu déjà jaloux ?

ROBIN

Bien sûr que oui !

MARION

                    Robin, n'aie pas peur.

ROBIN

Pourtant je vois bien qu'il te bouscule !

(48c)   MARIONS

736   Gautier, par amours, tenés cois.
             Je n'ai cure de vo gabois,
             Mais attendés a nostre feste.

             GAUTIERS

             Je sai trop bien canter de geste.
740   Me volés vous oïr canter?

             BAUDONS

             Oïl.

             GAUTIERS

                  Fai moi dont escouter.
             Audigier, dist Raimberge, bouse vous di.

             ROBINS

             Ho! Gautier, je n'en voeil plus! Fi!
744   Dites, serés vous tous jours teus?
             Vous estes uns ors menestreus!

             GAUTIERS

             En mal[e] eure gabe chis sos
             Qui me va blamant mes biaus mos!
748   N'est che mie bonne canchons?

             ROBINS

             Nennil, voir!

             PERRETE

                  Par amours, faisons
             Le tresque, et Robins le menra
             S'il veut, et Huars musera,
752   Et chil doi autre corneront.

             MARIONS

             Or ostons tost ches coses dont!
             Par amour, Robin, or le maine!

             ROBINS

             Hé! Dieus, que tu me fais de paine!

MARION

Gautier, je vous en prie, restez tranquille.
Vos plaisanteries ne m'intéressent pas,
Occupez-vous plutôt de notre fête.

GAUTIER

Je suis un excellent chanteur de geste.
Voulez-vous m'entendre chanter ?

BAUDOUIN

Oui.

GAUTIER

 Ecoute-moi donc.
Audigier, dit Raimberge, je vous dis merde.

ROBIN

Ho ! Gautier, ça me suffit ! Pouah !
Dites, allez-vous être toujours comme ça ?
Vous êtes un grossier personnage !

GAUTIER

Le diable emporte ce plaisantin imbécile
Qui critique mes belles paroles !
N'est-ce pas une bonne chanson ?

ROBIN

Ah ! non, vraiment !

PERONNELLE

 Je vous en prie, faisons
La farandole, et Robin la conduira
S'il veut bien, et Huard jouera de la cornemuse,
Et ces deux autres de leurs cors.

MARION

Enlevons donc vite ces affaires !
Je t'en prie, Robin, conduis-la !

ROBIN

Ah ! mon Dieu, que tu me fais travailler !

MARIONS

756   Or fai, dous amis ! Je t'acole.

(48d)   ROBINS

Et tu verras passer d'escole,
Pour chou que tu m'as acolé.
Mais nous arons anchois balé
760   Entre nous deus, qui bien balons.

MARIONS

Soit, puis qu'il te plaist ! Or alons,
Et si tien le main au costé.
Dieu, Robin ! Con c'est bien balé !

ROBINS

764   Est che bien balé, Marotele ?

MARIONS

Certes ! Tous li cuers me sautele
Que je te voi si bien baler !

ROBINS

Or voeil jou le treske mener.

MARIONS

768   Voire, pour Dieu, mes amis dous.

ROBINS

Or sus ! Biau segneur, levés vous.
Si vous tenés, g'irai devant.
Marote, preste moi ton gant,
772   S'irai de plus grant volenté.

PERONNELE

Dieu, Robin ! Que ch'est bien alé !
Tu dois de tous avoir le los.

ROBINS

Venés aprés moi, venés
776   *Le sentele, le sentele,*
Le sentele les le bos !

762-63. MARIONS

MARION

Fais-le, chéri ! Je t'embrasse.

ROBIN

Et tu vas me voir la conduire comme un maître,
Parce que tu m'as embrassé.
Mais avant, nous danserons
Tous les deux, nous qui dansons si bien.

MARION

Soit, puisque ça te plaît ! En avant
Et mets la main au côté.
Mon Dieu, Robin, la belle danse !

ROBIN

La belle danse, petite Marion ?

MARION

Sûrement ! Mon cœur bat drôlement vite
Quand je te vois danser si bien !

ROBIN

Et maintenant je veux conduire la farandole.

MARION

Oui, pour l'amour de Dieu, mon chéri.

ROBIN

Debout donc ! Messieurs, levez-vous.
Tenez-vous, je passerai devant.
Mariette, prête-moi ton gant,
Je conduirai avec plus d'ardeur.

PERONNELLE

Mon Dieu, Robin ! Comme tu conduis bien !
Tu mérites d'avoir les éloges de tous.

ROBIN

Venez derrière moi, venez
Par le sentier, le sentier,
Le sentier auprès du bois !

Li jus Adan

(49a) Segneur, savés pour quoi j'ai mon abit cangiet?
J'ai esté avoec feme, or revois au clergiet :
Si avertirai chou que j'ai piecha songiet.
4   Mais je voeil a vous tous avant prendre congiet.

Or ne porront pas dire aucun que j'ai antés
Que d'aler a Paris soie pour nient vantés.
Chascuns puet revenir, ja tant n'iert encantés ;
8   Aprés grant maladie ensieut bien grans santés !

D'autre part je n'ai mie chi men tans si perdu
Que je n'aie a amer loiaument entendu :
Encore pert il bien as tés quels li pos fu !
12   Si m'en vois a Paris.

RIKECE AURIS

Caitis, qu'i feras tu ?
(49b) Onques d'Arras bons clers n'issi,
Et tu le veus faire de ti !
Che seroit grans abusions.

ADANS

16   N'est mie Rikiers Amions
Bons clers et soutiex en sen livre ?

HANE LI MERCIERS

Oïl ! Pour .II. deniers le livre :
Je ne voi qu'il sache autre cose !

Titre : dans W le rubricateur a écrit Li dis Adan *et* ius *a été ajouté par la même main (?) au-dessus de* dis; *var.* Le jeu Adan le Boçu d'Arraz P", C'est li coumencemens du jeu Adan le Boçu *a*

Le Jeu d'Adam [ou Le Jeu de la Feuillée]

Savez-vous pourquoi j'ai, messieurs, changé d'habit ?
J'ai vécu en mariage, je retourne aux études :
Je vais réaliser un rêve très ancien.
Mais je veux de vous tous d'abord prendre congé.

Certains que j'ai hantés ne pourront donc pas dire
Que, d'aller à Paris, pour rien je me vantais.
Chacun peut se reprendre, pour envoûté qu'il fût ;
De grande maladie on vient bien à santé.

D'autre part, je n'ai pas ici perdu mon temps,
En toute loyauté j'ai bien servi Amour :
Les tessons montrent encore ce que valait le pot !
Je pars donc pour Paris.

RIQUIER AURI

        Mon pauvre, que vas-tu y faire ?
Jamais un savant n'est sorti d'Arras,
Et tu voudrais que ce soit ton cas !
C'est se faire des illusions.

ADAM

Riquier Amion n'est-il pas savant
Et habile à tenir son livre ?

HANE LE MERCIER

De compte ! oui. « Deux deniers la livre »,
Je ne vois pas qu'il sache autre chose !

20 Mais nus reprendre ne vous ose,
Tant avés vous muavle chief!

RIKIERS

Cuidiés vous qu'il venist a chief,
Biaus dous amis, de che qu'il dist?

ADANS

24 Chascuns mes paroles despist,
Che me sanle, et giete mout lonc!
Mais, puis que che vient au besoing
Et que par moi m'estuet aidier,
28 Sachiés, je n'ai mie si chier
Le sejour d'Arras ne le joie
Que l'aprendre laissier en doie.
Puis que Diex m'a donné engien,
32 Tans est que je l'atour a bien.
J'ai chi assés me bourse escouse.

GUILLOS LI PETIS

Que devenra dont li pagousse
Me commere, dame Maroie?

ADANS

36 Biaus sire, avoec men pere ert chi.

GUILLOS

Maistres, il n'ira mie ensi
S'ele se puet metre a le voie;
Car bien sai, s'onques le connui,
40 (49c) Que s'ele vous i savoit hui
Que demain iroit sans respit.

ADANS

Et savés vous que je ferai?
Pour li espanir meterai
44 De le moustarde seur men [vit]!

GUILLOS

Maistres, tout che ne vous vaut nient
Ne li cose a che point ne tient.
Ensi n'en poés vous aler,

Mais personne n'ose vous blâmer,
Tant vous êtes capricieux !

RIQUIER

Vous imaginez-vous, mon cher,
Qu'il pourrait réaliser ce qu'il a dit ?

ADAM

Chacun méprise mes propos,
C'est clair ; chacun s'en moque.
Mais puisqu'il le faut,
Puisque je ne dois compter que sur moi,
Sachez-le bien, je ne tiens pas assez
A l'oisiveté d'Arras et à ses plaisirs
Pour renoncer aux études.
Puisque Dieu m'a donné du talent,
Il est temps que j'en fasse bon usage.
J'ai suffisamment secoué ma bourse ici.

GUILLOT LE PETIT

Et que deviendra la payse,
Ma commère, dame Marie ?

ADAM

Cher monsieur, elle restera ici avec mon père.

GUILLOT

Maître, il n'en ira pas ainsi
Si elle peut faire le voyage.
Je sais bien, ou alors je ne la connais pas,
Que, si elle vous savait aujourd'hui à Paris,
Elle s'y rendrait dès demain sans attendre.

ADAM

Eh bien, savez-vous ce que je ferai ?
Pour la sevrer je mettrai
De la moutarde sur ma bite !

GUILLOT

Maître, ce n'est pas un argument
Et la question n'est pas là.
Vous ne pouvez pas partir comme ça.

48   Car puis que sainte Eglise apaire
            Deus gens, che n'est mie a refaire !
            Garde estuet prendre a l'engrener !

ADANS

            Par foi, tu dis adevinaille,
52   Aussi com par chi le me taille !
            Qui s'en fust wardés a l'emprendre ?
            Amours me prist en itel point
            Ou li amans .II. fois se point
56   S'il se veut contre li deffendre.
            Car pris fu ou premier boullon,
            Tout droit en le varde saison
            Et en l'aspreche de jouvent,
60   Ou li cose a plus grant saveur,
            Car nus n'i cache sen meilleur
            Fors chou qui li vient a talent.
            Esté faisoit bel et seri,
64   Douc et vert et cler et joli,
            Delitavle en chans d'oiseillons,
            En haut bos pres de fontenele
            Courans seur maillie gravele.
68   Adont me vint avisions
            De cheli que j'ai a feme ore,
            Qui or me sanle pale et sore.
            [Adont estoit blanke et vermeille],
72   (49d) Rians, amoureuse et deugie.
            Or le voi crasse, mautaillie,
            Triste et tenchans.

RIKIERS

                            C'est grans merveille !
            Voirement estes vous muavles,
76   Quant faitures si delitavles
            Avés si briement ouvliees.
            Bien sai pour coi estes saous.

ADANS

            Pour coi ?

───────────────

51. *Var.* cil (cis) dist par devinaille *P"a* — 71. *omis dans* W, *suppléé par* a ; *var.*
Qu'ele estoit donc blanche et vermeille *P"*

Quand la sainte Eglise unit
Un couple, c'est irrévocable !
Il faut regarder à quoi on s'engage !

ADAM

Pardi, tu parles tout à ton aise,
Les conseilleurs ne sont pas les payeurs !
Qui y aurait regardé au début ?
L'amour m'a pris à l'âge
Où l'amoureux se blesse deux fois
S'il veut se défendre contre lui.
Car j'ai été pris dans la première
Effervescence de la jeunesse,
Juste en son printemps, dans sa verdeur,
Quand la chose a le plus de saveur,
Car personne ne cherche alors son véritable
Intérêt, mais rien que son plaisir.
Il faisait un été superbe et serein,
Doux, verdoyant, clair, plein de joie,
Que les chants des oiseaux rendaient délicieux,
Au fond d'un bois, près d'une source
Qui courait sur les mailles du sable.
C'est alors que je vis — la belle apparition —
Celle que j'ai maintenant pour femme
Mais qui me semble livide, jaunâtre.
Alors elle était blanche et rose,
Rieuse, aimable et svelte.
Et je la vois tout empâtée, mal bâtie,
Grise et grondeuse.

RIQUIER

           C'est un vrai prodige !
Décidément, vous êtes capricieux
Pour avoir oublié si vite
Des traits si délectables.
Je sais bien pourquoi vous êtes rassasié.

ADAM

Pourquoi ?

RIKIERS

<blockquote>
Ele a fait envers vous
</blockquote>

80   Trop grant marchié de ses denrees.

ADANS

Ha ! Riquier, a che ne tient point !
Mais Amours si le gent enoint
Et chascune grasse enlumine
84   En fame et fait sanler si grande
Si c'on cuide d'une truande
Bien que che soit une roïne !
Si crin sanloient reluisant
88   D'or, roit et crespe et fremiant ;
Or sont keü, noir et pendic.
Tout me sanle ore en li mué.
Ele avoit front bien compassé,
92   Blanc, omni, large fenestric ;
Or le voi cresté et estroit.
Les sourchiex par sanlant avoit
Enarcant, soutiex et ligniés
96   D'un brun poil pourtrait de pinchel
Pour le resgart faire plus bel ;
Or les voi espars et drechiés
Con s'il voellent voler en l'air.
100   Si noir oeil me sanloient vair,
(50a) Sec et fendu, prest d'acaintier,
Gros desous deliés fauchiaus
A deus petis plocons jumiaus
104   Ouvrans et cloans a dangier
En regars simples, amoureus.
Puis si descendoit entre deus
Li tuiaus du nés bel et droit,
108   Compassé par art de mesure,
Qui li donnoit fourme et figure,
Et de gaieté souspiroit.
Entour avoit blanche maissele
112   Faisans au rire .II. foisseles
Un peu nuees de vermeil,
Parans desous le cuevrekief.
Ne Diex ne venist mie a chief
116   De faire un viaire pareil
Que li siens, adont me sanloit.

---

81. *Var.* Trop (Tproutp) Richece *P''a* — 100 vais — 108-109. *intervertis dans* W
— 115. chiest

RIQUIER

     Elle a été trop prodigue
De sa marchandise envers vous.

ADAM

Ah ! Riquier, il ne s'agit pas de ça.
Mais l'amour flatte tant les gens,
Il illumine chaque grâce
De la femme et la fait sembler si grande
Qu'on en vient à prendre
Une gueuse pour une reine !
Ses cheveux me semblaient brillants
Comme l'or, épais, bouclés, chatoyants ;
Les voici clairsemés, ternes et plats.
Maintenant tout me semble changé en elle.
Elle avait le front bien proportionné,
Blanc, lisse, largement découvert ;
Je le vois ridé et étroit.
Elle avait, me semblait-il, les sourcils
Arqués, fins et bien alignés,
D'un poil brun dessiné au pinceau
Pour rendre plus beau le regard ;
Je les vois ébouriffés et hérissés
Comme s'ils voulaient s'envoler.
Ses yeux ternes me semblaient pleins d'éclat,
Nets et fendus, prêts à lier connaissance,
Grands sous les fines paupières
Aux deux petites claies jumelles
Qui ouvraient et fermaient à volonté
Sur des regards francs et aimables.
Puis entre les deux yeux descendait
Joliment et tout droit l'arête du nez,
Mesurée comme par un géomètre,
Qui donnait forme et équilibre
Au nez frémissant de gaieté.
De part et d'autre des joues blanches,
Un peu teintées de rose,
Où le sourire faisait deux fossettes,
Et que la coiffe laissait voir.
Et Dieu ne serait pas parvenu
A faire un visage pareil
Au sien, me semblait-il alors.

Li bouche aprés se poursievoit
Graille as cors et grosse ou moilon,
120   Fresche, vermeille comme rose ;
Blanque denture, jointe, close ;
En aprés fourchelé menton
Dont naissoit li blanche gorgete
124   Dus c'as espaules sans fossete,
Omni[e] et gros[se] en avalant ;
Haterel poursievant derriere
Sans poil, blanc et gros de maniere,
128   Seur le cote un peu reploiant ;
Espaules qui point n'encruquoient,
Dont li lonc brac adevaloient
Gros et graille ou il afferoit.
132   Encor estoit tout che du mains
Qui resgardoit ches b[l]anches mains
Dont naissoient chil bel lonc doit
(50b)   A basse jointe, graile en fin,
136   Couvert d'un bel ongle sangin
Pres de le char omni et net.
Or verrai au moustrer devant
De le gorgete en avalant,
140   Et premiers au pis camuset,
Dur et court, haut et de point bel,
Entrecloant le ruiotel
D'Amours qui chiet en le fourchele ;
144   Boutine avant et rains vauties,
Que manche d'ivoire entaillies
A ches coutiaus a demoisele ;
Plate hanque, ronde gambete,
148   Gros braon, basse quevillete,
Pié vautic, haingre, a peu de char.
En li avoit itel devise,
Si quit que desous se chemise
152   N'aloit pas li seurplus en dar.
Et ele perchut bien de li
Que je l'amoie miex que mi ;
Si se tint vers moi fierement
156   Et, con plus fiere se tenoit,
Plus et plus croistre en mi faisoit
Amour et desir et talent.
Avoec se merla Jalousie,
160   Desesperanche et Derverie
Et, plus et plus fui en ardeur

---

150. *Var.* me sambloit tel d. *P"a* — 153-164. *omis dans a*

Suivait après la bouche,
Mince aux coins, épaisse au milieu,
Fraîche, rouge comme une rose ;
Des dents blanches, bien faites et serrées ;
Et après un menton à fossette
D'où naissait une jolie gorge blanche,
Sans creux jusqu'aux épaules,
Lisse et s'arrondissant vers le bas ;
Et ensuite, derrière, une nuque
Polie, blanche et pleine à souhait,
Qui faisait un léger repli au-dessus de la robe ;
Des épaules qui n'étaient pas saillantes
Et d'où descendaient de longs bras
Pleins et minces là où il fallait.
Tout cela n'était encore rien
En comparaison des mains blanches
D'où naissaient de beaux, longs doigts
Aux articulations plates, au bout effilé,
Recouverts par de beaux ongles vermeils,
Lisses et nets au ras de la chair.
Il me reste à faire voir le devant
A partir de la gorge, en descendant,
Et d'abord les seins rondelets,
Durs et courts, hauts, une perfection :
Ils enserraient le ruisselet
D'Amour qui se jette dans le creux de l'estomac ;
Le ventre en avant, les reins cambrés,
Taillés comme le manche d'ivoire
Des couteaux de demoiselles ;
La hanche plate, la cuisse ronde,
Le mollet plein, la cheville basse,
Le pied cambré, mince, peu charnu.
Tel était son portrait
Et je crois bien que sous sa chemise
Le reste ne valait pas moins.
Et elle s'aperçut bien toute seule
Que je l'aimais mieux que moi ;
Elle fit la fière envers moi
Et, plus elle faisait la fière,
Plus elle faisait grandir en moi
Amour, Désir et Passion.
S'en mêlèrent aussi Jalousie,
Désespoir et Folie
Et, plus je brûlai d'amour

Pour s'amour, et mains me connui
Tant c'ainc puis aise je ne fui
164   Si euc fait d'un maistre un segneur.
Bonnes gens, ensi fui jou pris
Par Amours qui si m'eut souspris,
Car faitures n'ot pas si beles
168   Comme Amours le me fist sanler,
(50c) Et Desirs le me fist gouster
A le grant saveur de Vaucheles !
S'est drois que je me reconnoisse
172   Tout avant que me feme engroisse
Et que li cose plus me coust :
Car mes fains en est apaiés.

RIQUIERS

Maistres, se vous le me laissiés,
176   Ele me venroit bien a goust.

MAISTRE ADANS

Ne vous en mesquerroie a pieche !
Dieu proi que il ne m'en mesquieche :
N'ai mestier de plus de mehaing,
180   Ains vaurrai me perte rescourre
Et pour aprendre a Paris courre.

MAISTRE HENRIS

A ! biaus dous fiex, que je te plaing
Quant tu as chi tant atendu
184   Et pour feme ten tans perdu !
Or fai que sages, reva t'ent !

GUILLOS LI PETIS

Or li donnés dont de l'argent !
Pour nient n'est on mie a Paris.

MAISTRES HENRIS

188   Las ! Dolans ! Ou seroit il pris ?
Je n'ai mais que .XXIX. livres.

HANE LI MERCIERS

Pour le cul Dieu, estes vous ivres ?

---

170. *dernier vers de a* — 174. *dernier vers de P"*

Pour elle, moins je sus où j'en étais
Si bien que je ne fus pas satisfait
Avant d'avoir fait d'un maître un mari.
Voilà, messieurs, comment j'ai été victime
D'Amour qui me prit en traître,
Car elle n'avait pas des traits aussi beaux
Qu'Amour me l'avait fait croire
Et Désir me les fit savourer
A la mode de Vaucelles !
Il convient que je me ressaisisse
Sans attendre que ma femme soit grosse
Et que la chose me coûte plus cher :
Ma faim en est apaisée.

RIQUIER

Maître, si vous me la laissiez,
Elle serait bien à mon goût.

MAÎTRE ADAM

Je n'en doute pas un instant !
Je prie Dieu qu'il me garde de ce malheur :
Je me passerai d'un coup dur de plus,
Mais je veux regagner ce que j'ai perdu
Et courir à Paris pour étudier.

MAÎTRE HENRI

Ah ! mon fils, comme je te plains
D'avoir ici tant attendu
Et perdu ton temps à cause d'une femme !
Allons ! sois raisonnable, repars !

GUILLOT LE PETIT

Eh bien ! donnez-lui donc de l'argent !
On ne vit pas pour rien à Paris.

MAÎTRE HENRI

Hélas ! malheureux ! Où le prendrais-je ?
Je n'ai plus que vingt-neuf livres.

HANE LE MERCIER

Nom de Dieu ! Vous êtes ivre ?

MAISTRES HENRIS

192 Naie, je ne bui hui de vin.
J'ai tout mis en Canebustin.
Honnis soit qui le me loa !

MAISTRE ADANS

Quia, kia, kia, kia !
Or puis seur chou estre escoliers !

(50d) MAISTRES HENRIS

196 Biaus fiex, fors estes et legiers ;
Si vous aiderés a par vous.
Je sui uns vieus hom plains de tous,
Enfers et plains de rume et fades.

LI FISISCIENS

200 Bien sai de coi estes malades,
Foi que doi vous, maistre Henri.
Bien voi vo maladie chi :
C'est uns maus c'on claime avarice.
204 S'il vous plaist que je vous garisce,
Coiement a mi parlerés.
Je sui maistres bien acanlés,
S'ai des gens amont et aval
208 Cui je garirai de cest mal.
Nommeement en ceste vile
En ai je bien plus de .II. mile
Ou il n'a respas ne confort.
212 Halois en gist ja a le mort,
Entre lui et Robert Cosiel
Et ce Biecu Le Faveriel ;
Aussi fait trestous leur lignages.

GUILLOS LI PETIS

216 Par foi, che n'iert mie damages
Se chascuns estoit mors tous frois.

LI FISISCIENS

Aussi ai jou deus Ermenfrois,
L'un de Paris, l'autre Crespin,
220 Qui ne font fors traire a leur fin

---

214. Bietu *(corr. Ph. Ménard dans Mélanges A. Lanly, 1980, p. 233-238)*

MAÎTRE HENRI

Pas du tout. Je n'ai pas bu de vin de la journée.
Mais j'ai tout placé chez Canebustin.
Maudit soit celui qui me l'a conseillé !

MAÎTRE ADAM

Merde, merde, merde, merde !
Avec ça je peux être étudiant !

MAÎTRE HENRI

Mon fils, vous êtes solide et jeune ;
Vous vous débrouillerez tout seul.
Je suis un vieillard toussotant,
Infirme, enrhumé, écœuré.

LE MÉDECIN

Je sais bien de quoi vous êtes malade,
Je vous dois la vérité, maître Henri.
Je vois bien votre maladie présente :
C'est un mal qui s'appelle l'avarice.
Si vous voulez que je vous guérisse,
Vous viendrez me parler seul à seul.
Je suis un docteur qui a une belle clientèle,
J'ai des clients absolument partout
Que je guérirai de cette maladie.
En particulier, dans cette ville,
J'en ai beaucoup plus de deux mille,
Des cas incurables, désespérés.
Haloi en est déjà au lit, mourant,
Robert Cosel aussi,
Et ce Faverel Nez-d'Aigle,
Et avec eux toutes leurs tribus.

GUILLOT LE PETIT

Pardi ! ce ne serait pas une perte
Si chacun d'eux était raide mort.

LE MÉDECIN

J'ai aussi deux Ermenfroi,
L'un de Paris et l'autre Crespin,
Qui ne font rien qu'agoniser

De ceste cruel maladie,
Et leur enfant et leur lignie.
Mais de Haloi est che grans hides,
224   Car il est de lui omicides.
S'il en muert, c'ert par s'ocoison,
(51a) Car il acate mort pisson.
S'est grans mervelle qu'il ne crieve.

MAISTRES HENRIS

228   Maistres, qu'est che chi qui me lieve?
Vous connissiés vous en cest mal?

LI FISISCIENS

Preudons, as tu point d'orinal?

MAISTRE HENRIS

Oïl, maistres. Ves ent chi un.

LI FISISCIENS

232   Feïs tu orine a engun?

MAISTRES HENRIS

Oïl.

LI FISISCIENS

    Cha dont! Diex i ait part!
Tu as le mal saint Lienart,
Biaus preudons, je n'en voeil plus vir.

MAISTRES HENRIS

236   Maistres, m'en estuet il gesir?

LI FISISCIENS

Nenil, ja pour chou n'en gerrés.
J'en ai .III. ensi atirés
Des malades en ceste vile.

MAISTRES HENRIS

240   Qui sont il?

De cette cruelle maladie,
Avec leurs enfants et leurs familles.
En ce qui concerne Haloi, c'est une vraie horreur,
Il est son propre assassin.
S'il en meurt, ce sera sa faute,
Car il achète du poisson pourri.
C'est un vrai prodige qu'il n'en crève pas.

MAÎTRE HENRI

Docteur, qu'est-ce qui me fait gonfler comme ça ?
Vous y connaissez-vous en cette maladie ?

LE MÉDECIN

Brave homme, as-tu un urinal ?

MAÎTRE HENRI

Oui, docteur. En voici un.

LE MÉDECIN

As-tu uriné à jeun ?

MAÎTRE HENRI

Oui.

LE MÉDECIN

    Donne donc ! A la grâce de Dieu !
Tu as le mal de saint Léonard,
Mon brave, j'en ai assez vu.

MAÎTRE HENRI

Docteur, faut-il que je me couche ?

LE MÉDECIN

Non, il n'y a pas de quoi vous coucher.
J'en ai trois, de mes malades
Dans cette ville, qui sont dans le même état.

MAÎTRE HENRI

Qui est-ce ?

LI FISISCIENS

Jehans d'Autevile,
Guillaumes Wagons, et li tiers
A a non Adans Li Anstiers.
Chascuns est malades de chiaus
244   Par trop plain emplir lor bouchiaus.
Et pour che as le ventre enflé si.

DOUCE DAME

Biaus maistres, consillié[s] m'aussi,
Et si prendés de men argent.
248   (51b) Car li ventres aussi me tent
Si fort que je ne puis aler.
S'ai aportee pour moustrer
A vous de .III. lieues m'orine.

LI FISISCIENS

252   Chis maus vient de gesir souvine,
Dame, ce dist chis orinaus !

DOUCE DAME

Vous en mentés, sire ribaus !
Je ne sui mie tel barnesse !
256   Onques pour don ne pour premesse
Tel mestier faire je ne vauc.

LI FISISCIENS

Et j'en ferai warder ou pauc
Pour acomplir vostre menchongne.
260   Rainelet, il couvient c'on oigne
Ten pauc. Lieve sus un petit !
Mais avant esteut c'on le nit.
Fait est. Rewarde en ceste crois,
264   Et si di chou que tu i vois.

DOUCE DAME

Bien voeil, certes, c'on die tout !

RAINNELES

Dame, je voi chi c'on vous [fout].

---

246. me a.

LE MÉDECIN

         Jean d'Auteville,
Guillaume Wagon, et le troisième
S'appelle Adam L'Anstier.
Chacun d'eux est malade
Pour s'être trop rempli le bide.
Et voilà pourquoi tu as le ventre si enflé.

DAME DOUCE

Docteur, donnez-moi aussi une consultation
Et acceptez de mon argent.
C'est que moi aussi, j'ai le ventre
Si tendu que j'ai peine à marcher.
J'ai fait trois lieues pour apporter
Et vous montrer mon urine.

LE MÉDECIN

Ce mal s'attrape en couchant,
Madame ; voilà ce que dit cet urinal.

DAME DOUCE

Vous êtes un menteur, grossier personnage !
Je ne suis pas celle que vous croyez !
En dépit des cadeaux ou des promesses,
Jamais je n'ai voulu faire ce métier.

LE MÉDECIN

Eh bien ! je vais faire l'épreuve du pouce
Pour démontrer que vous mentez.
Rainelet, j'ai besoin de graisser
Ton pouce. Lève-toi un moment !
Mais avant, il faut qu'on le nettoie.
Voilà qui est fait. Regarde dans cette croix
Et dis ce que tu y vois.

DAME DOUCE

Oui, je veux bien qu'on dise toute la vérité !

RAINELET

Madame, je vois ici qu'on vous baise.

Pour nului n'en chelerai rien.

LI FISISCIENS

268 Enhenc ! Dieus, je savoie bien
Comment li besoigne en aloit.
Li orine point n'en mentoit.

DOUCE DAME

Tien ! Honnis soit te rouse teste !

RAINNELES

272 Anwa ! Che n'est mie chi feste !

LI FISISCIENS

Ne t'en caut, Rainelet, biaus fiex.
(51c) Dame, par amours, qui est chiex
De cui vous chel enfant avés ?

DOUCE DAME

276 Sire, puis que tant en savés,
Le seurplus n'en chelerai ja.
Chiex viex leres le vaegna,
Si puisse jou estre delivre !

RIKIERS

280 Que dist cele feme ? Est ele yvre ?
Me met ele sus son enfant ?

DOUCE DAME

Oïl.

RIKIERS

N'en sai ne tant ne quant.
Quant fust avenus chis afaires ?

DOUCE DAME

284 Par foy, il n'a encore waires !
Che fu un peu devant quaresme.

GUILLOS

Ch'est trop bon a dire vo feme,

Personne ne m'empêchera de le dire.

LE MÉDECIN

Tiens, tiens ! Pardi, je savais bien
Ce qu'il en était.
L'urine ne mentait pas.

DAME DOUCE

Attrape ! Maudit sois-tu, rouquin !

RAINELET

Aïe ! Ce n'est pas la joie, ici !

LE MÉDECIN

Ne t'inquiète pas, Rainelet, mon fils.
Madame, s'il vous plaît, qui est celui
A qui vous devez cet enfant ?

DAME DOUCE

Monsieur, puisque vous en savez tant,
Je ne vais pas cacher le reste.
C'est ce vieux coquin qui me l'a planté,
Aussi vrai que je voudrais avoir accouché !

RIQUIER

Qu'a dit cette femme ? Est-elle ivre ?
Met-elle son enfant à mon compte ?

DAME DOUCE

Oui.

RIQUIER

    Je n'en sais pas le moindre mot.
Quand cette affaire serait-elle arrivée ?

DAME DOUCE

Pardi ! il n'y a pas si longtemps !
Ça s'est passé un peu avant le carême.

GUILLOT

L'excellente nouvelle pour votre femme,

Rikier ! Li volés plus mander ?

RIKIERS

288   Ha ! gentiex hom, laissiés ester !
Pour Dieu, n'esmouvés mie noise !
Ele est de si male despoise
Qu'ele croit che que point n'avient.

GUILLOS

292   A Di foy, bien ait cui on crient !
Je tieng a sens et a vaillanche
Que les femes de le Waranche
Se font cremir et resoignier.

HANE

296   Li feme aussi Mahieu L'Anstier
Qui fu feme Ernoul de Le Porte
Fait que on le crient et deporte.
(51d) Des ongles s'aïe et des dois
300   Vers le bailliu de Vermendois.
Mais je tieng sen baron a sage
Qui se taist.

RIKECE

              Et en che visnage
A chi aussi .II. baisseletes.
304   L'une en est Margos as Pumetes,
Li autre Aelis au Dragon,
Et l'une tenche sen baron,
Li autre .IIII. tans parole.

GUILLOS

308   A ! Vrais Diex ! Aporte une estole !
Chis a nommé deus anemis.

HANE

Maistre, ne soiés abaubis
S'il me couvient nommer le voe.

---

308. estoile

Riquier ! Voulez-vous lui en faire savoir plus ?

RIQUIER

Ah ! mon bon ami, laissez tomber !
Pour l'amour de Dieu, ne faites pas de scandale !
Elle est d'un si mauvais métal
Qu'elle croit à ce qui n'existe pas.

GUILLOT

Parbleu ! Heureux qui se fait craindre !
Je trouve que les femmes de Garance
Montrent leur sagesse et leur valeur
En se faisant craindre et respecter.

HANE

La femme de Mathieu L'Anstier,
Celle qui a été la femme d'Arnoul de La Porte,
Elle aussi sait se faire craindre et éviter.
Elle s'aide des ongles et des doigts
Contre le bailli de Vermandois.
Mais son mari a la sagesse
De se taire.

RIQUIER

       Et dans le voisinage
Il y a aussi deux jeunesses.
L'une, c'est Margot aux Pommettes,
L'autre Alix au Dragon.
L'une querelle son mari,
L'autre parle comme quatre.

GUILLOT

Ah ! Grand Dieu ! Apporte une étole !
Il a nommé deux diables.

HANE

Maître, ne faites pas l'étonné
Si je me vois obligé de nommer la vôtre.

ADANS

312   Ne m'en caut, mais qu'ele ne l'oe.
        S'en sai je bien d'aussi tenchans :
        Li feme Henri des Argans,
        Qui grate et resproe c'uns cas,
316   Et li feme maistre Thoumas
        De Darnestal, qui maint la hors.

HANE

        Cestes ont .c. diales ou cors,
        Se je fui onques fiex men pere !

ADANS

320   Aussi a dame Eve vo mere.

HANE

        Vo feme, Adan, ne l'en doit vaires !

LI MOINES

        Segneur, mesires sains Acaires
        Vous est chi venus visiter.
324   (52a) Si l'aprochiés tout pour ourer,
        Et si meche chascuns s'offrande,
        Qu'il n'a saint desi en Irlande
        Qui si beles miracles fache,
328   Car l'anemi de l'ome encache
        Par le saint miracle devin,
        Et si warist de l'esvertin
        Communement et sos et sotes.
332   Souvent voi des plus ediotes
        A Haspre no moustier venir
        Qui sont haitié au departir,
        Car li sains est de grant merite.
336   Et d'une abenguete petite
        Vous poés bien faire du saint.

MAISTRE HENRIS

        Par foy, dont lo jou c'on i maint
        Walet ains qu'il voist empirant.

RIKIERS

340   Or cha ! Sus, Walet, passe avant !

ADAM

Ça ne me fait rien, si elle n'entend pas.
Et j'en connais d'aussi querelleuses :
La femme de Henri des Argans
Qui griffe et crache comme un chat,
Et la femme de maître Thomas
De Darnestal qui habite hors des murs.

HANE

Celles-là, elles ont cent diables au corps,
Ou je ne suis pas le fils de mon père !

ADAM

Madame Eve, votre mère, en a tout autant.

HANE

Votre femme n'est pas en reste, Adam !

LE MOINE

Messieurs, monseigneur saint Acaire
Vient chez vous vous rendre visite.
Approchez-vous tous de lui pour prier,
Et que chacun fasse offrande :
Il n'y a pas de saint d'ici en Irlande
Qui fasse d'aussi beaux miracles,
Car il chasse le diable du corps
Par la puissance miraculeuse de Dieu,
Et il guérit de la démence,
Sans faire de détail, et fous et folles.
Souvent j'en vois des plus idiots
Venir à notre église d'Haspres
Qui repartent en parfaite santé,
Car le saint a de grands mérites.
Et avec une pièce toute petite,
Vous pouvez vous faire bien voir du saint.

MAÎTRE HENRI

Pardi ! En ce cas je conseille qu'on lui amène
Walet avant qu'il n'aille plus mal.

RIQUIER

Par ici donc ! Debout, Walet, avance !

Je cuit plus sot de ti n'i a.

WALES

Sains Acaires, que Diex kia,
Donne m'assés de poi pilés;
344 Car je sui, voi[r], un sos clamés :
Si sui mout lié que je vous voi.
Et si t'aporc, si con je croi,
Biau nié, un bon froumage cras.
348 Tou maintenan le mengeras.
Autre feste ne te sai faire.

MAISTRE HENRIS

Walet, foy que dois saint Acaire,
Que vauroies tu avoir mis
352 Et tu fusses mais a toudis
Si bons menestreus con tes pere?

(52b)   WALES

Biau nié, aussi bon vielere
Vauroie ore estre comme il fu,
356 Et on m'eüst ore pendu
Ou on m'eüst caupé le teste !

LI MOINES

Par foi, voirement est chis beste !
Droit a s'il vient a saint Acaire !
360 Walet, baise le saintuaire,
Errant, pour le presse qui sourt.

WALES

Baise aussi, biaus niés Walaincourt !

LI MOINES

Ho ! Walet, biaus niés, va te sir !

DAME DOUCE

364 Pour Dieu, sire, voeilliés m'oïr !
Chi envoient deus estrelins
Colars de Bailloel et Heuvins,

_____
343. me a. — 364. me o.

Je ne crois pas qu'il y ait plus fou que toi.

WALET

Saint Acaire, merde de Dieu,
Donne-moi beaucoup de purée de pois ;
Car je suis, pour sûr, un fou avéré
Et je suis bien content de te voir.
Et je t'apporte, je crois bien,
Mon nièveu, un bon fromage gras.
N'attends pas pour le manger.
Je ne sais pas comment te fêter autrement.

MAÎTRE HENRI

Walet, par saint Acaire qui t'entend,
Que serais-tu prêt à mettre en gage
Pour être dès maintenant et à jamais
Aussi bon musicien que ton père ?

WALET

Mon nièveu, je voudrais être aujourd'hui
Aussi bon joueur de vièle qu'il a été,
Dût-on pour ça me pendre
Ou me couper la tête !

LE MOINE

C'est sûr, il est vraiment bête celui-là !
Il fait bien de venir trouver saint Acaire !
Walet, donne un baiser au reliquaire,
Vite, à cause de la foule qui arrive.

WALET

A ton tour, mon nièveu Walaincourt ! Un baiser !

LE MOINE

Hé ! Walet, mon nièveu, va t'asseoir !

DAME DOUCE

Pour l'amour de Dieu, monsieur, écoutez-moi !
Voici deux sterlings qu'envoient
Colard de Bailleul et Heuvin :

Car il ont ou saint grant fianche.

LI MOINES

368   Bien les connois treske s'enfanche
C'aloient tendre as pavillons.
Metés chi devens ches billons,
Et puis les amenés demain !

WALES

372   Veschi por Wautier A Le Main.
Faites aussi prier pour lui,
Aussi est il malades hui
Du mal qui li tient ou chervel.

HANE

376   Or en faisons tout le vieel
Pour chou c'on dist qu'il se coureche.

LI KEMUNS

Moie !

LI MOINES

    (52c) N'est il mais nus qui meche ?
Avés vous le saint ouvlié ?

HENRIS DE LE HALE

380   Et vés chi un mencaut de blé
Pour Jehan Le Keu no serjant.
A saint Acaire le commant :
Piecha que il li a voué.

LI MOINES

384   Frere, tu l'as bien commandé.
Et ou est il qui ne vient chi ?

HENRIS

Sire, li maus l'a rengrami,
Si l'a on un petit coukiet.
388   Demain revenra chi a piet,
Se Diex plaist, et il ara miex.

Ils ont une grande confiance dans le saint.

LE MOINE

Je les connais depuis leur enfance
Où ils allaient tendre des collets aux papillons.
Posez la monnaie là-devant,
Et eux, amenez-les demain !

WALET

Voici pour Gautier A La Main.
Priez aussi pour lui.
Il est encore malade aujourd'hui
De sa maladie du cerveau.

HANE

Faisons donc tous le veau :
On dit que ça le rend furieux.

TOUS ENSEMBLE

Meuh !

LE MOINE

     N'y-a-t-il plus personne pour donner !
Avez-vous déjà oublié le saint ?

HENRI DE LA HALLE

Voici encore un boisseau de blé
Pour Jean Le Keu notre sergent.
Je le recommande à saint Acaire :
Ça fait longtemps qu'il lui a fait un vœu.

LE MOINE

La bonne recommandation, mon frère !
Mais où est-il ? Pourquoi ne vient-il pas ici ?

HENRI

Monsieur, la maladie l'a tout déprimé
Et on l'a couché pour quelque temps.
Demain il reviendra ici, sur ses pieds,
Si Dieu le veut, et il aura mieux à offrir.

LI PERES

Or cha ! Levés vous sus, biaus fiex,
Si venés le saint aourer.

LI DERVES

392   Que c'est ? Me volés vous tuer ?
Fiex a putain ! Leres ! Erites !
Creés vous la ches ypocrites ?
Laissié[s] m'aler, car je sui rois !

LI PERES

396   A ! Biaus dous fiex, seés vous cois !
Ou vous arés des enviaus !

LI DERVES

Non ferai ! Je sui uns crapaus
Et si ne mengüe fors raines !
400   Escoutés ! Je fais les araines.
Est che bien fait ? Ferai je plus ?

LI PERES

Ha ! Biaus dous fiex, seés vous jus !
Si vous metés a genoillons !
404   Se che non, Robers Soumillons,
(52d) Qui est nouviaus prinches du Pui
Vous ferra !

LI DERVES

            Bien kié de lui !
Je sui miex prinches qu'il ne soit.
408   A sen Pui canchon faire doit,
Par droit, maistre Wautiers As Paus
Et uns autres, leur paringaus,
Qui a non Thoumas de Clari.
L'autr'ier vanter les en oï.
412   Maistre Wautiers ja s'entremet
De chanter parmi le cornet
Et dist qu'il sera courounés.

---

395. me a. — 400. *vers en bas de la page, d'une autre main*

LE PÈRE

Par ici ! Levez-vous, mon fils,
Et venez adorer le saint.

LE FOU

Quoi ? Voulez-vous me tuer ?
Fils de pute ! Coquin ! Hérétique !
Croyez-vous donc ces hypocrites ?
Laissez-moi passer ! Je suis roi !

LE PÈRE

Ah ! mon petit, asseyez-vous sans bruit !
Ou vous allez prendre des coups !

LE FOU

Non, non ! Je suis un crapaud
Et je ne mange que des grenouilles !
Ecoutez ! Je joue de la trompette.
J'ai bien joué ? Je joue encore ?

LE PÈRE

Ah ! mon petit, asseyez-vous !
Mettez-vous à genoux !
Sinon, Robert Sommeillon,
Le nouveau prince du Puy,
Va vous battre !

LE FOU

              La belle merde que voilà !
Je suis mieux prince qu'il n'est.
A son Puy, maître Gautier Aux Paux
Doit justement faire une chanson ;
Un autre aussi, leur pareil,
Qui s'appelle Thomas de Clari.
Je les ai entendus s'en vanter l'autre jour.
Maître Gautier se mêle déjà
De chanter au son du cornet
Et il dit qu'il sera couronné.

MAISTRE HENRIS

416   Dont sera chou au ju des dés,
Qu'il ne quierent autre deduit!

LI DERVES

Escoutés que no vache muit!
Maintenant le vois faire prains!

LI PERES

420   A! Sos puans, ostés vos mains
De mes dras, que je ne vous frape!

LI DERVES

Qui est chieus clers a cele cape?

LI PERES

Biaus fiex, c'est uns Parisiens.

LI DERVES

424   Che sanle miex uns pois baiens!
Bau!

LI PERES

     Que c'est? Taisiés pour les dames!

LI DERVES

S'i li sousvenoit des bigames,
Il en seroit mains orgueilleus.

RIKIERS

428   Enhenc! Maistre Adan, or sont deus!
(53a) Bien sai que ceste chi est voe!

ADANS

Que set il qu'il blame ne loe?
Point n'aconte a cose qu'il die.
432   Ne bigames ne sui je mie,
Et s'en sont il de plus vaillans!

---

428. .II.

MAÎTRE HENRI

Alors ce sera au jeu de dés !
Ils ne connaissent pas d'autres plaisirs !

LE FOU

Ecoutez comme notre vache meugle bien !
Je vais l'engrosser tout de suite !

LE PÈRE

Ah ! fou puant, ôtez vos mains
De mes vêtements, ou je vous frappe !

LE FOU

Qui est ce clerc avec cette cape ?

LE PÈRE

Mon fils, c'est un Parisien.

LE FOU

Il a plutôt l'air d'une gousse ouverte !
Ouah !

LE PÈRE

Quoi ! Taisez-vous ! Il y a des dames !

LE FOU

S'il se souvenait des bigames,
Il ferait moins le prétentieux.

RIQUIER

Tiens, tiens ! Maître Adam, il y en a deux !
Je sais bien que celle que je vois ici est la vôtre !

ADAM

Blâmer, louer, quel sens ça a pour lui ?
Ce qu'il dit n'a aucune importance.
Et puis, je ne suis pas bigame,
Mais de plus importants que moi le sont bien !

MAISTRE HENRIS

Certes, li meffais fu trop grans
Et chascuns le pape encosa
436   Quant tant de bons clers desposa.
Nepourquant n'ira mie ensi,
Car aucun se sont aati,
Des plus vaillans et des plus rikes,
440   Qui ont trouvees raisons friques,
Qu'il prouveront tout en apert
Que nus clers par droit ne desert
Pour mariage estre asservis ;
444   Ou mariages vaut trop pis
Que demourer en soignantage !
Comment ! Ont prelas l'avantage
D'avoir femes a remuier
448   Sans leur previlege cangier,
Et uns clers si pert se franquise
Par espouser en sainte Eglise
Fame qui ait autre baron ?
452   Et li fil a putain, laron,
Ou nous devons prendre peuture,
Mainent en pechié de luxure
Et si goent de leur clergie !
456   Romme a bien le tierche partie
Des clers fais sers et amatis !

GUILLOS

Plumus s'en est bien aatis,
Se se clergie ne li faut,
460   (53b) Qu'il ravera che c'on li taut
Pour a metre un peson d'estoupes.
Li papes qui en chou eut coupes
Est eüreus quant il est mors.
464   Ja ne fust si poissans ne fors
C'ore ne l'eüst desposé !
Mal li eüst onques osé
Tolir previlege de clerc,
468   Car il li eüst dit : « esperc ! »
Et si eüst fait l'escarbote !

HANE

Mout est sages s'il ne radote.

---

463. euereus — 468. esprec

MAÎTRE HENRI

Assurément, ç'a été une faute très lourde,
Et tout le monde a blâmé le pape,
Quand il a déposé tant de bons clercs.
Pourtant, ça ne se passera pas comme ça,
Car plusieurs, des plus importants
Et des plus puissants, se sont faits fort
De prouver de manière évidente
Avec les arguments solides qu'ils ont trouvés
Qu'en toute justice un clerc ne mérite pas
D'être asservi pour cause de remariage ;
Ou alors se marier est bien pis
Que rester en concubinage !
Comment ! Les prélats ont l'avantage
D'avoir des femmes de rechange
Sans perdre leurs privilèges
Et un clerc, lui, perd ses droits
En épousant devant la sainte Eglise
La femme d'un premier mari ?
Et les fils de pute, les coquins,
Sur qui nous devons prendre exemple,
Persévèrent dans leur péché de luxure
Tout en jouissant de leur condition de clercs !
Rome a réduit à l'état de serfs,
Elle a anéanti un bon tiers des clercs !

GUILLOT

Plumus s'est fait fort,
Ou alors, dit-il, il ne sera plus clerc,
De récupérer ce qu'on lui enlève,
Et ce pour des clopinettes.
Le pape qui a commis cette faute
A bien de la chance d'être mort.
Il n'aurait été si fort, si puissant,
Que Plumus ne l'eût déjà déposé !
Mal lui en aurait pris d'avoir osé
Lui enlever ses privilèges de clerc,
Car Plumus lui aurait dit : « Flûte ! »
Et le pape aurait mangé de la merde !

HANE

Il est très sage s'il ne radote pas !

Mais Mados et Gilles de Sains
472   Ne s'en atissent mie mains.
Maistres Gilles ert avocas,
Si metera avant les cas
Pour leur previlege ravoir.
476   Et dist qu'il livrera savoir
Se Jehans Crespins livre argent.
Et Jehans leur a en couvent
Qu'il livrera de l'aubenaille.
480   Car mout ert dolans s'on le taille.
Chis fera du frait par tout fin.

MAISTRE HENRIS

Mais pres de mi sont doi voisin
En Cité qui sont bon notaire,
484   Car il s'atissent bien de faire
Pour nient tous les escris du plait,
Car le fait tienent a trop lait
Pour chou qu'il sont andoi bigame.

GUILLOS

488   Qui sont il ?

MAISTRE HENRIS

            Colars Fousedame
Et s'est Gilles de Bouvignies.
(53c) Chist noteront par aaties,
Ensanle plaideront pour tous.

GUILLOS

492   Enhenc ! Maistre Henri, et vous !
Plus d'une feme avés eüe
Et, s'avoir volés leur aiüe,
Metre vous i couvient du voe.

MAISTRE HENRIS

496   Gillot, me faites vous le moe ?
Par Dieu ! Je n'ai goute d'argent,
Si n'ai mie a vivre granment
Et si n'ai mestier de plaidier :
500   Point ne me couvient resoignier

_____

494. aieue

Mais Madot et Gilles de Sains
Ne s'en font pas moins fort.
Maître Gilles sera leur avocat
Et il fera valoir les arguments
Pour récupérer leurs privilèges.
Et il a dit qu'il donnera la science
Si Jean Crespin donne l'argent.
Et Jean leur a fait la promesse
De donner de son oseille :
Il serait bien fâché de payer l'impôt.
C'est lui qui paiera toute la dépense.

MAÎTRE HENRI

Et encore près de chez moi, dans la Cité,
J'ai deux voisins qui sont de bons notaires :
Ils se font fort de rédiger
Gratis tous les actes du procès.
Ils considèrent l'affaire comme une offense
Parce qu'ils sont tous deux bigames.

GUILLOT

Qui est-ce ?

MAÎTRE HENRI

      Colard Fousadame
Et Gilles de Bouvignies.
Ces deux-là feront du zèle pour noter les actes
Et ensemble ils plaideront pour tous.

GUILLOT

Tiens, tiens ! Maître Henri, vous aussi !
Vous avez eu plus d'une épouse.
Si vous voulez leur assistance,
Il faut que vous donniez de votre argent.

MAÎTRE HENRI

Guillot, vous vous payez ma tête ?
Mon Dieu ! Je n'ai pas d'argent,
Je n'ai pas de quoi vivre largement
Et je n'ai pas besoin de plaider :
Je ne risque pas d'être imposé

Les tailles pour chose que j'aie.
Il prengnent Marien Le Jaie,
Aussi set ele plais assés !

GUILLOS

504   Voire, voir ! Assés amassés !

MAISTRE HENRIS

Non fai ! Tout emporte li vins !
J'ai servi lonc tans eskievins,
Si ne voeil point estre contre aus.
508   Je perderoie anchois .c. saus
Que g'ississe de leur acort.

GUILLOS

Toudis vous tenés au plus fort,
Che wardés vous, maistre Henri.
512   Par foi, encore est che bien chi
Uns des trais de le vielle danse.

LI DERVES

Ahai ! Chis a dit c'on me manse
Le geule ! Je le vois tuer !

LI PERES AU DERVE

516   A ! biaus dous fiex, laissiés ester.
(53d) C'est des bigames qu'il parole.

LI DERVES

Et vés me chi pour l'apostole !
Faites le dont avant venir !

LI MOINES

520   Aimi ! Dieus, qu'il fait bon oïr
Che sot la ! Car il dist merveilles.
Preudons, dist il tant de brubeilles
Quant il est ensus de le gent ?

LI PERES

524   Sire, il n'est onques autrement.

---

518. apostoile

Vu ce que j'ai.
Qu'ils prennent Marie La Jaie,
Elle s'y connaît bien en affaires !

GUILLOT

Ouais, ouais ! Vous n'arrêtez pas d'entasser !

MAÎTRE HENRI

Oh ! non. Autant en emporte le vin !
J'ai servi longtemps les échevins
Et je ne veux pas être contre eux.
J'aimerais mieux perdre cent sous
Que de me fâcher avec eux.

GUILLOT

Vous êtes toujours du côté du plus fort,
C'est tout ce qui vous inquiète, maître Henri.
Pardi ! Voilà encore un des tours
A quoi on reconnaît le vieux compère.

LE FOU

Aïe ! Il a dit qu'on me serre
Le cou ! Je vais le tuer !

LE PÈRE DU FOU

Ah ! mon petit, laissez tomber.
C'est des bigames qu'il parle.

LE FOU

Eh bien ! me voici pour le pape !
Faites-le donc avancer !

LE MOINE

Misère ! Mon Dieu, quel plaisir d'entendre
Ce fou-là ! Il dit des choses étonnantes.
Brave homme, dit-il autant de sottises
Quand vous êtes tout seuls ?

LE PÈRE

Monsieur, il est toujours comme ça.

Toudis rede il ou cante ou brait
Et si ne set onques qu'il fait.
Encore set il mains qu'il dist.

LI MOINES

528   Combien a que li maus li prist?

LI PERES

Par foi, sire, il a bien .II. ans.

LI MOINES

Et dont estes vous?

LI PERES

                De Duisans.
Si l'ai wardé a grant meschief.
532   Esgardés qu'il hoche le chief!
Ses cors n'est onques a repos :
Il m'a bien brisiet .II^c. pos,
Car je sui potiers a no vile.

LI DERVES

536   J'ai d'Anseïs et de Marsile
Bien oï canter Hesselin.
Di je voir? Tesmoins ce tatin!
Ai je emploié bien .XXX. saus?
540   Il me bat tant chis grans ribaus
Que devenus sui uns cholés.

LI PERES

(54a) Il ne set qu'il [fet] li varlés.
Bien i pert quant il bat sen pere.

LI MOINES

544   Biaus preudons, par l'ame te mere,
Fai bien : maine l'ent en maison.
Mais fai chi avant t'orison
Et offre du tien se tu l'as.
548   Car il est de veillier trop las.
Et demain le ramenras chi
Quant un peu il ara dormi.
Aussi ne fait il fors rabaches!

Toujours il délire ou il chante ou il crie,
Et il ne sait pas du tout ce qu'il fait.
Il sait encore moins ce qu'il dit.

LE MOINE

Quand est-il tombé malade ?

LE PÈRE

Ma foi, monsieur, il y a bien deux ans.

LE MOINE

Et d'où êtes-vous ?

LE PÈRE

De Duisans.
J'ai bien des ennuis à le garder.
Regardez comme il hoche la tête !
Son corps n'est jamais en repos :
Il m'a bien brisé deux cents pots,
Je suis potier dans notre patelin.

LE FOU

Je viens d'entendre Hesselin
Chanter d'Anseïs et Marsile.
Pas vrai ? A preuve cette claque !
N'ai-je pas bien employé trente sous ?
Il me bat tant ce grand voyou
Que je suis devenu un palet.

LE PÈRE

Il ne sait pas ce qu'il fait, le pauvre garçon.
La preuve, c'est qu'il bat son père.

LE MOINE

Mon brave, par l'âme de ta mère,
Fais une chose intelligente : ramène-le chez toi !
Mais avant, fais ici ta prière
Et offre de l'argent si tu as de quoi.
Cette veille l'a épuisé.
Et demain tu le ramèneras ici
Quand il aura un peu dormi.
D'ailleurs, il ne fait que du tapage !

LI DERVES

552   Dist chiex moines que tu me baches?

LI PERES

Nenil, biaus fiex, alons nous ent.
Tenés. Je n'ai or plus d'argent.
Biaus fiex, alons dormir un pau;
556   Si prendons congié a tous.

LI DERVES

Bau!

RIQUECE AURRIS

Qu'est che? Seront hui mais riotes?
N'arons hui mais fors sos et sotes?
Sire moines, volés bien faire?
560   Metés en sauf vo saintuaire.
Je sai bien, se pour vous ne fust,
Que piecha chi endroit eüst
Grant merveille de faerie:
564   Dame Morgue et se compaignie
Fust ore assise a ceste tavle;
Car c'est droite coustume estavle
Qu'eles vienent en ceste nuit.

LI MOINES

568   Biaus dous sires, ne vos anuit!
Puis qu'ensi est, je m'en irai:
(54b) Offrande hui mais n'i prenderai.
Mais souffrés, viaus, que chaiens soie
572   Et que ches grans merveilles voie.
Nes querrai, si verrai pour coi.

RIKECE

Or vous taisiés dont trestout coi!
Je ne cuit pas qu'ele demeure,
576   Car il est aussi que seur l'eure.
Eles sont ore ens ou chemin.

---

553. anons

LE FOU

Ce moine dit que tu me tapes?

LE PÈRE

Non, non! mon petit, allons-nous-en.
Tenez. C'est tout ce que j'ai sur moi.
Mon petit, allons dormir un peu.
Au revoir tout le monde!

LE FOU

Ouah!

RIQUIER AURI

Quoi? Toujours des discussions?
Toujours des fous et des folles?
Monsieur le moine, voulez-vous faire une bonne chose?
Mettez votre reliquaire à l'abri.
J'en suis sûr, si vous n'aviez pas été là,
Depuis longtemps il y aurait eu ici même
Une merveilleuse féerie:
Madame Morgue et ses compagnes
Seraient déjà assises à cette table,
Car c'est une coutume bien établie
Qu'elles viennent au cours de cette nuit.

LE MOINE

Mon cher monsieur, ne vous fâchez pas!
Puisque c'est comme ça, je vais m'en aller:
Je ne recueillerai plus d'offrande aujourd'hui.
Mais permettez, au moins, que je reste ici
Et que je voie ces grandes merveilles.
Je n'y croirai pas avant d'avoir vu pourquoi.

RIQUIER

Taisez-vous donc! Pas de bruit!
Je ne crois pas qu'elle tarde,
Car c'est pratiquement l'heure.
Elles sont maintenant en chemin.

GUILLOS

J'oi le maisnie Hielekin,
Mien ensiant, qui vient devant,
580   Et mainte clokete sonnant.
Si croi bien que soient chi prés.

LI GROSSE FEMME

Venront dont les fees aprés ?

GUILLOS

Si m'aït Diex, je croi c'oïl.

RAINNELES A ADAN

584   Aimi ! Sire, il i a peril !
Je vauroie ore estre en maison.

ADANS

Tais t', il n'i a fors que raison :
Che sont beles dames parees.

RAINNELES

588   En non Dieu, sire ! Ains sont les fees !
Je m'en vois.

ADANS

Sié toi, ribaudiaus !

CROQUESOS

Me siet il bien li hurepiaus ?
Qu'est che ? N'i a il chi autrui ?
592   Mien ensient, decheüs sui
En che que j'ai trop demouré
Ou eles n'on[t] point chi esté.
(54c) Dites me, vielle reparee,
596   A chi esté Morgue li fee
Ne ele ne se compaignie ?

DAME DOUCE

Nenil, voir, je ne les vi mie.
Doivent eles par chi venir ?

---

586. te i. — 595. vielles

GUILLOT

Je crois que j'entends la troupe d'Hellequin :
Elle les précède.
Entendez sonner les clochettes.
Je suis sûr qu'elles sont tout près.

LA FEMME ENCEINTE [DAME DOUCE]

Les fées viendront après ?

GUILLOT

J'en prends Dieu à témoin, je crois que oui.

RAINELET *à Adam*

Misère ! Monsieur, c'est dangereux !
Je préférerais être chez moi.

ADAM

Tais-toi ! Tout ça est parfaitement raisonnable :
Ce sont de belles dames élégantes.

RAINELET

Grand Dieu, monsieur ! Non ! Ce sont les fées !
Je m'en vais.

ADAM

Assieds-toi, petit voyou !

CROQUESOT

La cagoule me va-t-elle bien ?
Quoi ? Il n'y a personne ici ?
J'ai manqué, je crois, le rendez-vous
Parce que j'ai trop traîné,
A moins qu'elles ne soient pas passées par ici.
Dites-moi, vieille recrépie,
Morgue la fée est-elle passée par ici
Avec ses compagnes ?

DAME DOUCE

Non, non ! Je ne les ai pas vues.
Parce qu'elles doivent venir par ici ?

CROKESOS

600   Oïl, et mengier a loisir
Ensi c'on m'a fait a entendre.
Chi les me convenra atendre.

RIKECE

A cui ies tu, di, barbustin?

CROKESOS

604   Qui? Jou?

RIKECE

      Voire.

CROKESOS

      Au roy Hellekin
Qui chi m'a tramis en mesage
A me dame Morgue le sage
Que mesire aime par amour.
608   Si l'atenderai chi entour,
Car eles me misent chi lieu.

RIKECE

Seés vous dont, sire courlieu!

CROKESOS

Volontiers, tant qu'eles venront.
612   O! vés les chi!

RIKIERS

      Voirement sont!
Pour Dieu, or ne parlons nul mot.

MORGUE

A! Bien viegnes tu, Croquesot!
Que fais tes sires, Hellequins?

CROKESOS

616   Dame, que vostres amis fins:
Si vous salue. Ier de lui mui.

CROQUESOT

Oui, et puis y manger tout leur soûl,
A ce qu'on m'a laissé entendre.
Je vais être obligé de les attendre ici.

RIQUIER

A qui es-tu, dis, croquemitaine ?

CROQUESOT

Qui ? Moi ?

RIQUIER

      Oui.

CROQUESOT

      Au roi Hellequin
Qui m'a envoyé ici en ambassade
Auprès de madame Morgue la savante
Que monseigneur aime d'amour.
Je vais l'attendre par ici,
Car c'est ici qu'elles m'ont donné rendez-vous.

RIQUIER

Asseyez-vous donc, monsieur le courrier !

CROQUESOT

Volontiers, jusqu'à leur arrivée.
Oh ! les voici !

RIQUIER

      C'est vrai, ce sont elles !
Pour l'amour de Dieu, ne disons plus un mot !

MORGUE

Ah ! Sois le bienvenu, Croquesot !
Que fais ton maître, Hellequin ?

CROQUESOT

Madame, ce que doit faire votre serviteur :
Il vous salue. Je l'ai quitté hier.

(54d)   MORGUE

Diex beneïe vous et lui !

CROKESOS

620   Dame, besoigne m'a carquie
Qu'il veut que de par lui vous die.
Si l'orrés quant il vous plaira.

MORGUE

Croquesot, sié t'un petit la !
Je t'apelerai maintenant.
624   Or cha ! Maglore, alés avant,
Et vous, Arsile, d'aprés li.
Et je meïsmes se[r]rai chi
Encoste vous en che debout.

MAGLORE

628   Vois ! Je sui assi[s]e de bout
Ou on n'a point mis de coutel.

MORGUE

Je sai bien que j'en ai un bel !

ARSILE

Et jou aussi !

MAGLORE

         Et qu'es[t] che a dire
632   Que nul n'en ai ? Sui je li pire ?
Si m'aït Diex, peu me prisa
Qui estavli ni avisa
Que toute seule a coutel faille !

MORGUE

636   Dame Maglore, ne vous caille !
Car nous de cha en avons deus.

MAGLORE

Tant est a mi plus grans li deus

---

622. sie te — 632. nen ia

MORGUE

Dieu vous bénisse, lui et vous !

CROQUESOT

Madame, il m'a chargé d'un message
Qu'il veut que je vous dise de sa part.
Vous l'entendrez quand il vous plaira.

MORGUE

Croquesot, assieds-toi là un moment !
Je te rappelle dans un instant.
Par ici ! Maglore, avancez !
Et vous aussi Arsile, après elle.
Et moi-même je m'assiérai
A côté de vous, à ce bout.

MAGLORE

Ho ! Je suis assise à un bout
Où on n'a pas mis de couteau.

MORGUE

Je sais bien que j'en ai un beau !

ARSILE

Et moi aussi !

MAGLORE

       Qu'est-ce que ça veut dire
Que je n'en aie pas ? Suis-je moins que vous ?
J'en prends Dieu à témoin, il m'estimait bien peu
Celui qui a décidé et voulu
Que je sois la seule à manquer de couteau !

MORGUE

Madame Maglore, ne vous inquiétez pas !
De notre côté nous en avons deux.

MAGLORE

Mon chagrin est d'autant plus grand

Quant vous les avés et je nient !

ARSILE

640   Ne vous caut, dame ! Ensi avient.
Je cuit c'on ne s'en donna garde.

(55a)   MORGUE

Bele douche compaigne, esgarde
Que chi fait bel et cler et net !

ARSILE

644   S'est drois que chiex qui s'entremet
De nous appareillier tel lieu
Ait biau don de nous.

MORGUE

Soit, par Dieu !
Mais nous ne savons qui chiex est !

CROKESOS

648   Dame, anchois que tout che fust prest
Ving je chi si que on metoit
Le tavle et c'on appareilloit.
Et doi clerc s'en entremetoient,
652   S'oï que ches gens apeloient
Un de ches deus Riquece Aurri,
L'autre Adan, filz maistre Henri.
S'estoit en une cape chiex.

ARSILE

656   S'est bien drois qu'i leur en soit miex
Et que chascune un don i meche.
Dame, que donrés vous Riqueche ?
Commenchiés.

MORGUE

Je li doins don gent.
660   Je voeil qu'il ait plenté d'argent.
Et de l'autre voeil qu'il soit teus
Que che soit li plus amoureus
Qui soit trouvés en nul païs.

Que vous en avez et moi non !

ARSILE

Ne vous inquiétez pas, madame ! Ça arrive.
Je suis sûre qu'on ne l'a pas fait exprès.

MORGUE

Ma chère amie, regarde
Comme ici tout est beau, clair et propre !

ARSILE

Il est juste que celui qui se charge
De nous préparer un tel décor
Ait un beau don de nous.

MORGUE

                    Qu'il en soit ainsi, parbleu !
Mais nous ne savons pas qui c'est !

CROQUESOT

Madame, je suis arrivé avant que tout fût prêt,
Pendant qu'on mettait la table
Et qu'on faisait les préparatifs.
Et deux clercs s'en occupaient :
J'ai entendu qu'on les appelait,
L'un des deux, Riquier Auri
Et, l'autre, Adam, le fils de maître Henri.
Ce dernier portait une cape.

ARSILE

Il est juste qu'ils en soient récompensés
Et que chacune y aille de son don.
Madame, que donnerez-vous à Riquier ?
Allez-y.

MORGUE

      Je lui fais un joli don.
Je veux qu'il ait beaucoup d'argent ;
Quant à l'autre, je veux
Que ce soit le plus amoureux
Qu'on puisse trouver au monde.

ARSILE

664 Aussi voeil je qu'il soit jolis
Et bons faiseres de canchons.

MORGUE

Encore faut a l'autre uns dons.
(55b) Commenchiés.

ARSILE

           Dame, je devise
668 Que toute se marcheandise
Li viegne bien et monteplit.

MORGUE

Dame, or ne faites tel despit
Qu'il n'aient de vous aucun bien !

MAGLORE

672 De mi, certes, n'aront il nient !
Bien doivent falir a don bel,
Puis que j'ai fali a coutel.
Honnis soit qui riens leur donra !

MORGUE

676 A ! dame, che n'avenra ja
Qu'il n'aient de vous coi que soit.

MAGLORE

Bele dame, s'il vous plaisoit,
Orendroit m'en deporteriés.

MORGUE

680 Il couvient que vous le fachiés,
Dame, se de rien nous amés.

MAGLORE

Je di que Riquiers soit pelés
Et qu'il n'ait nul cavel devant.
684 De l'autre, qui se va vantant
D'aler a l'escole a Paris,
Voeil qu'i soit si atruandis

ARSILE

Je veux aussi qu'il soit plein de gaieté,
Et bon compositeur de chansons.

MORGUE

Il manque encore un don à l'autre.
Allez-y.

ARSILE

  Madame, je dis
Que tout son commerce
Réussisse et prospère.

MORGUE

Madame, vous n'allez pas, de dépit,
Leur refuser une faveur.

MAGLORE

De moi, c'est sûr, ils n'auront rien !
C'est juste qu'ils soient privés d'un joli don
Puisque je suis privée de couteau.
Honte à qui leur fera le moindre don !

MORGUE

Ah ! madame, il n'est pas question
Qu'ils n'aient pas quelque chose de vous.

MAGLORE

Chère madame, si vous le vouliez bien,
Aujourd'hui vous m'en dispenseriez.

MORGUE

Il faut absolument que vous le fassiez,
Madame, ou vous n'êtes pas notre amie.

MAGLORE

Je dis que Riquier soit pelé
Et qu'il n'ait pas un cheveu devant.
Quant à l'autre, qui se vante
D'aller étudier à Paris,
Je veux qu'il s'encanaille

En le compaignie d'Arras
688   Et qu'il s'ouvlit entre les bras
Se feme, qui est mole et tenre,
Si qu'il perge et hache l'aprenre
Et meche se voie en respit.

ARSILE

692   Aimi ! Dame, qu'avés vous dit ?
(55c) Pour Dieu, rapelés ceste cose !

MAGLORE

Par l'ame ou li cors me repose,
Il sera ensi que je di.

MORGUE

696   Certes, dame, che poise mi,
Mout me repenc, mais je ne puis,
C'onques hui de riens vous requis.
Je cuidoie, par ches deus mains,
700   Qu'il deüssent avoir, au mains,
Chascuns de vous un bel jouel.

MAGLORE

Ains comperront chier le coutel
Qu'il ouvlierent chi a metre.

MORGUE

704   Croquesot !

CROKESOS

          Dame ?

MORGUE

          Se t'as lettre
Ne rien de ton seigneur a dire,
Si vien avant !

CROKESOS

          Diex le vous mire !
Aussi avoie je grant haste.

---

690. Et q.

Au milieu de ses compagnons d'Arras
Et qu'il s'oublie dans les bras
De sa femme qui est grasse et tendre
Au point de désapprendre et de détester l'étude
Et de renvoyer son voyage à plus tard.

ARSILE

Misère ! Madame, qu'avez-vous dit ?
Pour l'amour de Dieu, retirez ce vœu !

MAGLORE

Par l'âme où mon corps repose,
Il en sera comme je dis.

MORGUE

Assurément, madame, j'en suis fâchée
Et je me repens beaucoup, — trop tard, hélas —
De vous avoir aujourd'hui fait une demande.
Je croyais, je le jure par ces deux mains,
Que chacun, ils auraient de vous,
Au moins un beau cadeau.

MAGLORE

Ils vont plutôt payer cher le couteau
Qu'ils ont oublié de mettre ici.

MORGUE

Croquesot !

CROQUESOT

        Madame ?

MORGUE

        Si tu as une lettre
Ou quelque chose à dire de la part de ton maître,
Approche-toi !

CROQUESOT

        Dieu vous le rende !
C'est que j'étais très pressé.

708   Tenés !

MORGUE

> Par foi, c'est paine waste.
> Il me requiert chaiens d'amours,
> Mais j'ai mon cuer tourné aillours.
> Di lui que mal se paine emploie.

CROKESOS

712   Aimi ! Dame, je n'oseroie :
Il me geteroit en le mer !
Ne pourquant ne poés amer,
Dame, nul plus vaillant de lui.

MORGUE

716   (55d) Si puis bien faire.

CROKESOS

> Dame, cui ?

MORGUE

Un demoisel de ceste vile,
Qui est plus preus que tex .c. mile
Ou pour noient nous traveillons.

CROKESOS

720   Qui est il ?

MORGUE

> Robers Soumeillons,
Qui set d'armes et de cheval.
Pour mi jouste amont et aval
Par le païs a tavle ronde.
724   Il n'a si preu en tout le monde
Ne qui s'en sache miex aidier.
Bien i parut a Mondidier
S'il jousta le miex ou le pis.
728   Encore s'en dieut il ou pis,
Es espaules et ens es bras.

---

721. du ch. — 729. Ens e.

Tenez !

MORGUE

    Ma foi, c'est peine perdue.
Il me prie d'amour, là-dedans ;
Mais j'ai donné mon cœur à un autre.
Dis-lui qu'il perd sa peine.

CROQUESOT

Misère ! Madame, je n'oserais pas :
Il me jetterait à la mer !
Pourtant, madame, vous ne sauriez aimer
Quelqu'un qui ait plus de valeur que lui.

MORGUE

Mais si ! Mais si !

CROQUESOT

    Et qui, madame ?

MORGUE

Un jeune gentilhomme de cette ville
Qui a plus de mérite que cent mille de ces gens
Pour qui nous nous donnons du mal pour rien.

CROQUESOT

Qui est-ce ?

MORGUE

    Robert Sommeillon,
Un bon cavalier qui s'y connaît en armes.
Pour l'amour de moi il participe à droite et à gauche
Par toute la région à des tournois.
Il n'y a personne au monde qui soit son égal
Et qui s'en tire mieux.
On a bien vu à Montdidier
S'il a été le meilleur ou le pire du tournoi.
Il en a encore mal à la poitrine,
Aux épaules et aux bras.

CROKESOS

Est che nient uns a uns vers dras
Roiiés d'une vermeille roie ?

MORGUE

732   Ne plus ne mains.

CROKESOS

                              Bien le savoie.
Mesire en est en jalousie
Tres qu'il jousta a l'autre fie
En ceste vile ou Marchié droit.
736   De vous et de lui se vantoit
Et, tantost qu'il s'en prist a courre,
Mesires se mucha en pourre
Et fist sen cheval le gambet
740   Si que caïr fist le varlet
Sans assener sen compaignon.

(56a)   MORGUE

Par foi, assés le dehaign'on.
Non pruec me sanle il trop vaillans,
744   Peu parliers et cois et chelans,
Ne nus ne porte meilleur bouque.
Li personne de lui me touque
Tant que je l'amerai. Que vau[t] che ?

ARSILE

748   Le cuer n'avés mie en le cauche,
Dame, qui pensés a tel home !
Entre le Lis, voir, et le Somme
N'a plus faus ne plus buhotas.
752   Et se veut monter seur le tas,
Tantost qu'il repaire en un lieu.

MORGUE

S'est teus ?

ARSILE

                C'est mon.

CROQUESOT

N'est-ce pas quelqu'un avec une tenue verte
Rayée d'une raie rouge ?

MORGUE

Ni plus ni moins.

CROQUESOT

       Je le savais bien.
Monseigneur en est très jaloux
Depuis qu'il a jouté l'autre jour
Dans cette ville même en plein Marché.
Il se vantait de vos amours à tous deux.
Et, dès qu'il s'est mis à courir,
Monseigneur s'est caché dans la poussière
Et il a fait un croc-en-jambe à son cheval
De sorte que le monsieur est tombé
Avant d'avoir atteint son adversaire.

MORGUE

Pardi ! on se moque bien de lui.
Pourtant je trouve qu'il a beaucoup de valeur,
Qu'il est peu bavard, tranquille et discret
Et qu'il n'y a pas plus réservé.
Je suis si sensible à sa personne
Que je veux l'aimer. Suffit !

ARSILE

Vous n'avez pas froid aux yeux,
Madame, pour songer à un homme pareil !
Entre la Lys et la Somme, pour sûr,
Il n'y a pas plus faux ni plus creux.
Et il cherche à se pousser
Dès qu'il se trouve quelque part.

MORGUE

Il est comme ça ?

ARSILE

       Mais oui !

MORGUE

De le main Dieu
Soie jou sainnie et benite !
756   Mout me tieng ore pour despite
Quant pensoie a tel cacoigneur
Et je laissoie le gringneur
Prinche qui soit en faerie !

ARSILE

760   Or estes vous bien conseillie,
Dame, quant vous vous repentés.

MORGUE

Croquesot !

CROKESOT

Ma dame ?

MORGUE

Amistés
Porte ten segnieur de par mi !

CROKESOS

764   Ma dame, je vous en merchi
De par men grant segnieur le roy.
Dame, qu'est che la que je voi
(56b) En chele roe ? Sont che gens ?

MORGUE

768   Nenil, ains est esamples gens.
Et chele qui le roe tient
Chascune de nous apartient,
Et s'est tres dont qu'ele fu nee
772   Muiele, sourde et avulee.

CROKESOS

Comment a ele a non ?

---

767. roee ; *le* s *de* gens *a été écrit sur un* t — 772. anulee

MORGUE

                        Que Dieu me signe
Et me bénisse de sa main !
Je suis vraiment humiliée
D'avoir songé à un pareil chicaneur,
Et je négligeais le plus grand
Prince qui soit au pays des fées !

ARSILE

Ah ! vous êtes bien avisée,
Madame, de vous repentir.

MORGUE

Croquesot !

CROQUESOT

          Madame ?

MORGUE

               Transmets
Mes amitiés de ma part à ton maître !

CROQUESOT

Madame, je vous en remercie
Au nom de mon puissant seigneur le roi.
Madame, qu'est-ce que c'est que je vois là
Sur cette roue ? Ce sont des gens ?

MORGUE

Pas du tout ! Mais c'est une très belle image.
Et celle qui tient la roue
Est la parente de chacune de nous,
Et elle est de naissance
Muette, sourde et aveugle.

CROQUESOT

Comment s'appelle-t-elle ?

MORGUE

Fortune.
Ele est a toute riens commune
Et tout le mont tient en se main.
776　L'un fait povre hui, riche demain,
Ne point ne set cui ele avanche.
Pour chou n'i doit avoir fianche
Nus, tant soit haut montés en roche ;
780　Car se chele roe bescoche,
Il le couvient descendre jus.

CROKESOS

Dame, qui sont chil doi lassus,
Dont chascuns sanle si grans sire ?

MORGUE

784　Il ne fait mie bon tout dire,
Orendroit m'en deporterai.

MAGLORE

Croquesot, je le te dirai,
Pour chou que courechie sui.
788　Hui mais n'espargnerai nului,
Je n'i dirai hui mais fors honte.
Chil doi lassus sont bien du conte
Et sont de le vile signeur.
792　Mis les a Fortune en honnour.
Chascuns d'aus est en sen lieu rois.

CROKESOS

Qui sont il ?

(56c)　　　MAGLORE

C'est sire Ermenfrois
Crespins et Jaquemes Louchars.

CROKESOS

796　Bien les connois ! Il sont escars.

MAGLORE

Au mains regnent il maintenant
Et leur enfant sont bien venant

MORGUE

Fortune.

Elle est maîtresse de tout
Et tient tout le monde dans sa main.
Aujourd'hui elle vous fait pauvre, demain riche,
Et elle ne sait pas qui elle avantage.
Aussi, personne ne doit lui faire confiance,
Si haut soit-il élevé ;
Car si elle déclenche cette roue,
Il faut qu'il redescende.

CROQUESOT

Madame, qui sont ces deux là-haut ?
Chacun a l'air d'un si grand seigneur !

MORGUE

Il n'est pas bon de tout dire,
Dans ce cas je m'en dispenserai.

MAGLORE

Croquesot, je vais te le dire
Parce que je suis fâchée.
Aujourd'hui je n'épargnerai personne,
Aujourd'hui chacun en prendra pour son grade.
Ces deux là-haut sont bien vus du comte
Et ils sont les maîtres de la ville.
Fortune les a mis au premier rang.
Ils sont rois, chacun d'eux à sa place.

CROQUESOT

Qui est-ce ?

MAGLORE

Ce sont messire Ermenfroi
Crespin et Jacques Louchard.

CROQUESOT

Je les connais bien ! Ce sont des radins.

MAGLORE

En tout cas, ils règnent maintenant,
Et leurs enfants poussent bien :

Qui raigner vauront aprés euls.

CROKESOS

800   Liquel?

MAGLORE

    Vés ent chi au mains deus.
Chascuns sieut sen pere drois poins.
[...]
Ne sai qui chiex est qui s'embrusque.

CROKESOS

804   Et chiex autres qui la tresbusque,
A il ja fait pille ravane?

MAGLORE

Non. C'est Thoumas de Bouriane
Qui soloit bien estre du conte;
808   Mais Fortune ore le desmonte
Et tourne chu dessous deseure.
Pour tant on li a courut seure
Et fait damage sans raison.
812   Meesmement de se maison
Li voloit on faire grant tort.

ARSILE

Pechié fist qui ensi l'a mort.
Il n'en eüst mie mestier,
816   Car il a laissié son mestier
De draper pour brasser goudale.

MORGUE

Che fait Fortune qui l'avale.
Il ne l'avoit point deservi.

(56d)   CROKESOS

820   Dame, qui est chis autres chi
Qui si par est nus et descaus?

---

816. il la

Ils régneront après eux.

CROQUESOT

Lesquels ?

MAGLORE

   En voici au moins deux.
Chacun suit son père en tout point.
[.......................................]
Je ne sais pas qui est celui qui commence à tomber.

CROQUESOT

Et cet autre qui culbute, là,
A-t-il déjà fait sa pelote ?

MAGLORE

Non. C'est Thomas de Bourriane.
Il était bien vu du comte,
Mais Fortune maintenant l'abat
Et le tourne sens dessus-dessous.
Pourtant c'est sans raison
Qu'on s'en est pris à lui et qu'on lui a nui.
On voulait surtout
S'attaquer à sa maison.

ARSILE

Il a été bien coupable celui qui l'a ruiné.
Il aurait pu s'en dispenser,
Car Thomas a laissé son métier
De drapier pour celui de brasseur de bière.

MORGUE

C'est un coup de Fortune qui le fait descendre.
Il ne l'avait pas mérité.

CROQUESOT

Madame, et cet autre-ci qui est tout nu
Et sans chaussures, qui est-ce ?

MORGUE

Chis ? C'est Leurins Li Cavelaus
Qui ne puet jamais relever.

ARSILE

824　　Dame, si puet bien : par lever
Aucune bele cose amont.

CROKESOS

Dame, volentés me semont
C'a men segneur tost m'en revoise.

MORGUE

828　　Croquesot, di lui qu'il s'envoise
Et qu'il fache adés bele chiere,
Car je li iere amie chiere
Tous les jours mais que je vivrai !

CROKESOS

832　　Ma dame, sour che m'en irai.

MORGUE

Voire, di li hardiement !
Et se li porte che present
De par mi. Tien ! Boi anchois, viaus !

CROKESOS

836　　Me siet il bien li hurepiaus ?

ARSILE

Beles dames, s'il vous plaisoit,
Il me sanle que tans seroit
D'aler ent, ains qu'il ajournast.
840　　Ne faisons chi plus de sejour,
Car n'afiert que voisons par jour
En lieu la ou nus hom trespast.
Alons vers le Pré esraument :
844　　Je sai bien c'on nous i atent.

---

822. Canelaus — 836. hielepiaus — 836-837. DAME DOUCE

MORGUE

Celui-ci ? C'est Leurin Le Cavelau
Qui ne pourra plus se relever.

ARSILE

Mais si, mais si, madame !
Si la roue tourne.

CROQUESOT

Madame, j'ai grande envie
De retourner vite à monseigneur.

MORGUE

Croquesot, dis-lui qu'il se réjouisse
Le cœur toujours en fête,
Car je serai sa tendre amie
Aussi longtemps que je vivrai !

CROQUESOT

Madame, sur ce je m'en irai.

MORGUE

Oui, n'aie pas peur de le lui dire,
Et porte-lui ce présent
De ma part. Tiens ! Mais bois avant, s'il te plaît.

CROQUESOT

La cagoule me va-t-elle bien ?

ARSILE

Mesdames, si vous le vouliez bien,
Il me semble qu'il serait temps
De s'en aller, avant le lever du jour.
Ne nous attardons pas davantage ici :
Il ne faut pas que nous allions de jour
Par un chemin où passerait un homme.
Rendons-nous vite au Pré :
Je sais qu'on nous y attend.

(57a)   MAGLORE

Or tost ! Alons ent par illeuc.
Les vielles femes de le vile
Nous i atendent.

MORGUE

                    Est chou gille ?

MAGLORE

848   Vés ! Dame Douche nous vient pruec.

DAME DOUCE

Et qu'est ce ore chi, beles dames ?
C'est grans anuis et grans diffames
Que vous avés tant demouré.
852   J'ai annuit faite l'avangarde
Et me fille aussi vous pourwarde
Toute nuit a le Crois ou Pré.
La vous avons nous atendues
856   Et pourwardees par les rues :
Trop nous i avés fait veillier !

MORGUE

Pour coi, la Douche ?

DAME DOUCE

                    On m'i a fait
Et dit par devant le gent lait,
860   Uns hom que je voeil manier.
Mais, se je puis, il ert en biere
Ou tournés che devant derriere,
Devers les piés ou vers les dois.
864   Je l'arai bien tost a point mis
En sen lit ensi que je fis
L'autre an Jakemon Pilepois
Et l'autre nuit Gillon Lavier.

MAGLORE

868   Alons ! Nous vous irons aidier.
(57b) Prendés avoec Agnés vo fille

863-864. DAME DOUCE

MAGLORE

Vite, vite ! Allons-nous-en par là-bas.
Les vieilles femmes de la ville
Nous y attendent.

MORGUE

Vous plaisantez ?

MAGLORE

Voyez ! Madame Douce vient nous chercher.

DAME DOUCE

Et qu'est-ce que ça signifie, mesdames ?
Votre grand retard
Nous fait beaucoup de mal et de tort.
Cette nuit, j'ai monté la garde
Et ma fille aussi vous a cherchées
Toute la nuit à la Croix-au-Pré.
C'est là que nous vous avons attendues
Et cherchées par les rues :
Vous nous y avez fait veiller trop longtemps !

MORGUE

Pourquoi, la Douce ?

DAME DOUCE

On m'y a insultée
Du geste et de la voix devant tout le monde,
Un homme que je voudrais caresser.
Si je peux, on le retrouvera sur une civière
Ou tourné sens devant-derrière
Vers les pieds ou vers les doigts.
J'aurai tôt fait de lui régler son compte
Dans son lit comme j'ai fait
L'an dernier avec Jacques Pilepois
Et l'autre nuit avec Gilles Lavier.

MAGLORE

Marchons ! Nous irons vous aider.
Prenez avec vous Agnès votre fille

Et une qui maint en Chité
Qui ja n'en avera pité.

MORGUE

872   Fame Wautier Mulet?

DAME DOUCE

                    C'est chille.
Alés devant, et je m'en vois.

LES FEES CANTENT

Par chi va la mignotise, par chi ou je vois !

LI MOINES

Aimi ! Dieus, que j'ai soumeillié !

HANE LI MERCIERS

876   Marie ! Et j'ai adés veillié !
Faites ! Alés vous ent errant.

LI MOINES

Frere, ains arai mengié avant,
Par le foi que doi saint Acaire !

HANE

880   Moines, volés vous dont bien faire?
Alons a Raoul Le Waidier.
Il a aucun rehaignet d'ier,
Bien puet estre qu'il nous donra.

LI MOINES

884   Trop volentiers. Qui m'i menra?

HANE

Nus ne vous menra miex de moi.
Si trouverons laiens, je croi,
Compaignie qui la s'embat,
888   Faitiche, ou nus ne se combat,
(57c) Adan, le fil maistre Henri,
Veelet et Riqueche Aurri
Et Gillot Le Petit, je croi.

Et une autre qui habite la Cité
Et qui sera sans pitié.

MORGUE

La femme de Gautier Mulet ?

DAME DOUCE

                              Précisément.
Marchez devant, je vous suis.

LES FÉES *chantent*

Là passe la grâce, par là où je passe !

LE MOINE

Misère ! Mon Dieu, que j'ai dormi !

HANE LE MERCIER

Sainte Vierge ! Et moi qui n'ai pas fermé l'œil !
Allez ! Partez vite.

LE MOINE

Mon cher, pas avant d'avoir mangé d'abord,
Saint Acaire m'en est témoin !

HANE

Moine, voulez-vous faire une bonne chose ?
Allons chez Raoul Le Waidier.
Il a des restes d'hier,
Peut-être bien qu'il nous en donnera.

LE MOINE

Bien volontiers. Qui va m'y mener ?

HANE

Personne ne vous y mènera mieux que moi.
Et nous trouverons là-bas, j'en suis sûr,
Des camarades qui s'y précipitent ;
Ils sont agréables, ils ne se battent jamais,
Adam, le fils de maître Henri,
Petit-Veau, Riquier Auri
Et Guillot Le Petit, j'en suis sûr.

LE MOINES

892 Par le saint Dieu, et je l'otroi.
     Aussi est chi me cose bien.
     Et si vés chi un crespet, tien,
     Que ne sai quels caitis offri.
896 Je n'en conterai point a ti,
     Ains sera de commenchement.

HANE

     Alons ent dont ains que li gent
     Aient le taverne pourprise.
900 Esgardés ! Li tavle est ja mise
     Et vés la Rikeche d'encoste.
     Rikeche, veïstes vous l'oste ?

RIKIERS

     Oie, il est chaiens. Rauelet ?

LI OSTES

904 Veés me chi.

HANE

                 Qui s'entremet
     Dou vin sakier ? Il n'i a plus ?

LI OSTES

     Sire, bien soiés vous venus !
     Vous voeil je fester, par saint Gille !
908 Sachiés c'on vent en ceste vile.
     Tastés ! Jel venc par eschievins !

LI MOINES

     Volentiers. Cha dont !

LI OSTES

                           Est che vins ?
     Tel ne boit on mie en couvent !
912 Et si vous ai bien en couvent
     Qu'auen ne vint mie d'Auchoirre.

---

903. Oue — 913. Aucheure

LE MOINE

De Dieu ! Je suis d'accord.
D'ailleurs, mes affaires ici vont bien.
Et voici un beignet ! Tiens !
Je ne sais quel pauvre diable l'a offert.
Je ne vais pas compter avec toi,
Ce sera un petit commencement.

HANE

Allons-nous-en donc à la taverne
Avant que les gens l'aient prise d'assaut.
Regardez ! La table est déjà mise
Et voilà Riquier à côté.
Riquier, avez-vous vu le patron ?

RIQUIER

Oui, il est dedans. Raoulet !

LE PATRON

Me voici.

HANE

　　　Qui s'occupe
De tirer le vin ? Il n'y en a pas plus ?

LE PATRON

Monsieur, soyez le bienvenu !
Je vais bien vous traiter, par saint Gilles !
Apprenez ce qu'on vend dans cette ville.
Goûtez ! Je le vends avec la garantie des échevins.

LE MOINE

Volontiers. Faites donc voir !

LE PATRON

　　　　　　　C'est pas du vin, ça ?
On n'en boit pas comme ça au couvent !
Et puis, je vous promets
Qu'il ne vient pas d'arriver d'Auxerre.

RIKIERS

(57d) Or me prestés donques un voirre,
Par amours. Et si seons bas,
916   Et che sera chi li rebas
Seur coi nous meterons le pot.

GUILLOS

C'est voirs.

RIKIERS

            Qui vous mande, Gillos ?
On ne se puet mais aaisier.

GUILLOS

920   Che ne fustes vous point, Rikier !
De vous ne me doi loer waires !
Que c'est ? Mesires sains Acaires,
A il fait miracles chaiens ?

LI OSTES

924   Gillot, estes vous hors du sens ?
Taisiés ! Que mal soiés venus !

GUILLOS

Ho ! Biaus ostes, je ne di plus.
Hane, demandés Rauelet
928   S'il a chaiens nul rehaignet
Qu'il ait d'er soir repus en mue.

LI OSTES

Oie, un herenc de Gernemue,
Sans plus. Gillot, je vous oc bien !

GUILLOS

932   Je sai bien que vés chi le mien.
Hane, or li demandés le voe.

LI OSTES

Le ban fai que t'ostes le poe

_____
929. dessoir — 930. Oïl

RIQUIER

Passez-moi donc un verre,
S'il vous plaît. Et asseyons-nous.
Et voilà l'appui
Où nous mettrons le pot.

GUILLOT

Parfaitement.

RIQUIER

       Quelqu'un vous demande, Guillot?
On ne peut plus être tranquille.

GUILLOT

Sûrement pas vous, Riquier!
Je n'ai guère à me louer de vous!
Quoi? Monseigneur saint Acaire
A-t-il fait des miracles par ici?

LE PATRON

Guillot, êtes-vous fou?
Taisez-vous! Vous auriez mieux fait de ne pas venir!

GUILLOT

Oh! patron, je ne dis plus rien.
Hane! demandez à Raoulet
S'il n'a pas un reste d'hier soir
Au fond de son garde-manger.

LE PATRON

Si! un hareng de Yarmouth,
Pas davantage. Guillot, je vous entends bien!

GUILLOT

Je sais bien que voilà pour moi.
Hane, demandez-lui le vôtre.

LE PATRON

Je t'ordonne d'enlever ta patte

Et qu'il soit a tous de commun.
936   Il n'affiert point c'on soit enfrun
Seur le viande.

GUILLOS

Bé ! C'est jus !

LI OSTES

(58a) Or metés dont le herenc jus !

GUILLOS LI PETIS

Vés le chi ! Je n'en gousterai.
940   Mais un petit assaierai
Che vin ains c'on le paressiaue.
Il fu, voir, escaudés en yaue,
Si set un peu le rebouture.

LI OSTES

944   Ne dites point no vin laidure,
Gillot ! Si ferés courtoisie.
Nous sommes d'une compaignie,
Si ne le blamés point.

GUILLOS LI PETIS

Non fai je.

HANE LI MERCIERS

948   Vois ! Que maistre Adans fait le sage
Pour che qu'il doit estre escoliers.
Je vi qu'il se sist volentiers
Avoecques nous pour desjuner !

ADANS

952   Biaus sire, ains couvient meürer,
Par Dieu, je ne le fac pour el.

MAISTRE HENRIS

Va i, pour Dieu ! Tu ne vaus mel.
Tu i vas bien quant je n'i sui !

---

937. jeus

Et de partager avec les autres.
Ce n'est pas beau de se jeter
Sur la nourriture.

GUILLOT

Bah ! c'est pour rire.

LE PATRON

Posez donc le hareng !

GUILLOT LE PETIT

Le voilà ! Je n'y toucherai pas.
Mais je vais tâter un peu
De ce vin avant qu'on finisse de le mouiller.
Il a déjà été échaudé dans de l'eau, pour sûr !
Mais il garde un goût de moisi.

LE PATRON

N'insultez pas notre vin,
Guillot ! Ce serait aimable de votre part.
Nous sommes tous camarades.
Ne le critiquez pas.

GUILLOT

Je ne le fais pas.

HANE LE MERCIER

Ho ! Comme maître Adam fait le sage
Parce qu'il va être étudiant !
J'ai connu un temps où il s'asseyait
Volontiers avec nous pour déjeuner !

ADAM

Cher monsieur, il faut bien mûrir un jour.
Mon Dieu ! je n'ai pas d'autre raison.

MAÎTRE HENRI

Vas-y, Bon Dieu ! Tu ne fais rien de mal.
Tu y vas bien quand je n'y suis pas !

ADANS

956 Par Dieu, sire, je n'irai hui
Se vous ne venés avoec mi.

MAISTRE HENRIS

Va dont, passe avant, vés me chi !

HANE LI MERCIERS

Aimi ! Diex, con fait escolier !
960 Chi sont bien emploié denier !
Font ensi li autre a Paris ?

(58b) RIQUECE

Vois ! Chis moines est endormis.

LI OSTES

Et or me faites tout escout !
964 Metons li ja sus qu'il doit tout
Et que Hane a pour lui jué.

LI MOINES

Aimi ! Dieu, que j'ai demouré !
Ostes, comment va nos affaires ?

LI OSTES

968 Biaus ostés, vous ne devés waires.
Vous finerés mout bien chaiens,
Ne vous anuit mie ! G'i pens.
Vous devés .XII. saus a mi.
972 Merchiés ent vo bon ami
Qui les a chi perdus pour vous.

LI MOINES

Pour mi ?

LI OSTES

   Voire.

---

965. *graphie* yue

ADAM

Mon Dieu ! père, je n'y irai pas aujourd'hui
Si vous ne venez pas avec moi.

MAÎTRE HENRI

Va donc, passe devant ! Je te suis.

HANE LE MERCIER

Misère ! Mon Dieu, quel étudiant !
Voilà de l'argent bien employé !
Ils font pareil, les autres à Paris ?

RIQUIER

Ho ! Ce moine s'est endormi.

LE PATRON

Ecoutez-moi tous avec attention !
Mettons toute la dépense à son compte :
Hane aura joué pour lui.

LE MOINE

Misère ! Mon Dieu, que j'ai traîné !
Patron, combien je vous dois ?

LE PATRON

Cher client, vous ne me devez pas grand-chose.
Vous pourrez très bien payer comptant,
Ne vous inquiétez pas ! Je fais votre note.
Vous me devez douze sous.
Vous pouvez remercier votre excellent ami
Qui vient de les perdre en jouant pour vous.

LE MOINE

Pour moi.

LE PATRON

      Oui.

LI MOINES

Les doi je tous?

LI OSTES

Oïl, voir.

LI MOINES

Ai je dont ronquiet?
976 J'en eüsse aussi bon marchiet,
Che me sanle, en l'Enganerie!
Et n'a il as dés jué mie
De par mi ni a me requeste!

LI OSTES

980 Vés chi de chascun le foi preste
Que che fu pour vous qu'il joua.

LI MOINES

Hé! Diex, a vous con fait jeu a,
Biaus ostes, qui vous vaurroit croire!
984 Mauvais fait chaiens venir boire,
Puis c'on cunkie ensi le gent.

(58c) LI OSTES

Moines, paiés cha men argent
Que vous me devés! Est che plais?

LI MOINES

988 Dont deviegne jou aussi fais
Que fu li hordussens ennuit!

LI OSTES

Bien vous poist et bien vous anuit,
Vous waiterés chaiens le coc,
992 Ou vous me lairés cha che froc!
Le cors arés, et jou l'escorche.

LI MOINES

Ostes, me ferés vous dont forche?

979-980. HANE LI MERCIERS

LE MOINE

Je dois tout ça ?

LE PATRON

Oui, bien sûr.

LE MOINE

J'ai donc roupillé ?
Je n'aurais pas payé plus cher,
Je crois, rue de la Tromperie !
Mais il n'a pas joué aux dés
En mon nom ni à ma demande !

LE PATRON

Voici chacun prêt à jurer
Que c'est pour vous qu'il a joué.

LE MOINE

Hé ! Grand Dieu ! Le plaisir de jouer avec vous,
Patron, à vous entendre !
Il ne fait pas bon venir boire ici
Puisqu'on s'y fiche comme ça du monde.

LE PATRON

Moine, payez-moi l'argent
Que vous me devez ? D'accord ?

LE MOINE

Autant devenir comme
Le cinglé de cette nuit !

LE PATRON

Que ça vous plaise ou non,
Vous guetterez ici le coq
Ou bien vous me laisserez ce froc !
Vous aurez le corps et moi l'écorce.

LE MOINE

Patron, vous oseriez-me violenter ?

LI OSTES

Oïl, se vous ne me paiés.

LI MOINES

996   Bien voi que je sui cunkiés,
Mais c'est li da[e]rraine fois !
Par mi chou m'en irai je anchois
Qu'il reviegne nouviaus escos.

MAISTRES HENRIS

1000   Moines, vous n'estes mie sos,
Par mon chief, qui vous en alés.

[LI FISISCIENS]

Certes, segnieur, vous vous tués.
Vous serés tout paraletique
1004   — Ou je tieng a fausse fisique —
Quant a ceste eure estes chaiens.

GUILLOS

Maistres, bien kaiés de vo sens !
Car je ne le pris une nois.
Seés vous jus.

LI FISISCIENS

1008   Cha, une fois
Me donnés, s'i vous plaist, a boire.

GUILLOS

Tenés, et mengiés ceste poire.

LI MOINES

Biaus ostes, escoutés un peu.
1012   (58d) Vous avés fait de mi vo preu.
Wardés un petit mes reliques,
Car je ne sui mie ore riques.
Je les racaterai demain.

LE PATRON

Oui, si vous ne me payez pas.

LE MOINE

Je vois bien qu'on se fiche de moi.
Mais c'est la dernière fois !
Pourtant je m'en irai avant
Qu'on apporte une autre note.

MAÎTRE HENRI

Moine, vous n'êtes pas fou
De vous en aller, je vous le jure.

LE MÉDECIN

Assurément, messieurs, vous vous tuez.
Ou vous tomberez tous paralytiques
A rester ici à cette heure,
Ou je ne crois plus à la médecine !

GUILLOT

Maître, vous perdez la tête !
Je me moque de votre médecine.
Asseyez-vous.

LE MÉDECIN

        Pour une fois,
S'il vous plaît, donnez-moi à boire.

GUILLOT

Tenez, et mangez cette poire.

LE MOINE

Cher patron, écoutez un peu.
Vous avez bien profité de moi.
Gardez un moment mes reliques,
Je n'ai pas assez d'argent sur moi.
Je les rachèterai demain.

LI OSTES

1016   Alés ! Bien sont en sauve main.

GUILLOS

Voire, Dieus !

LI OSTES

           Or puis preeschier !
De saint Acaire vous requier,
Vous maistre Adan et a vous Hane.
1020   Je vous pri que chascuns recane
Et fache grant sollempnité
De che saint c'on a abevré,
Mais c'est par un estrange tour !

LI COMPAINGNON CANTENT

1024   « Aie se siet en haute tour ».
Biaus ostes, est che bien canté ?

LI OSTES RESPONT

Bien vous poés estre vanté
C'onques mais si bien dit ne fu.

LI DERVES

1028   Ahors, le fu ! le fu ! le fu !
Aussi bien cante je qu'il font !

LI MOINES

Li chent dyable aporté vous ont !
Vous ne me faites fors damage !
1032   Vo pere ne tieng mie a sage
Quant il vous a ramené chi.

LI PERES AU DERVE

Certes, sire, che poise mi.
D'autre part, je ne sai que faire,
1036   Car s'il ne vient a saint Acaire,
Ou ira il querre santé ?
Certes, il m'a ja tant cousté
Qu'il me couvient querre men pain.

_____

1024. Aia

LE PATRON

Partez donc ! Elles sont dans de bonnes mains.

GUILLOT

Oh oui, pardi !

LE PATRON

      A mon tour de prêcher !
Au nom de saint Acaire, je m'adresse à vous,
Maître Adam, et à vous, Hane.
Je vous invite chacun à braire
Et à faire une grande cérémonie
En l'honneur de ce saint qu'on a fait boire,
— D'une étrange façon, à vrai dire.

LES COMPAGNONS *chantent*

« Aie est assise en haut de la tour ».
Patron, c'est bien chanté ?

LE PATRON *répond*

Vous pouvez bien vous vanter
Qu'on n'a jamais fait aussi bien.

LE FOU

Dehors ! Au feu ! Au feu ! Au feu !
Je chante aussi bien qu'eux.

LE MOINE

C'est le diable qui vous amène !
Vous ne me faites que du tort !
Votre père n'est pas raisonnable
De vous avoir ramené ici.

LE PÈRE DU FOU

Pour sûr, monsieur, j'en suis désolé.
Mais d'un autre côté, je ne sais que faire,
Car s'il ne vient pas trouver saint Acaire,
Où ira-t-il chercher sa guérison ?
Pour sûr, il m'a déjà tant coûté
Que je suis obligé de mendier mon pain.

(59a)   LI DERVES

1040   Par le mort Dieu, je muir de fain.

                         LI PERES AU DERVE

         Tenés ! Mengiés dont ceste pume.

                         LI DERVES

         Vous i mentés ! C'est une plume.
         Alés ! Ele est ore a Paris.

                         LI PERES

1044   Biau sire Diex, con sui honnis
         Et perdus ! Et qu'il me meschiet !

                         LI MOINES

         Certes, c'est trop bien emploiet.
         Pour coi le ramenés vous chi ?

                         LI PERES

1048   Hé ! sire, il ne feroit aussi
         En maison fors desloiauté.
         Ier le trouvai tout emplumé
         Et muchié par dedens se keute.

                         MAISTRE HENRIS

1052   Diex ! Qui est chiex qui la s'akeute ?
         Boi bien ! Le glout ! le glout ! le glout !

                         GUILLOS

         Pour l'amour de Dieu, ostons tout,
         Car se chis sos la nous ceurt seure,
1056   [.......................................]
         Pren le nape, et tu le pot tien !

                         RIKECE

         Foi que doi Dieu, je le lo bien :
         Tout avant que il nous meskieche,
1060   Chascuns de nous prengne se pieche !
         Aussi avons nous trop villiet.

────────────────

1052. se keute

LE FOU

Nom de Dieu ! Je meurs de faim.

LE PÈRE DU FOU

Tenez ! Mangez donc cette pomme.

LE FOU

Menteur ! C'est une plume.
Partez ! Elle est maintenant à Paris.

LE PÈRE

O mon Dieu ! Quelle honte pour moi,
Quelle misère ! Que je suis malheureux !

LE MOINE

Pour sûr ! et c'est bien fait !
Pourquoi le ramenez-vous ici ?

LE PÈRE

Hé ! monsieur, c'est qu'il ne ferait
Chez nous que des méchancetés.
Hier, je l'ai trouvé tout couvert de plumes
Et caché au fond de son édredon.

MAÎTRE HENRI

Bon Dieu ! Qui est-ce qui s'accoude là ?
Bois bien ! Au soiffard ! Au soiffard !

GUILLOT

Pour l'amour de Dieu, enlevons tout.
Si ce fou nous fonce dessus,
[..]
Prends la nappe, et toi tiens le pot !

RIQUIER

Dieu m'en est témoin, j'en suis bien d'accord.
Que chacun de nous prenne ce qui est à lui
Avant qu'il nous arrive malheur !
D'ailleurs, nous avons veillé trop longtemps.

Lı Moines

Ostes, vous m'avés bien pilliet !
Et s'en i a chi de plus riques,
1064 Toutes eures ! Cha, mes reliques !
(59b) Vés chi .XII. saus que je doi.
Vous et vo taverne renoi.
Se g'i revieng, dyable m'en porche !

LI OSTES

1068 Je ne vous en ferai ja forche.
Tenés vos reliques.

LI MOINES

                    Or cha !
Honnis soit qui m'i amena !
Je n'ai mie apris tel afaire.

GUILLOS

1072 Di, Hane ! I a il plus que faire ?
Avons nous chi riens ouvlié ?

HANE

Nenil, j'ai tout avant osté.
Faisons l'oste que bel li soit.

GUILLOS

1076 Ains irons anchois, s'on m'en croit,
Baisier le fiertre Nostre Dame
Et che chierge offrir, qu'ele flame.
No cose nous en venra miex.

LI PERES

1080 Or cha ! Levés vous sus, biaus fiex :
J'ai encore men blé a vendre.

LI DERVES

Que c'est ? Me volés mener pendre,
Fiex a putain, leres prouvés ?

LI PERES

1084 Taisiés ! Cor fussiés enterés,

LE MOINE

Patron, vous m'avez bien détroussé !
Et il y en a ici de plus riches
Pourtant ! Par ici mes reliques !
Voici douze sous que je vous dois.
Je vous maudis, vous et votre taverne.
Le diable m'emporte, si jamais j'y reviens !

LE PATRON

Je ne vous y forcerai jamais.
Tenez vos reliques.

LE MOINE

                    Par ici !
Maudit soit celui qui m'a amené ici !
Je n'ai pas l'habitude d'être traité comme ça.

GUILLOT

Dis, Hane ! Il y a encore quelque chose à faire ?
Avons-nous oublié quelque chose ici ?

HANE

Non, non ! J'ai déjà tout enlevé.
Faisons plaisir au patron.

GUILLOT

Nous irons plutôt d'abord, si vous m'en croyez,
Baiser la châsse de Notre-Dame
Et offrir ce cierge, pour qu'elle brille.
Nous nous en trouverons mieux.

LE PÈRE

Allons ! Levez-vous, mon fils :
J'ai encore mon blé à vendre.

LE FOU

Quoi ? Vous voulez me mener pendre,
Fils de pute, fieffé coquin !

LE PÈRE

Taisez-vous ! Que n'êtes-vous sous terre,

Sos puans ! Que Diex vous honnisse !

LI DERVES

Par le mort Dieu, on me compisse
Par la deseure, che me sanle !
1088   Peu faut que je ne vous estranle.

LI PERES

(59c) Aimi ! Or tien che croquepois !

LI DERVES

Ai je fait le noise dou prois ?

LI PERES

Nient ne vous vaut ! Vous en venrés !

LI DERVES

1092   Alons ! Je sui li espousés.

LI MOINES

Je ne fai point de men preu chi
Puis que les gens en vont ensi.
N'il n'i a mais fors baisseletes,
1096   Enfans et garchonnaille. Or fai !
S'en irons. A saint Nicolai
Commenche a sonner des cloquetes.

Explicit li jeus de Le Fuellie.

Fou puant ! Que Dieu vous maudisse !

LE FOU

Nom de Dieu ! On me pisse dessus
De là-haut, je crois !
Je me retiens tout juste de vous étrangler.

LE PÈRE

Misère ! Tiens ce coup de bâton !

LE FOU

J'ai bien pété ?

LE PÈRE

Inutile de discuter ! Vous allez venir !

LE FOU

Partons ! Je suis le marié.

LE MOINE

Je n'ai rien à espérer ici
Puisque tout le monde s'en va.
Il ne reste plus que des gamines,
Des enfants et le personnel. En avant !
Nous nous en irons. Les cloches
De Saint-Nicolas se mettent à sonner.

Fin du Jeu de la Feuillée

C'est du roi de Sezile

I   On doit plaindre, et s'est hontes a tous bons trouveours,
           Quant bonne matere est ordenee a rebours ;
           Car qui miex set plus doit metre paine et secours
4   A che bien ordener qui miex doit estre en cours :
           (59d) Ne chiex ne meffait mie qui les vers fait meillours,
           Mais chiex qui les emprent et si n'en set les tours.
           Che fu damages grans, nichetés et folours,
8   Se si bele matere, ou ja iert mes retours,
           Demouroit si qu'ele est mau rimee a tous jours.
           Li matere est de Dieu et d'armes et d'amours
           Et du plus noble prinche en proueche et en mours
12   Qui onques endossast chevalereus atours
           N'a qui onques en terre avenist graind[r]e honnours
           Que Diex et hardemens et sa roiaus vigours
           Li fisent conquester par proueche en estours :
16   C'est dou bon roy Charlon, le seigneur des seignours,
           Par cui li drois estas de le foi est ressours,
           Qui fu roys de Sezile et de Puille et d'aillours
           Et de royal lignie ensieut ses anchissours
20   Et de chevalerie est chiex et dieus et flours.

II   D'autre part fu Valours en cestui bien assise,
           (60a) Car Nature i fu toute a son pooir esquise
           En biauté et en forche, en gentil taille alise.
24   Lui quart de freres fu, drois est que les descrise.
           Li uns fu Loëys, li roys de saint Denise,
           Chiex qui tant essaucha et ama Sainte Eglize,
           Par cui fu Damiete as Sarrasins conquise ;
28   Et li bons quoins d'Artois qui fu a chele prise,
           Et li quoins de Poitiers ; et chis, qui les ravise,
           Les seurmontoit de non et de fait et d'emprise.
           Mar virent mescreant lui ne se vaillandie !
32   Car de ses anemis ne se mist mie en mise

Le Roi de Sicile

I   Il faut regretter — c'est une honte pour les bons trouvères —
Qu'un bon sujet soit conté à l'envers ;
Car mieux on s'y connaît, plus on doit faire effort
Pour mettre en ordre ce qui est le plus digne des cours ;
Ce n'est pas celui qui améliore les strophes qui agit mal,
Mais celui qui les invente sans en savoir les règles.
Ce serait grand dommage, bêtise et folie
Si un si beau sujet, dont je ne me lasserai pas,
Demeurait comme il est, mal rimé à jamais.
Le sujet, c'est Dieu et les armes et les amours,
Le prince le plus brillant pour sa bravoure et ses mœurs
Qui jamais revêtît l'habit de chevalier
Et à qui échût le plus grand honneur sur terre,
Que Dieu et sa hardiesse et sa royale vigueur
Lui firent conquérir par sa prouesse au combat :
C'est le vaillant roi Charles, le seigneur des seigneurs,
Par qui la Foi a recouvré son état légitime,
Lui qui fut roi de Sicile, des Pouilles et d'ailleurs,
Marche sur les pas de ses ancêtres de sang royal
Et il est de la chevalerie le dieu et la fleur.

II   Vaillance avait bien sa place chez lui,
Car il était d'une nature on ne peut plus rare
En beauté et en force, en noblesse et distinction.
Il était le dernier de quatre frères qu'il me faut décrire.
Le premier était Louis, le roi de Saint-Denis,
Celui qui tant aima et glorifia la sainte Eglise,
Par qui Damiette fut conquise sur les Sarrasins ;
Les autres le vaillant comte d'Artois qui fut à cette conquête,
Et le comte de Poitiers ; mais lui, à bien les considérer,
Les dépassait par ses entreprises, ses exploits et sa gloire.
Quel fléau fut sa vaillance pour les infidèles !
Avec ses ennemis il n'accepta pas de transaction,

N'il n'en prist raenchon, ains les mist a juïse,
Si com vous m'orrés dire ains que je gaires lise.
Li hardemens de lui se gent muet et atise
36   Si qu'il ne puet en aus demourer couardise.
De canque il ot empris ot il victoire aquise.
N'onques de lui ne fist nus plus bele devise
Car le vertu du cors ot toute en armes mise
40   (60b) Et le cuer en Largueche, en Dieu et en Franquise.

III   Et avoec che qu'il eut cuer et cors de vassal,
Ne vit onques de lui nus prinche plus loial
Ne compaignon aussi de lui plus general
44   Ne qui plus honnerast dames d'amour coral.
Et bien en mainte marche i parut chi aval :
Pour eles escilla chevaus, pourpre, chendal.
Bachelerie est bien depuis muee en mal,
48   C'est mais tout rebeurie, il n'ont point d'apoial ;
Mais s'encore fust Charles en Franche le roial,
Encore trouvast on Rolant et Percheval,
Tel gent ot avoec lui pour bien tenir estal
52   Nos bons roys de Sezile en maint estour mortal,
Car par le hardement seür et natural
Fu chascuns Oliviers et seürs au cheval.
Teus hom doit tenir terre et regne empereal.
56   Nient plus ne doutoit chaus que s'il fust de metail.
(60c) Et l'espee en ses puins fait valoir Durendal.
Chiex seus fu diex en terre, il n'eut nul principal,
Mais par s'umelité furent tout parigal.

IV 60   Or avés se proueche en general oïe,
Chi aprés vous sera clerement desploïe
Et, de puis qu'il fu nés, en orde poursievie.
Se loenge est si bele et si autorisie
64   Qu'ele doit vilain cuer purgier de vilenie
Et d'armes esmouvoir toute chevalerie
Et de joie eslever cuer d'amant et d'amie.
Ne sai quel menestrel l'avoient depechie,
68   Mais jou, Adans d'Arras, l'ai a point radrechie ;
Et pour chou c'on ne soit de moi en daserie,
On m'apele Bochu, mais je ne le sui mie !
Deus fust se ceste estoire eüst esté perie,
72   Car paine i est si bien et si bel emploïe,
Et me creanche est tele et sour che je m'afie,
(60d) Que pour l'amour du roy m'en iert Diex en aïe,
Car il l'ama et fist tant pour lui en sa vie

---

33. *graphie* yuise — 37. canques — 73. *le s de* sour *est écrit sur un* p

Il n'en prit pas de rançon, mais il en fit justice,
Comme vous l'apprendrez avant que je ne lise beaucoup.
Sa hardiesse excite et soulève tant ses hommes
Qu'il ne peut rester en eux la moindre lâcheté.
En tout ce qu'il entreprit, il fut vainqueur.
Aucun autre que lui n'eut de plus beau dessein,
Car il avait donné aux armes la vigueur de son corps
Et son cœur à Générosité, à Dieu et à Noblesse.

III   Et outre qu'il avait le cœur et le corps d'un brave,
Nul ne vit jamais prince plus loyal que lui
Ni compagnon plus généreux
Ni qui honorât les dames d'un amour plus profond.
Et on le vit bien en maints pays :
Pour elles il usa chevaux, pourpre et soie.
Jeunesse après lui s'est toute dégradée,
Elle n'est plus que rapine, les gens n'ont pas de soutien.
Mais si Charles vivait encore au royaume de France,
On trouverait encore Roland et Perceval,
Si braves étaient ceux qu'il avait avec lui pour faire front,
Notre vaillant roi de Sicile, en maints combats mortels,
Car sa hardiesse sereine et naturelle faisait
De chacun d'eux un Olivier et un parfait chevalier.
Un tel homme a droit à gouverner terre et royaume d'Empire.
Il ne redoutait pas plus les coups que s'il avait été de métal.
Dans ses poings, son épée égalait Durandal.
Lui seul fut un dieu sur terre, il n'eut pas de supérieur,
Mais par humilité il fit de tous ses égaux.

IV   Vous m'avez entendu parler de sa valeur en général,
Elle va vous être à l'instant détaillée
Et, depuis sa naissance, déroulée en bon ordre.
Son éloge est si beau et si bien fondé
Qu'il doit chasser d'un cœur bas la bassesse,
Pousser aux armes tout chevalier
Et soulever de joie cœur d'amant et d'amante.
Je ne sais quels jongleurs l'avaient mis en pièces,
Mais moi, Adam d'Arras, je l'ai tout restauré ;
Et pour qu'on ne se trompe pas sur moi,
On m'appelle Bossu, mais je ne le suis pas !
C'eût été dommage si cette histoire avait péri,
Car j'y emploie si bien ma peine
Que — et c'est ce dont je suis sûr et certain —
Pour l'amour du roi, Dieu m'assistera :
Il l'aima et fit tant pour lui sa vie durant

76   Que je croi qu'il plaist Dieu que je l'ai commenchie.
          Et d'autre part j'ai si ceste oevre encoragie
          Que, je croi, qui men cuer fenderoit a moitie,
          Du bon prinche i veroit le figure entaillie.

V   80   Li mainés fiex leur pere fu Charles li gentiex,
          Mais, aussi proprement comme mais et avriex
          Entre les autres mois est biaus et dous et piex,
          Fu Charles li plus gens et li plus signeriex.

84   Tout furent filz de roy, mais Charles le fu miex,
          Car au jour qu'i fu nés estoit ja poëstiex
          Li peres dou roiaume et sacrés et esliex :
          Che n'iert il quant il eut ses .III. premerains fiex.

88   Or dirai de s'enfance, il en est chi bien lieus.
          Enfes fu bien veignans, gracieus et soutiex,
          En doctrine entendans, de meffaire doutiex,
          (61a) Servichavles, rians, de servir volentiex,

— 92   As chiens et as oisiaus par nature ententiex ;
          Et pour chou n'estoit il des dames mie eskiex,
          Ains l'en metoit Amours des plus beles a kiex.
          Ains qu'il fust eslevés ne qu'il fust parcriex

96   Portoit il hardement en vairs, amoureus iex.
          Et anchois qu'il fust nés le saintefia Diex,
          Car au naistre aporta le crois roial con chiex
          Qui seroit roys du mont aprés le roy des chiex.

VI 100   Com plus vint en avant, plus crut se renommee
          Et parole est tantost en divers lieus volee.
          S'avint que en Prouvenche ert li nuvele alee
          Tant que chele l'oï qu'il eut puis espousee,

104   Qui demoisele estoit et hoirs de le contree,
          Car par loy revient la li hoirs a la mainsnee.
          [Au boin roy Loëys fut a feme l'ainsnee,]
          Li bons freres Charlon quel vie j'ai contee ;

108   Li autre estoit au roy d'Engletere donnee,
          (61b) L'autre au roy d'Alemaigne : chi ot gente portee !
          Seur ches .III. ne ferai ore plus demouree.
          Li quarte, qui n'estoit encor pas mariee,

112   Du bon renon Charlon ne fust ja saoulee,
          Ains s'est tant de bon cuer en l'oïr delitee
          Qu'ele se sent aussi que toute enfantosmee,
          De gai cuer, d'oeil riant, de legiere pensee.

116   Et Amours, qui trouva le porte deffremee,
          Saut ens ; adont fu ele de s'amour embrasee.

---

95. ne que il — 106. *vers sans authenticité, ajouté en marge postérieurement aux recherches d'H. Guy ; cf. l'*Essai *p. 317, n. 2*

Que je crois qu'il plaît à Dieu que j'aie commencé.
D'autre part, j'ai tant pris à cœur ce travail
Que, j'en suis sûr, si on fendait mon cœur en deux,
On y verrait représentée l'image du vaillant prince.

V   Charles le noble fut le plus jeune fils de son père,
Mais comme avril et mai sont entre tous les mois
Beaux et doux et aimables,
Charles fut le plus gracieux et le plus royal.
Ils furent tous fils de roi, Charles mieux que les autres !
Car au jour de sa naissance son père était déjà
A la tête du royaume, élu et sacré :
Il ne l'était pas quand il eut ses trois premiers fils.
Je parlerai de son enfance, c'en est bien ici le lieu.
Il fut un enfant aimable, gracieux et fin,
Soucieux de bien apprendre, craignant de mal faire,
Serviable, enjoué, prompt à servir,
Naturellement doué pour chasser avec chiens et oiseaux ;
Et cela ne l'empêchait pas de fréquenter les dames,
Au contraire Amour lui donnait le choix entre les plus belles.
Avant qu'il ne fût grand et adulte,
La hardiesse était dans ses yeux brillants et aimables.
Avant qu'il ne fût né, Dieu le consacra,
Car, à sa naissance, il portait la croix royale en homme
Qui serait roi du monde après le roi des cieux.

VI   Plus il grandit, plus sa réputation s'accrut
Et son nom vola bientôt en tous lieux.
Il se trouva qu'on en parla en Provence
Et que l'entendit celle qu'il eut ensuite pour épouse
Et qui était dame et héritière du pays,
Car selon l'usage du lieu l'héritage est à la plus jeune.
[La sœur aînée fut la femme du roi Louis,]
Le vaillant frère de Charles dont je commence la vie,
La seconde avait été donnée au roi d'Angleterre,
La troisième au roi d'Allemagne : la belle progéniture !
Sur ces trois je ne m'attarderai pas plus.
La quatrième, qui n'était pas encore mariée,
Ne se serait jamais rassasiée d'entendre louer Charles
Et elle a pris tant de plaisir à écouter
Qu'elle se sent comme envoûtée,
Le cœur joyeux, l'œil rieur, la pensée ailée.
Et Amour, qui trouva la porte ouverte,
Entra d'un bond ; alors elle fut enflammée de son amour.

VII   Dont ne fu ele a pais, si ot veü Charlon,
        Car Amours et Desirs le cachoit savoir mon
120   Se li personne estoit concordans au renon.
        Et quant el ot veüe se fourme et se fachon,
        Dont fu ele d'Amours en plus male frichon.
        Ne onques au sanlant de li n'a se raison
124   Ne le puet nus savoir tant fust de se maison,
        Ains suchoit a par li ses caus par s'occoison.
        (61c) Elas ! et pour che sont cuer de feme larron
        C'on ne puet riens savoir de leur entention ;
128   Et nous leur disons tout : chi a male parchon !
        Longuement fu ensi tant qu'en se region
        Un riche conte avoit qui Raimons ot a non,
        C'on li voloit donner ; mais ses cuers disoit non,
132   Comment qu'el en fesist pour s'onneur sanlant bon.
        Dont ne se paut cheler, ains a pris un garchon,
        A son ami l'envoie a coite d'esperon,
        En un petit d'escrit li a fait mention
136   Comment amé l'avoit et se li faisoit don
        De son cors, s'il voloit li rescourre a Raimon.

VIII   Li nouvele estoit ja tout par tout espandue
        De quel cuer, de quel forche et de quele value
140   Ert li freres au roy par sanlant de veüe.
        Nature a tous faisoit sa personne cremue,
        Anchois que li proueche i fust onques seüe.
        (61d) Quant il eut par loisir le lettre pourveüe,
144   Vit que chele dansele voloit estre sa drue.
        Amours li entre ou cuer et li sans li remue,
        De desirrier fremist et d'espoir s'esvertue,
        Prist gent, vint en Prouvenche ; et chele ert ja meüe
148   Pour mener espouser dolante et irascue.
        Et quant li enfes ot la nouvele entendue
        Et le route des gens a[s] plains cans conneüe
        Et vit en milieu d'aus le puchele en sambue
152   Et chelui qui le nuit le cuidoit tenir nue,
        Les chevaus ont restrains et l'enfes premiers hue ;
        De lonc, lanche seur fautre et sans atendre aiüe,
        Les escrie ; et chil ont se vois reconneüe,
156   Se fuient comme aloe fait esprevier de mue.
        La puchele remest et chiex l'a retenue
        Envers cui ele fust a envis deffendue !

IX   Qui dont veïst Charlon a joie repairier
160   (62a) Et douchement d'Amours l'un a l'autre acointier,

---

125. cans — 154. aieue

VII   Alors elle ne fut pas en paix avant d'avoir vu Charles,
Car Amour et Désir la poussaient à savoir
Si la personne était à la hauteur de la réputation.
Et quand elle eut vu son allure et sa prestance,
Alors elle connut d'Amour des tourments plus cruels.
Jamais à son attitude ou à ses propos
Nul ne put le savoir, si proche fût-il d'elle,
Mais elle cachait en elle ses sentiments pour lui.
Hélas ! voilà pourquoi les cœurs féminins sont des voleurs :
On ne peut rien savoir de leur intention ;
Et nous, nous leur disons tout : quel partage inégal !
Elle vécut longtemps ainsi ; or, en son pays,
Il y avait un comte puissant, nommé Raimond,
Qu'on voulait lui donner ; mais son cœur disait non
Bien qu'elle fît par dignité bonne figure.
Un jour, elle ne peut plus se taire, elle prend un valet,
L'envoie chez son amant, piquant des deux ;
En quelques mots écrits elle lui a fait savoir
Comment elle s'est éprise de lui et qu'elle lui fait don
De sa personne, s'il veut bien l'arracher à Raimond.

VIII   La nouvelle s'était déjà répandue partout,
Disant quel cœur, quelle force, quelle valeur
Avait le frère du roi, rien qu'à le voir.
Nature faisait redouter de tous sa personne
Avant même qu'on ne connût sa bravoure.
Quand il eut longuement étudié la lettre,
Il vit que la demoiselle voulait être sa dame.
Amour entre dans son cœur, il est tout retourné,
Il frémit de désir et se remplit d'espoir,
Il prit des hommes, vint en Provence ; elle était en route
Pour être mariée malgré sa douleur et son chagrin.
Et quand l'enfant eut appris la nouvelle
Et reconnu le cortège nuptial dans la campagne
Et qu'il eut vu au milieu la jeune fille sur sa selle
Et celui qui croyait la tenir nue la nuit,
Ils équipent leurs chevaux et l'enfant d'abord pousse le cri ;
De loin, lance en arrêt, sans attendre de renfort,
Il les défie ; eux ont reconnu sa voix,
Ils fuient comme l'alouette devant l'épervier.
La jeune fille resta et il s'en saisit,
Lui contre qui on aurait eu du mal à la défendre !

IX   Alors qui aurait vu Charles revenir dans la joie
Et tous deux doucement s'apprivoiser,

Beles paroles dire et dous regars lanchier
Et en le pardefin acoler et baisier
Et le seurplus promettre et encouvenenchier

164　Par veu de mariage et par foy fianchier,
Nis dou mal de le mort se peüst rehaitier!
Loeus qu'il vinrent a Ais, en un secré moustier
Le prist chele a signeur et il li a moullier,

168　Car li uns ne cuidoit ja a l'autre aprochier.
Dont fist Charles le fait a son frere nonchier.
Qui veïst Loëys de joie appareillier!
La roÿne meïsme avoit assés plus chier

172　Qu'il eüst se sereur que autre chevalier;
Pour che se pena plus de le feste essauchier.
Ensi se commencha Charles a assaier,
Que il estoit si jones qu'encore a guerroier

176　N'avoit il fait barnage, quant il fist che premier.
S'Amours l'assali jone, il s'en seut bien aidier:
(62b) Ensi doit on d'enfanche a valour commenchier.

X　　　Au point que Charles fist che premier vasselage,
180　N'estoit il chevaliers ne n'avoit iretage;
Mais ses freres, li roys, li fist tant d'avantage
Qu'il li donna tantost d'Angau le signerage
Pour partie de terre a tenir en houmage

184　Et le fist chevalier tel que cuer et usage
Mist tout en armes puis pour avoir vasselage.
Et avoecques tout che eut il le cuer si large
Et maniere si bone et si bele et si sage

188　C'on ne savoit si bon nului de son eage.
Il ne refroida pas pour estre en mariage
Ne pour castiement d'omme de son lignage;
Mais par jour et par nuit, par vent et par orage,

192　Aloit de marche en marche acroistre son barnage.
Et chascuns le sievoit com pantiere sauvage
Ne nus pour li sievir ne metoit terre en gage,
(62c) Mais qui n'avoit de coi, s'estoit de son mainnaige

196　Ou il avoit au mains bouche a court et fourage.
Seur lui pooient tout li bon clamer haussage
Et as osteus paioit si despens et ostage
Que nus ne s'en plaingnoit ne n'i avoit damage.

XI 200　Droit en armes estoit si parans et si biaus,
Plus ates et plus joins qu'en ses plumes oisiaus
Et seürs au cheval plus que tours en chastiaus.
S'il aloit a le jouste ou a si fais chembiaus,

204　Du cors droit apensés et des gambes isniaus
En aloit en planant plus tost c'uns arondiaus,

Echanger de beaux propos, lancer de doux regards,
A la fin des fins s'embrasser et se donner des baisers,
Promettre et engager le reste
Par promesse de mariage et par serment,
Aurait pu guérir même d'une maladie mortelle !
Dès qu'ils parvinrent à Aix, dans le secret d'une église
Elle le prit pour époux et lui elle pour épouse,
Car ils avaient hâte de s'unir l'un à l'autre.
Alors Charles fit annoncer l'événement à son frère.
Ah ! si vous aviez vu la joie de Louis à le célébrer !
La reine elle-même préférait de beaucoup
Qu'il eût sa sœur, plutôt qu'un autre chevalier ;
Elle fit célébrer la fête avec d'autant plus d'ardeur.
C'est ainsi que Charles commença à faire ses preuves,
Car il était si jeune qu'il n'avait pas encore fait d'exploit
A la guerre, quand il fit celui-là, son premier.
Si Amour l'assaillit jeune, il sut bien lui faire face :
C'est ainsi que dès son enfance on doit montrer sa valeur.

X   Au temps où Charles fit ce premier exploit,
Il n'était pas chevalier et n'avait pas de terres ;
Mais son frère, le roi, lui fit l'honneur
De lui donner bientôt le comté d'Anjou
Comme un domaine pour lequel il lui devait l'hommage,
Et il fit de lui un chevalier qui ensuite se donna
De tout cœur aux armes pour multiplier les exploits.
Et en outre, il avait le cœur si généreux
Et des façons si bonnes, si belles et si sages
Qu'on ne savait personne de son âge qui fût son égal.
Ni le mariage ni les mises en garde des gens
De sa parenté ne refroidirent son ardeur ;
Jour et nuit, dans le vent et la tempête,
Il allait de terre en terre accroître sa valeur.
Et chacun le suivait comme on suit la panthère sauvage ;
Et nul, pour le suivre, n'avait à mettre en gage sa terre,
Celui qui n'avait de quoi était de sa maison comtale
Où il avait au moins accès à sa table et au fourrage.
Tous les braves pouvaient faire appel à lui
Et, pour les loger, il payait si bien dépense et logement
Que nul ne s'en plaignait et ne subissait de tort.

XI   Sous les armes il avait une si belle allure,
Il était plus vif et ramassé qu'un oiseau sous ses plumes
Et plus assuré sur son cheval qu'une tour de château.
S'il participait à des tournois ou autres joutes,
Gardant le corps bien droit, les jambes agiles,
Il fonçait en piquant plus vite qu'une hirondelle

De si prés qu'il riffloit gloieres et bouriaus.
Sachiés, n'i jouoit mie li ber a reponnaus,
208 Mais ou plus grant tintin d'espees seur cherviaus.
La ou veoit le plus machues et coutiaus
Et hiaumes effondrer et decauper musiaus,
La ert adés li queins et s'ensengne royaus,
212 De [c]aus prendre et donner tous jours fres et nouviaus.
(62d) Du cors faisoit estaque et des deus bras flaiaus
Et de son elme englume et d'espees martiaus.
Il ne raportoit mie a l'ostel ses labliaus.
216 Le plus souvent metoit sen content as fissiaus.
Hé ! Jehans de Bailloeus, frans chevaliers loiaus !
Dieus ait merchi de vous ! Ja fustes vous de chiaus,
Encore paroit il a vous de ses meriaus.

XII 220 Il feïst a envis deffendre ne deffaire
Tournois, festes ne jeus, ains les faisoit atraire,
Menestreus envoisier, hiraus crier et braire.
Nis li gent gaaignant amoient son repaire,
224 Et or le[s] veut chascuns et tolir et fourtraire !
Par lui regnoit Amours qui ne set ore ou traire :
S'on amoit par amours en aussi bon affaire,
Li siecles seroit bons et a gent debounaire ;
228 Mais ja bon ne seront ensanle doi contraire :
Puis que Haïne regne, Amours n'i a que faire.
Nus n'aime par amours, on le veut contrefaire ;
(63a) Qui a droit ameroit, il ne li porroit plaire
232 Riens dont il ne s'amie i peüssent meffaire ;
Qui se fait bon ouvrier, drois est c'a l'oevre paire.
Mais on puet maintenant par maint essample estraire
De quele amour on aime et s'on jue a mestraire ;
236 Car quant il ont goï, ne s'en pueent il taire.
Ahi ! Charles, bons roys ! on porroit mout retraire
De bien de vos amours et tant bel essamplaire.
C'est drois c'oisiaus gentiex par lui s'afaite et maire.

XIII 240 Folie me feroit ore plus arester
As enfanches de lui, car trop ai a conter.
Des proueches de lui et par terre et par mer
Et de Marcelle aussi qui cuida reveler
244 Contre lui par deus fois, dont il fist rafrener
Les uns par encachier, les autres par tuer,
Vous peüsse assés dire et lui a droit loer.
Mais de plus haute estoire ai tant a deviser
248 Qu'il m'estuet des meneurs legierement passer.
(63b) Vous avés bien oï de l'empreür paler
Fedri qui piecha fu condampnés par errer

Si près qu'il éraflait harnais et bourrelets.
Sachez-le, le brave ne jouait pas à cache-cache,
Mais au plus grand tintin des épées sur les crânes.
Là où il voyait le plus de masses et de couteaux,
De heaumes défoncés et de museaux tranchés,
C'est là qu'était toujours le comte avec son enseigne royale,
Toujours frais et dispos pour prendre et donner des coups.
De son corps il faisait un épieu, de ses bras des fléaux
Et de son heaume une enclume, de ses épées des marteaux.
Il ne rapportait pas chez lui ses parures intactes.
Le plus souvent il s'employait à chasser le putois.
Hé ! Jean de Bailleul, noble et loyal chevalier,
Dieu ait pitié de vous ! Vous avez été de ceux-là,
On voyait encore sur vous la marque de ses coups.

XII Il n'aurait jamais voulu défendre ou interdire
Fêtes, tournois ou jeux ; il les faisait organiser,
Faisait se réjouir les ménestrels, crier et hurler les hérauts.
Même les paysans aimaient l'avoir chez eux,
Et maintenant chacun veut interdire et supprimer les fêtes !
Grâce à lui, Amour était roi, lui qui ne sait où aller :
Si on aimait d'amour aussi noblement que lui,
Le monde serait bon et moins dur pour tous ;
Mais jamais deux contraires ne coexisteront :
Puisque Haine est reine, Amour n'a que faire ici.
Nul n'aime d'amour, on fait semblant ;
A celui qui aimerait comme il se doit, ne pourrait plaire
Rien qui compromît son amante ou lui ;
C'est à l'œuvre qu'on voit l'ouvrier.
Mais on peut aujourd'hui conclure de bien des exemples
De quel amour on aime et qu'on joue en trichant ;
Les gens sont-ils heureux, ils ne peuvent se taire.
Aïe ! Charles, vaillant roi ! Comme on pourrait dire
Du bien de vos amours, et de tant d'actes exemplaires !
Un noble oiseau doit se dresser et gouverner à son modèle.

XIII J'aurais tort de m'arrêter davantage
A ses exploits de jeunesse : j'ai tant à raconter.
De ses hauts faits sur terre et sur mer
Et aussi de Marseille qui crut possible de se rebeller
Par deux fois contre lui — il la soumit en punissant
Les uns d'exil, les autres de mort —,
J'aurais matière à vous conter et à faire son éloge.
Mais j'ai tant à dire d'un plus noble sujet
Que je dois passer vite sur les moins importants.
Vous avez sûrement entendu parler de l'empereur
Frédéric qui jadis fut condamné pour avoir agi

Contre Roume et le foy que il devoit tenser.
252   Lui et ses successeurs le convint comparer.
Mainfrois, qui descendi de lui, cuida regner
Ensi qu'il avoit fait, et au pape estriver
Et encontre l'Eglize usages alever.
256   Li papes, qui tout puet et cangier et muer,
Loier et desloiier, assaure et condampner,
Pensa comment porroit ceste honte amender;
Si fist les cardonnaus et les freres mander.

XIV 260   Quant furent assanlé, et li papes souspire
En recordant comment Mainfrois les mesatire
Que pour amonnester ne pour lui entredire
Ne laist Dieu ne le foy ne l'Eglize a despire
264   N'enver aus ne se daigne amender n'escondire,
Et si fu condampnés l'emperere se[s] sire,
(63c) Dont chil ne doit tenir le regne ne l'empire.
Par coi il leur loa c'on fesist tost escrire
268   Au bon conte d'Angau, meilleur ne sot eslire,
Qu'i les viegne sekeure ains que li cose empire
Et que le terre il ait s'il le puet desconfire.
Tout s'acordent ensanle a che sans contredire
272   Et ont messages pris tes qui doivent souffire
Pour le besoigne avoec le lettre miex pardire.
Et on ne dist ne fait n'en parkemin n'en chire
Chose quels qu'ele soit que on n'en oie espire.
276   Et quant Mainfrois le sot, d'orgueil prist a sourrire
Ne sanlant ne daingna faire qu'il s'en aïre.
Car il ne cuidoit mie, et chou le fist ochire,
Que tous li mons peüst a lui tenir estire.

XV   280   Biaus chevaliers et preus et sages fu Mainfrois,
De toutes bonnes teches entechiés et courtois :
En lui ne faloit riens fors que seulement fois,
(63d) Mais ceste faute est laide en contes et en roys.
284   En son demaine avoit com sires, n'iert pas drois,
Le regne de Sezile et Puille outre le pois
De toute Sainte Eglise ; et menoit son gabois
De le venue au conte et de tous les Franchois ;
288   Et si faisoit gaitier les passages destrois
Qu'il n'estoit ens trouvés chevaus ne palefrois
Qui ne fust retenus et pris outre sen pois.
Pour chou esperoit il Charlon tenir as dois
292   N'il ne se pourveoit de gent ne de harnois,
Ains atendi le pril sans lui waitier anchois.

_____

270. lait — 271-272. *vers placés dans W après le v. 279*

Contre Rome et la foi qu'il devait défendre.
Ils durent le payer, ses successeurs et lui.
Manfred, qui descendait de lui, crut pouvoir être roi
Comme il l'avait été, chercher querelle au pape
Et lever des impôts sur l'Eglise.
Le pape, qui a tout pouvoir de changer et transférer,
Lier et délier, absoudre et damner,
Se demanda comment il pourrait réparer cet affront ;
Il fit convoquer les cardinaux et les moines.

XIV   Quand ils sont rassemblés, le pape de soupirer
En rappelant comment Manfred les traite mal
Et que, malgré les mises en garde et l'interdit,
Il ne renonce pas à offenser Dieu, la foi et l'Eglise
Ni ne daigne leur offrir réparations ou excuses,
Malgré la condamnation de l'empereur, son père,
Raisons qui interdisent à Manfred le royaume et l'empire.
Aussi le pape leur conseilla qu'on fît vite écrire
Au bon comte d'Anjou — il ne pouvait mieux choisir —
Qu'il vînt les secourir avant que la situation se gâtât,
Et qu'il aurait la terre en cas de victoire.
Tous tombent d'accord sans contredit
Et ils choisissent des ambassadeurs capables
D'expliquer au mieux la situation et la lettre.
Mais on ne dit ni ne fait sur parchemin ou cire
Rien qui ne finisse par être ébruité.
Et quand Manfred le sut, il se mit à sourire d'orgueil
Et ne daigna faire mine d'en être irrité,
Car il n'imaginait pas, et ce fut sa perte,
Que le monde entier pût lui tenir tête.

XV   Manfred était un beau chevalier, brave et expérimenté,
Doté des plus belles qualités et galant homme :
Rien ne lui manquait, sauf la foi,
Mais ce manque est abominable chez un comte ou un roi.
En son pouvoir il avait comme seigneur de fait — contre le
Le royaume de Sicile et les Pouilles en dépit   [droit —
De la sainte Eglise unanime ; et il se moquait
De la venue du comte et de tous les Français ;
Il faisait surveiller les passages étroits
De sorte qu'on n'y trouvait de chevaux ou de palefrois
Qui ne fussent pris et retenus de force.
Ainsi espérait-il tenir en échec Charles
Et il ne se procurait ni hommes ni harnais,
Mais attendait le danger sans être plus sur ses gardes.

Et unne mesqueanche en atrait .II. ou trois.
Autre scienche estuet de guerre que de loys;
296　　Par engien conquiert on sen plus fort mainte fois,
Si fist Charles qui tant ama guerre et tournois
Qu'il en dut bien adont avoir pris tous ses plois.

XVI　　　　Pour chou fu il mandés et pris par esliture
300　　(64a) A si noble besoing seur toute creature.
Honnours essauche plus quant il va loing et dure
C'avoirs dont li tenans honnerer ne s'endure.
Hounis soit li avoirs qui singneur deffigure;
304　　Car c'est dou cucuel faire le nourreture.
Et si regne plus grans avarisse et usure,
Che sont li visce ou mont, che tesmoingne Escriture,
Par coi toute vertus devient anchois oscure.
308　　Ensi va maintenant li siecles male alure,
Car puisque li chiés faut, il couvient par droiture
Les membres par desous traire a desconfiture.
Li prinche en leur sougis ne resgardent mesure
312　　Ne prelas en le foy; dont or fust mal seüre
Toute crestientés et souffrist grant laidure,
Se Charles n'i eüst mis piecha si grant cure!
Par devers mescreans garda bien le pasture;
316　　Il tous seus nous fu clés et deffense et closure.
(64b) Or vaurrai revenir a me premiere ourture
Des messages au pape et de leur aventure.

XVII　　Quant orent besoingnié et pris congiet a droit,
320　　Retourné sont a Rome ou on les atendoit,
Et revenu anchois c'on ne les esperoit.
Sans arester venu sont au pape tout droit,
Le pié li ont baisié si comme il afferoit
324　　Et puis li ont conté comment le cose aloit,
Et en contant chascuns de Charlon se looit
Selonc che qu'en sen lieu retenus les avoit.
Aprés li ont baillié l'escrit qui contenoit
328　　Le besoingne [et] plus clere et plus grant foi portoit,
Car li propres seaus du bon conte i estoit.
Devant les cardonnaus li papes les rechoit
Et lut et en lisant de joie larmoioit
332　　Et Dieu de l'aventure humlement grascioit
Et chascuns cardonnaus qui lire li ooit.
(64c) Et pour che que le pule esvertuer voloit
Pour si noble secours que venir li devoit,
336　　Le fist savoir a tous et si leur preechoit

Mais un malheur ne vient jamais seul.
La guerre est autre chose que la science du droit ;
Souvent on triomphe par ruse d'un ennemi plus fort,
Ce que fit Charles qui aimait tant tournois et guerre
Qu'il en était alors tout imprégné.

XVI   Aussi fit-on appel à lui et fut-il élu
Entre tous pour une cause si noble.
La gloire distingue plus, puisqu'elle va loin et dure,
Que l'argent dont le propriétaire est incapable de briller.
Maudit soit l'argent qui déforme son maître,
Car c'est suivre les mœurs du coucou !
Avarice et Usure ont étendu leur royaume,
Ce sont les vices, comme l'atteste l'Ecriture,
Qui font disparaître toute vertu.
Ainsi maintenant le monde suit une mauvaise pente,
Car quand la tête est défaillante, il est inévitable
Que les membres sous elle aillent à leur perte.
Les princes manquent de mesure envers leurs sujets
Et les prélats envers la foi : aussi la chrétienté serait
Privée de sécurité et souffrirait de grands outrages
Si Charles ne l'avait prise en charge, il y a longtemps !
Contre les infidèles il garda bien le pâturage ;
A lui seul il en fut pour nous la clé, la garde et la clôture.
Mais je vais revenir à ce que j'ai commencé,
Aux ambassadeurs du pape et à leur histoire.

XVII   Quand ils ont rempli leur mission et pris congé,
Ils sont retournés à Rome où on les attendait
Et revenus avant qu'on ne les espérât.
Sans s'arrêter ils sont allés directement au pape,
Ils lui ont baisé le pied comme ils le devaient
Et puis ils lui ont exposé la situation
Et, en parlant, chacun se louait de Charles
Et de l'accueil qu'il lui avait fait particulièrement.
Après, ils lui ont transmis la lettre qui contenait
La réponse et donnait la plus claire et la meilleure des garanties,
Car le vaillant comte y avait mis son propre sceau.
Le pape les reçut devant les cardinaux,
Il lut et en lisant il pleurait de joie
Et remerciait humblement Dieu du succès,
Et avec lui, chaque cardinal qui l'entendait lire.
Et parce qu'il voulait que ce magnifique secours
Qui devait lui arriver donnât courage au peuple,
Il le fit connaître de tous et il leur prêchait

Pour miex perseverer en chou qu'il emprendoit.
Et li queins d'autre part entroeus s'apareilloit.

XVIII

340   Et prist gent de s'amour et de se connissanche
        Mon seigneur Jaque Antiaume, ou il avoit fianche,
        Et autre bonne gent, sage et de grant vaillanche ;
        Si les envoie a Rome en plus grant esperanche
        De se venue avoir et pour metre ordenanche

344   Ou païs tant qu'il ait toute se pourveanche ;
        Et si leur a mandé, non pas par esmaianche,
        Jour quant il seroit la sans nesune escusanche
        Pour chiaus asseürer de toute dechevanche.

348   Atant se sont parti dou conte a grant doutanche
        Pour Mainfroi, qui faisoit gaitier a grant beubanche
        Les passages par tout ; mais pour le perchevanche
        (64d) S'en alerent par mer, et bons vens les avanche

352   Tant qu'il vinrent a Rome, et tout sans mesqueanche.
        Et furent recheü a mout grant honneranche.
        Bien font canque li queins leur mist en ramembranche.
        Des or mais ne sont plus li Romain en balanche

356   De le venue au conte, ains gardent l'alianche
        Ou païs de se gent et en senefianche
        Qu'il tiennent a signeur le filz au roy de Franche.

XIX

360   Pour c'est faus qui ne prent warde au commenchement,
        Qui marier se veut a cui il se consent ;
        Car il vient miex eslire un bon cors bel et gent
        Qui ait sens et valour et bon entendement

364   Con poi qu'il ait d'avoir, que caroigne et argent.
        Car sens atrait avoir et amis ensement ;
        Mais proueche ne sens on n'acate ne vent,
        Si qu'il pert a Charlon qui fu premierement

368   Simples queins et puis rois. Encore miex atent,
        (65a) Car seur tous a proueche et sens et hardement
        Et s'a Dieu en aiüe a cui riens ne se prent,
        Car canques il avient desous le firmament

372   Vient du pooir de Dieu et du consentement.
        On dist, s'i quiet aucun bien ou mauvaisement,
        Que c'est de son eür ; mais qui le dist, il ment,
        Ains sont si tres soutil de Dieu li vengement

376   Qu'il nous chiet bien ou maus selonc nostre errement.
        Pour chou que Charles a fait par l'ensengnement
        De Dieu et de l'Eglise, avint il ou il tent.
        Et Diex li weille aidier selonc chou qu'il emprent !

Explicit du roy de Sezile.

---

340. Anriaume — 356. laimanche — 369. aieue

De persévérer à soutenir son entreprise.
Pendant ce temps, de son côté, le comte se préparait.

XVIII Il prend des hommes à lui, de ses familiers,
Messire Jacques Antelme en qui il avait confiance
Et d'autres de valeur, d'expérience et de courage ;
Il les envoie à Rome pour qu'on attende sa propre venue
Avec plus de confiance et pour qu'ils administrent
Le pays pendant qu'il faisait ses préparatifs ;
Et il a fait savoir aux Romains, en toute assurance,
Le jour où il arriverait à coup sûr,
Tout cela pour les rassurer et leur ôter toute inquiétude.
Alors ils ont quitté le comte, non sans crainte
De Manfred qui faisait surveiller les passages partout
Avec de gros moyens ; mais, pour ne pas être aperçus,
Ils partirent par mer et un bon vent les poussa
Jusqu'à leur arrivée à Rome, sans incident.
Ils furent reçus avec beaucoup d'honneurs.
Ils font tout ce que le comte leur avait confié.
Désormais les Romains ne doutent plus
De la venue du comte, mais respectent l'alliance
Dans le pays avec ses gens, cela pour signifier
Qu'ils tiennent pour leur seigneur le fils du roi de France.

XIX Aussi il est fou celui qui veut se marier
Et qui ne prend garde au commencement à qui il s'unit ;
Car il vaut mieux choisir une personne belle et noble
Qui ait sagesse, vaillance et intelligence,
Si peu qu'elle ait de richesse, plutôt qu'un corps laid et fortuné.
Car la sagesse attire richesse et amis ;
Mais valeur et sagesse ne s'achètent ni ne se vendent,
Ce que démontre Charles qui fut d'abord
Un simple comte, puis un roi. Il attend encore plus,
Car plus que tous il a valeur, sagesse et hardiesse
Et Dieu est son secours, lui à qui nul ne se compare,
Car tout ce qui arrive sous le firmament
Vient du pouvoir et du consentement de Dieu.
On dit que, s'il arrive à quelqu'un bien ou mal,
Cela dépend de sa chance ; mais qui dit cela ment :
Les vengeances de Dieu sont si secrètes
Qu'il nous arrive bien ou mal selon notre comportement.
C'est parce que Charles a agi selon l'enseignement
De Dieu et de l'Eglise qu'il est arrivé où il voulait.
Que Dieu veuille l'aider dans son entreprise !

Fin du Roi de Sicile

Ce sont li ver d'Amours

I   Amours, qui m'as mis en souff[r]anche
          De che, par te bele enortanche,
          (65b) Dont joie deüsse ore avoir,
4   Faus est qui en toi a fianche,
          Quant par te longue pourveanche
          Me fais en tel grieté manoir.
          Je ne puis ton engien savoir :
8   Le sobre fais par ton pooir
          Estre en desir sans astenanche
          Et mes, con li plonc ou miroir,
          En feme pour moi dechevoir
12   Plus biauté par fainte sanlanche.

II   Amours, tu m'as chiere vendue
          Te connissanche et te venue.
          Pour voir ies li Vaus Perilleus,
16   Plains d'amertume et sans issue.
          Pais a pour guerre bien perdue
          Chiex qui a but a tes barieus.
          D'un simple fais un reveleus.
20   Chiex qui sievent pechiés morteus
          D'atraire a toi n'ies recreüe.
          Bien fais de moi che que tu veus,
          N'est merveille se je sui teus,
24   Car char humaine tost se mue.

III   Amours, tant cuidier fais remaindre,
          Tant beginage et tant veu fraindre.
          N'est pas a soi qui bien te sent.
28   Comment se puet tenir de plaindre
          Chieus que tu fais palir et taindre
          Sans e[n]voier alegement ?

---

25. fait

Les Strophes d'Amour

I   Amour, qui m'as mis en attente
De ce dont, à ta belle invitation,
J'aurais dû aujourd'hui goûter la joie,
Bien fou qui a confiance en toi
Puisqu'en m'imposant de longs délais
Tu me fais demeurer dans la douleur.
Je ne peux savoir ce que tu cherches :
Tu uses de ton pouvoir pour que le plus sobre
Brûle d'un désir inextinguible
Et tu mets, comme le plomb du miroir,
Dans la femme plus de beauté pour m'abuser
Par une apparence trompeuse.

II   Amour, tu m'as vendu cher
Ta connaissance et ta rencontre.
En vérité tu es le Val Périlleux,
Plein d'amertume et sans issue.
Il a échangé paix contre guerre
Celui qui a bu de tes tonneaux.
D'un ingénu tu fais un rebelle.
Ceux qui commettent des péchés mortels,
Tu n'es jamais las de les attirer.
Tu fais de moi ce que tu veux,
Rien d'étonnant si je suis tel :
La chair de l'homme est sans constance.

III   Amour, tu fais renoncer à tant d'ambitions,
Briser tant de vœux de béguines et de religieux.
Il ne s'appartient pas celui qui t'éprouve.
Comment pourrait-il ne pas se plaindre
Celui que tu fais pâlir et se décolorer
Sans jamais le soulager ?

		Repris sui de mon errement
	32	De teus, par le mien ensient,
		Qui ne porroient le leur faindre,
		S'un poi sentoient men tourment ;
		Car qui pert et riens ne mesprent,
	36	(65c) Comment porroit s'ire refraindre ?

IV   Amours, par toi ont amant joie
Au commenchier, puis leur anoie
Par te defaute et par ton fait.
40 Prinches en ost se gent raloie
Et de bien faire adés leur proie ;
Mais tu cause ies de leur meffait.
Je ne voi qui ten secours ait
44 S'il ne sert cheli de fol plait
Ou il tent, dont li coupe est toie ;
Car fins amis qui grief mal trait,
Quant pour garison a toi trait,
48 Tu li respons : « Fui ! va te voie ! »

V   Amours, con cil, cose est seüre,
Qui le sien a gaster n'endure,
Vas au cuer le clenque saquant.
52 Sans proiier i quiers te pasture ;
Ou vaissel lais une pointure
Plus que d'escorpion poingnant.
Ce pert a mon pale sanlant
56 Con asprement vas devourant
Che c'aler doit en noureture.
Sot en devienent li sachant.
Qui pais et repos vait querant
60 Ne doit de tel oste avoir cure.

VI   Amours, donné m'as sans merite
Le tourment que souvent rechite.
Encor me douc de graindre anui
64 Et moi n'en doit on clamer quite,
Car li chars, qui tant est despite
D'avoir son sés, ne croit autrui.
Faus fui quant ainc d'amer me mui,
68 Quant chele a cui par forche sui
(65d) En me grevanche se delite.
Je ne sui pas che que je fui,
A l'engrener ne me connui
72 Si qu'ai le pieur part eslite.

---

36. remande — 49. A. chelui — 52. cuers t. p. — 53. *Var.* morsure *a* — 72. pieurt

Je suis blâmé pour ma conduite
Par des gens qui, à mon avis,
Ne pourraient dissimuler leur sentiment
S'ils éprouvaient un peu de mon tourment ;
Car celui qui perd sans avoir méfait,
Comment pourrait-il contenir sa fureur ?

IV   Amour, par toi les amants connaissent la joie
Au début, puis ils souffrent
De ton fait et de ta défaillance.
Un prince à l'armée rallie ses gens
Et toujours les prie de bien faire ;
Mais toi, tu es la cause de leur défaite.
Je ne vois pas qui pourrait avoir ton secours
A moins de servir de mensonges
Celle qu'il désire : la faute t'en revient ;
Car l'amant loyal qui souffre cruellement,
Quand il vient à toi pour être guéri,
Tu lui réponds : « Fuis ! Va ton chemin ! »

V   Amour, c'est chose sûre, comme un
Qui n'admet pas d'entamer son bien,
Tu secoues le loquet du cœur.
Sans demander, tu veux ta nourriture ;
Au cœur tu laisses une piqûre
Plus piquante que celle du scorpion.
On voit bien à mon teint sans couleur
Avec quelle âpreté tu dévores
Ce qui devrait servir à nous nourrir.
Les sages en deviennent sots.
Qui cherche paix et repos
Ne doit bien traiter un tel hôte.

VI   Amour, tu m'as donné, sans que je l'aie mérité,
Ce tourment dont souvent je me plains.
Je redoute encore une peine plus grande
Et l'on ne doit pas m'en tenir quitte,
Car la chair, qui est si difficile
A satisfaire, ne fait crédit à personne.
J'ai été fou le jour où je m'épris d'amour,
Puisque celle à qui je suis de force
Prend plaisir à ma souffrance.
Je ne suis pas ce que j'ai été.
Je ne savais où j'en étais quand je m'engageai
Et j'ai choisi la pire part.

VII   Amours, si bien n'enmanche mie
         Com tu l'amant ens en l'amie
         Li fevres le manche ou coutel,
76   J'entenc quant cuers a cuer s'alie ;
         Dont esrache l'ente flourie
         Chiex qui pourcache el que lor bel
         Et qui destourbe ιor chembel.
80   Amours, tu m'as fait de nouvel
         D'un tel regart une envaïe
         Qui le cuer me bleche en le piel :
         Contre si ruiste mangonniel
84   Fait bon savoir de l'escremie.

VIII   Amours, te vie me deshaite,
         Car nus n'i a joie parfaite.
         Qui est amés, s'a il paour
88   C'on ne l'oche ou c'on ne le gaite,
         Ou c'aucuns sourvignans n'ait faite
         Cose dont il quieche en errour.
         Chiex ensement qui n'a l'amour
92   De cheli qu'il sert nuit et jour
         Ne vit point sans dolour entaite.
         A toi a dont mauvais retour,
         Car on [n']en vient par autre tour
96   Fors par dolour ou par souffraite.

IX   Amours, tes meffais pas ne note
         Qui pour se dame cante et note,
         Car tu l'as tout empuisonné.
100   Tu ies plus fausse que buhote,
         Car chascuns qui a toi se frote
         Se plaint et tient pour engané.
         (66a) Quant tu as un amant moustré
104   Sanlant de confort apresté,
         Au paiier est une riote.
         Ja nus, je croi, n'eüst amé
         S'on percheüst te lasqueté
108   Ne comment chascuns i escote.

X   Amours, s'aussi de me leesche
         Pensoies com de me tristreche,
         Me paine i porroie emploier ;
112   Mais ne voi qui conseil i meche !
         Ne che n'est pas pour me pereche,
         Car j'aim de loial cuer entier.

---

74. en la main — 78. son b. — 79. son ch. —82. bl. et — 89. saucuns — 95. *Var.* pas au tretour *a*

VII   Amour, le forgeron n'emmanche pas
        Le manche au couteau aussi bien que toi
        L'amant en l'amante,
        Je veux dire quand un cœur s'unit à un cœur.
        Aussi arrache-t-il la tige en fleur
        Celui qui cherche autre chose que leur plaisir
        Et qui trouble leur joie.
        Amour, tu m'as de nouveau
        Attaqué d'un regard
        Qui me blesse le cœur sous la peau :
        Contre de si rudes tirs
        Il est bon de savoir se battre.

VIII   Amour, la vie que tu nous fais me désespère,
        Car nul n'i trouve de joie parfaite.
        Qui est aimé a pourtant peur
        Que quelqu'un ne l'apprenne ou le guette
        Ou qu'en arrivant quelqu'un ne fasse
        Une chose qui le plonge dans le chagrin.
        Et aussi celui qui n'a pas l'amour
        De celle qu'il sert jour et nuit
        Vit dans une douleur complète.
        Il ne fait pas bon te hanter,
        Car on ne parvient pas à toi autrement
        Qu'à travers douleurs et privations.

IX   Amour, il ne tient pas registre de tes crimes
        Celui qui chante et joue pour sa dame,
        Car tu l'as tout empoisonné.
        Tu es plus faux que le verre,
        Car chacun qui se frotte à toi
        Se plaint et se tient pour trompé.
        Quand tu as montré à un amant
        Un visage prometteur,
        A terme, quelle discussion !
        Personne, j'en suis sûr, n'aurait aimé
        S'il avait connu ta lâcheté
        Et comment chacun paie son écot.

X   Amour, si tu pensais à mon bonheur
        Autant que tu penses à me faire souffrir,
        Je pourrais y employer ma peine ;
        Mais je ne vois qui s'en inquiète !
        Et on ne peut me reprocher de négligence,
        Car j'aime d'un cœur loyal, sans partage.

Tu me deüsses conseillier,
116 Qui m'as fait l'oevre commenchier,
Et tu m'as fait estre en destreche.
Bien ses fin ami engingnier,
Car premier le fais allekier
120 Seur un regart qui puis le bleche.

XI Amours, par mon cruel martire
Ai bien prouvé ton maïstire.
Nus ne fu mais si mis a point
124 Com je sui, car mes cuers desirre
Che dont li cors font et empire.
Chil qui plus sont sage et repoint
Et qui cuident amer de point,
128 Che sont chil quant il leur espoint
Ou il a mains a desconfire.
Pour che ne me deffendi point,
Car on dist que .II. fois se point
132 Qui contre esguillon escauchire.

XII Amours, nus ne fait jeu ne feste,
Chascuns a l'amasser s'areste
Pour che que tu ne les semons.
136 Plus tost qu'effoudres ne tempeste
(66b) Deschens en nous et fais moleste
Quant tu veus c'amoureus soions.
Pour coi n'enflames ches garchons
140 Qui vont disant : "Or gaaignons !
Puis amerons de saine tieste !"
Mais a cheus a flouris grenons
Est viex li vie et li renons
144 D'amer, et s'est au jone honneste.

XIII Amours, te seignerie est frainte,
Car chascuns de volenté fainte
Aime le feme ou il s'aert.
148 Tel jurent feüté a mainte
Qui mout tost ont le treve enfrainte
S'ele est tenue a descouvert.
Qui n'a c'un oeil souvent le tert :
152 Pour coi ne garde bien et sert
Bonne dame, qui l'a atainte ?
Bons est li jeus ou nus ne pert !
On soloit amer en apert,
156 Or aime on a candaille estainte.

---

126. Chis — 136. *Var.* P. roit *a*

Tu aurais dû t'inquiéter de moi,
Toi qui m'as fait commencer cette relation.
Or tu m'as fait connaître l'angoisse.
Tu sais bien tromper un loyal amant,
Car d'abord tu l'allèches
Avec un regard, qui ensuite le blesse.

XI   Amour, par mon cruel martyre
J'ai donné la preuve de ta puissance.
Nul n'a jamais été dompté
Comme moi, car mon cœur désire
Ce qui consume et dévore mon corps.
Ceux qui sont le plus sages et avisés
Et qui croient aimer avec mesure,
Ce sont ceux chez qui, quand ils sont atteints,
Il y a le moins à défaire.
Aussi ne me suis-je pas défendu,
Car on dit qu'il se blesse deux fois
Celui qui regimbe contre l'aiguillon.

XII   Amour, il n'est plus de jeu ou de fête,
Tout le monde ne songe qu'à entasser
Parce que tu ne tances personne.
Tu descends en nous et nous mets à mal
Plus vite que la foudre ou l'orage
Quand tu veux que nous soyons amoureux.
Pourquoi n'enflammes-tu pas ces voyous
Qui disent : "Gagnons de l'argent !
Puis nous aimerons, la tête froide !"
Mais à ceux qui ont les tempes grises
Il est honteux d'aimer et d'avoir la réputation
D'aimer, alors que c'est honorable pour le jeune.

XIII   Amour, ton pouvoir est atteint,
Car tout le monde fait semblant
D'aimer la femme à qui il s'attache.
Tels jurent à maintes qu'ils seront loyaux
Qui ont tôt fait de violer une trêve
Si elle est maintenue sans prudence.
Le borgne prend soin de son œil :
Celui qui a conquis une dame de mérite,
Pourquoi ne la garde-t-il et ne la sert-il pas bien ?
Le beau jeu où personne ne perd !
On aimait ouvertement,
On aime aujourd'hui dans l'ombre.

XIV   Amours, n'en puet aler sans perte
Qui en ton serviche s'aierte.
Fiert[é] i troeve on et orgueil.
160   Te porte e[s]t contre tous ouverte,
Des[o]us est de cloies couverte :
Quant je cuidai passer le suel,
Je caï ens, dont je me doel
164   Et la pris si mauvais escuel
Qu'encor est me folie aperte ;
Car quant de toi partir me voeil,
Je retourne, quant doi vair oeil
168   Sont respondant de me deserte.

XV   Amours, tu ne fais droit ne loi.
Bien deüsses prendre conroi
(66c) De chelui qui bien ne s'aquite
172   Vers se dame, ains fait son gaboi
Quant il a goï du tournoi
Par menchoignes et par refuite ;
Puis le laist tourner a le fuite
176   Quant il l'a honnie et destruite.
Ch'est povres gages de se foi
Qu'il mist ains qu'il venist a luite !
Puis que desirs d'amant afruite,
180   Commenche il estaindre se soi.

XVI   Amours, pour che pas ne le di
Que femes ne fachent aussi
Par aventure, [et] pis encore.
184   Car quant feme a son cuer verti
A un amant et consenti
Tant qu'il ait de s'amour victoire
Et plus net le voit c'un yvoire,
188   Tant sont de muavle memoire
Qu'ele a chelui lues enlaidi
Pour un nouvel qui li plaist ore
Par un behourt de vaine gloire :
192   Ensi sont li povre honni !

           Chi definent li ver d'Amour.

---

163. *dans W ce vers suit le vers 166* — 167. loeil —180. foy

XIV　Amour, il ne s'en va pas sans perte
　　　Celui qui s'attache à ton service.
　　　On y trouve fierté et orgueil.
　　　Ta porte est ouverte à tous,
　　　Mais, au-dessous, elle est couverte de claies :
　　　Quand je crus en passer le seuil,
　　　Je tombai dans un trou pour ma douleur
　　　Et je pris un élan si malheureux
　　　Que ma folie est encore évidente ;
　　　Car quand je veux m'éloigner de toi,
　　　Je fais demi-tour, dès que deux yeux brillants
　　　Paraissent me garantir une récompense.

XV　Amour, tu es sans foi ni loi.
　　　Tu devrais faire justice
　　　De qui ne s'acquitte pas bien
　　　Envers sa dame, mais fait des gorges chaudes
　　　Quand il jouit d'une victoire
　　　Obtenue par mensonges et manèges ;
　　　Puis il prend la fuite
　　　Quand il l'a déshonorée et détruite.
　　　Quel pauvre gage de sa loyauté
　　　Il a mis avant d'en venir au combat !
　　　Dès que le désir de l'amant est comblé,
　　　Sa soif commence à s'éteindre.

XVI　Amour, pourtant je ne veux pas dire
　　　Que les femmes n'agissent pas ainsi
　　　D'aventure, et plus mal encore.
　　　Car quand la femme a donné son amour
　　　A un amant et consenti
　　　Qu'il triomphe de son cœur
　　　Et qu'elle le voit plus pur qu'un ivoire,
　　　Elle a tant d'inconstance
　　　Qu'elle a tôt fait de le trouver laid
　　　A cause d'un nouveau qui lui plaît
　　　Pour un exploit plein d'esbroufe :
　　　C'est ainsi que les pauvres sont bafoués !

Fin des Strophes d'Amour

C'est li congiés Adan

I   Comment que men tans aie usé,
        M'a me conscienche acusé
        (66d) Et toudis loé le meilleur;
4   Et tant le m'a dit et rusé
        Que j'ai tout soulas refusé
        Pour tendre a venir a honnour.
        Mais le tans que j'ai perdu plour,
8   Las! dont j'ai despendu le fleur
        Au siecle qui m'a amusé.
        Mais ch'a fait forche de signeur,
        Dont chascuns amans de l'erreur
12   Me doit tenir pour escusé.

II   Arras, Arras! vile de plait
        Et de haïne et de detrait,
        Qui soliés estre si nobile,
16   On va disant c'on vous refait!
        Mais se Diex le bien n'i ratrait,
        Je ne voi qui vous reconcile.
        On i aime trop crois et pile,
20   Chascuns fu Berte en ceste vile
        Au point c'on estoit a le mait.
        Adieu de fois plus de .c. mile!
        Ailleurs vois oïr l'Evangile,
24   Car chi fors mentir on ne fait.

III   Encor soit Arras fourmenés,
        Si [i] a il des bons remés
        A cui je voeil prendre congiet,
28   Qui mains grans reviaus ont menés
        Et souvent biaus mengiers donnés,
        Dont li usages bien dechiet;
        Car on i a si pres faukiet
32   C'on leur a tout caupé le piet

Le Congé d'Adam

I   Quelle qu'ait été ma vie,
Ma conscience m'a toujours accusé
Et prôné le meilleur ;
Elle me l'a tant dit et répété
Que j'ai refusé tout plaisir
Pour tendre à une vie honnête.
Mais je pleure le temps perdu
Dont, hélas ! j'ai dépensé la fleur
Dans le monde qui m'a dissipé ;
Ce par la toute-puissance de mon seigneur :
Aussi tout amant doit-il me tenir
Pour excusé de mon égarement.

II   Arras, Arras ! ville d'intrigue
De médisance et de haine,
Qui étiez si noble,
On dit qu'on vous réforme !
Mais si Dieu ne ramène pas le bien,
Je ne vois pas qui vous réconcilie avec lui.
Chez vous on aime trop pile et face,
Chacun aurait pu être généreux dans cette ville
Du temps où la huche était pleine.
Adieu, cent mille fois adieu !
Je vais ailleurs entendre l'Evangile,
Car ici on ne fait que mentir.

III   Bien qu'Arras soit tout dévoyé,
Pourtant il y est resté des gens de bien
Dont je désire prendre congé,
Qui ont monté tant de joyeuses fêtes
Et souvent donné de splendides banquets,
Dont l'usage se perd bien ;
Car on y a fauché si ras
Qu'on leur a tout coupé le pied

Seur coi leur deduis ert fondés.
Chil ont fait grant mortel pechiet,
Qui tant ont a rive sakiet
36   Que tes viviers est esseués.

IV   (67a) Puis que che vient au congié prendre,
Je doi premierement descendre
A cheus que plus a envis lais.
40   Aler voeil mon tans miex despendre,
Nature n'est mais en moi tendre
Pour faire cans ne sons ne lais.
Li an acourchent mes eslais ;
44   De che feroie bien relais
Que je soloie plus chier vendre.
Trop ai esté entre les lais,
Dont mes damages i est lais :
48   Miex vient avoir apris c'aprendre.

V   Adieu, Amours ! tres douche vie,
Li plus joieuse et li plus lie
Qui puist estre fors paradis !
52   Vous m'avés bien fait en partie.
Se vous m'ostastes de cle[r]gie,
Je l'ai par vous ore repris ;
Car j'ai en vous le voloir pris
56   Que je racate los et pris
Que par vous perdu je n'ai mie,
Ains ai en vo serviche apris,
Car j'estoie nus et despris
60   Avant, de toute courtesie.

VI   Bele, tres douche amie chiere !
Je ne puis faire bele chiere,
Car plus dolans de vous me part
64   Que de rien que je laisse arriere.
De mon cuer serés tresoriere
Et li cors ira d'autre part
Aprendre et querre engien et art
68   De miex valoir ; s'i arés part :
Que miex vaurrai, mieudres vus iere.
Pour miex fructefiier plus tart,
(67b) De si au tierc an ou au quart
72   Laist on bien se terre a gaskiere.

VII   Congié demant de cuer dolant
Au milleur et au plus vaillant
D'Arras et tout le plus loial,
76   Symon Esturion, avant,

Sur quoi s'appuyaient leurs plaisirs.
Ils ont commis un péché mortel
Ceux qui ont tant tiré de filets
Qu'un tel vivier est vidé.

IV   Puisque j'en suis à prendre congé,
Je dois d'abord en venir
A ceux que je regrette le plus de laisser.
Je veux aller ailleurs mieux dépenser mon temps,
Ma nature n'est plus assez tendre
Pour que je fasse chants, mélodies ou lais.
Les années raccourcissent mes bonds ;
Je ferais bien remise
De ce que je vendais le plus cher.
Je suis trop resté parmi les laïcs,
Et le dommage subi est grave :
Mieux vaut avoir appris qu'apprendre.

V   Adieu, Amour ! vie très douce,
La plus joyeuse, la plus heureuse
Qui puisse être en dehors du paradis !
Vous m'avez bien traité dans l'intimité.
Si vous m'avez enlevé aux études,
Je viens, grâce à vous, de les reprendre ;
Car j'ai puisé en vous la volonté
De récupérer le renom et la gloire
Que je n'ai pas perdus à cause de vous ;
Mais j'ai tout appris à votre service,
Car j'étais dénué et dépouillé,
Auparavant, de tout savoir-vivre.

VI   Belle, très douce et précieuse amie !
Je ne peux pas avoir l'air joyeux,
Car c'est vous que je quitte avec plus de peine
Que toute chose que je laisse derrière moi.
De mon cœur vous serez la trésorière
Et le corps ira ailleurs
Apprendre et chercher l'art et la manière
De valoir mieux ; vous n'y perdrez pas :
Plus je vaudrai, plus vous y gagnerez.
Pour qu'elle porte plus tard du fruit,
On laisse bien sa terre en jachère
Deux ans ou trois.

VII   Je demande congé, le cœur en peine,
Au meilleur et au plus valeureux
D'Arras et au plus loyal,
Simon Esturion, d'abord,

Sage, debonnaire et souffrant,
Large en ostel, preu au cheval,
Compaignon liet et liberal,
80   Sans mesdit, sans fiel et sans mal,
Biau parlier, honneste et riant ;
Et si aime d'amour coral :
Je ne sai homme chi aval
84   Que femes doivent amer tant.

VIII   Bien doi avoir en ramenbranche
.II. freres en cui j'ai fianche,
Signeur Baude et signeur Robert
88   Le Normant ; car il m'ont d'enfanche
Nourri et fait mainte honnestanche ;
Et se li cors ne le dessert,
Li cuers a tel cose s'aert
92   Que, se Dieu plaist, meri leur iert
Se Diex adreche m'esperanche.
Leur huis m'ont esté bien ouvert :
Cuers qui tel compaignie pert
96   Doit bien plourer le dessevranche.

IX   Bien est drois, puis que je m'en vois,
Que congié prengne as Pouchinois,
Nommeement a l'aisné frere,
100   C'est signeur Jakemon, ançois,
Qui ne sanle mie bourgois
A se tavle, mais emperere :
Je l'ai trouvé au besoing pere,
104   Car il mut parole et materre
(67c) C'on m'aidast au partir d'Artois.
Or pren cuer en le gent avere !
J'ai esté vers, au primes pere :
108   Dou fruit n'aront fors li courtois.

X   Sires Pierres Pouchins, biaus sire !
Je ne doi mie estre sans ire
Quant de vous partir me couvient,
112   Tant m'avés fait ! Diex le vous mire,
C'au departir mes cuers souspire
Toutes les fois qu'il m'en souvient.
La Vile est bien alee a nient,
116   De coi Cités bonne devient
Par vo venue, bien l'os dire,
Plus que pour home qui s'i tient.

91. tel tel

Sage, aimable et patient,
Hôte fastueux, bon cavalier,
Gai et généreux compagnon,
Point médisant, sans fiel ni méchanceté,
Eloquent, civil et enjoué ;
Et il aime du fond du cœur :
Je ne connais pas d'homme ici
Que les femmes aient tant de raisons d'aimer.

VIII   Je dois rappeler bien fort
Deux frères en qui j'ai confiance,
Messire Baude et messire Robert
Le Normand ; car ils m'ont éduqué
Dès l'enfance et fait maints bienfaits ;
Et si le corps ne paie ce geste de retour,
Le cœur désire ardemment
Que, si Dieu le veut, ils soient récompensés
Si Dieu exauce mes espoirs.
Leurs portes m'ont été largement ouvertes :
Un cœur qui perd une pareille compagnie
A bien lieu de pleurer la séparation.

IX   Il est juste, puisque je m'en vais,
Que je prenne congé des Poucin,
Surtout du frère aîné,
Messire Jacques, d'abord,
Qui n'a pas l'air d'un bourgeois
A sa table, mais d'un empereur :
J'ai trouvé, si nécessaire, en lui un père,
Car il a remué ciel et terre
Pour qu'on m'aidât à mon départ d'Artois.
Les gens avares me donnent du courage !
J'ai été vert, je commence à mûrir :
Seuls les galants hommes auront du fruit.

X   Messire Pierre Poucin, cher seigneur !
Je ne peux pas être sans chagrin
Alors qu'il me faut vous quitter,
Tant vous m'avez bien traité ! Dieu vous le rende !
Au moment de partir mon cœur soupire
Chaque fois qu'il m'en souvient.
La Ville n'existe plus
Et la Cité est enrichie
Par votre arrivée, j'ose le dire,
Plus que par aucun de ses habitants.

	Pour avoir chascun qui la vient,
120	Faites vo serjant estre au Pire.

XI   Puis c'aler doi hors de men lieu,
         Hauiel, Robert Nasart, adieu !
         Gilles Li Peres, Jehans Joie,
124   Au jouster n'estes mie eskieu :
         De bos avés fait maint alieu
         Et maint biau drap d'or et de soie
         Mis en feste. Las ! or est coie
128   Le bonne vile ou je veoie
         Chascun d'onneur faire taskieu.
         Encor me sanle il que je voie
         Que li airs arde et reflamboie
132   De vos festes et de vo gieu.

XII   Bien doi parler entre les bo[i]ns
         De Colart Nasart qui est joins,
         Bons et nes, courtois et gentiex.
136   Seur tous jones grasce li doins,
         Encor ne li soit il besoins,
         Car s'il estoit aplus des chiex,
         (67d) Si sanle il estre d'un roy fiex
140   Et vient si bien qu'il ne puet miex.
         Pour estre de valeur au loins,
         Emploiier son tans li doinst Diex
         Si bien qu'il en soit prisiés viex :
144   Du jour est li vespre tesmoins.

XIII   A tous ceus d'Arras en le fin
         Pren congié pour che que mains fin
         Ne me cuident de cuer vers eux.
148   Mais il i a maint faus devin
         Qui ont parlé de men couvin,
         Dont je ferai chascun hontex ;
         Car je ne serai mie tex
152   Qu'il m'ont jugié a leur osteux
         Quant il parloient aprés vin,
         Ains cueillerai cuer despiteus
         Et serai fors et vertueus
156   Et drois, quant il gerront souvin !

         Chi fine li congiés Adan.

Pour accueillir chacun qui y arrive,
Vous placez votre serviteur au Pierre.

XI   Puisque je dois quitter mon pays,
Hauiel, Robert Nasard, adieu !
Gilles Le Père, Jean Joie,
Vous ne détestez pas les joutes :
Vous avez tant dépensé de lances
Et arboré tant de beaux draps
D'or et de soie. Hélas ! Comme elle se tait
La noble ville où je voyais
Chacun prompt à la magnificence.
Il me semble voir encore
L'air brûler et flamboyer
De l'éclat de vos fêtes et de vos jeux.

XII   Je dois nommer parmi les meilleurs
Colard Nasard qui est élégant,
Bon et net, courtois et noble.
Je lui donne la préférence sur tous les jeunes,
Quoiqu'il n'en ait pas besoin,
Car même s'il est tombé de la dernière pluie,
Il a l'air d'être un fils de roi
Et grandit, on ne peut mieux.
Pour qu'il soit longtemps des meilleurs,
Que Dieu lui donne d'employer son temps
Si bien qu'il soit loué en sa vieillesse :
Le soir est juge du jour.

XIII   De tous ceux d'Arras, pour finir,
Je prends congé pour qu'ils ne me croient pas
Moins loyal de cœur envers eux.
Mais il est bien des faux prophètes
Qui ont parlé de mon dessein,
Ce que je leur ferai regretter ;
Car je ne serai pas tel
Qu'ils m'ont dit chez eux
En bavardant après boire ;
Mais je me ferai un cœur dur
Et je serai vigoureux et fort
Et debout, quand eux seront à terre.

      Fin du Congé d'Adam

Ce sont li ver de le mort

I   Mors, comment que je me deduise
      En chanter et en mainte herluise,
      Je voi bien et sai qui je sui
4   Et comment me vie amenuise.
      Mais qui voit le pril ains qu'il nuise,
      C'est chiex qui miex prent garde en lui.
      Mors, a le roy et a le glui
8   A[s] tant pris de gent c'au jour d'ui
      N'i a remés fors que menuise.
      Chastions nous dont par autrui,
      C'on doit pour fol tenir chelui
12   Qui tant carche se nef qu'el puise.

II   Mors anieuse et felenesse
      (68a) Ies de cheus embler larenesse
      Dont tu cuides que plus anuit,
16   Si qu'il n'est ne rois ne contesse
      Qui puis truist oste ni ostesse
      Qui le herbegast une nuit.
      Encontre toi n'a nul refuit,
20   Or n'i a dont autre reduit
      Fors confesse, sermon et messe ;
      Car tu assiés ains c'on ait cuit
      Le gent d'un morsel mal enduit
24   Tout sans proier et sans promesse.

III   Mors, de chascun prendre ies a kiex :
      Devant le pere muert li fiex,
      Li grains pourist ains que li paille,
28   Li plus jones est li plus viex,
      De jonesche n'est fors bresiex,
      En jone cuir pourrie entraille

---

12. il — 15. il cuide

Les Strophes de la Mort

I   Mort, bien que je prenne plaisir
Aux chansons et à bien des sottises,
Je vois bien et sais qui je suis
Et comment ma vie raccourcit.
Mais celui qui voit le danger avant son assaut,
Celui-là prend le mieux garde à soi.
Mort, au filet et à la glu,
Tu as tant pris de gens qu'aujourd'hui
Il n'est resté que fretin.
Qu'autrui nous serve de leçon,
Car on doit tenir pour fou celui
Qui charge tant sa barque qu'elle fait eau.

II   Mort odieuse et cruelle,
Tu es une voleuse qui aime enlever ceux
Dont tu penses la perte le plus odieuse
Si bien qu'il n'est ni roi ni comtesse
Qui trouve hôte ou hôtesse
Pour le loger, fût-ce une nuit.
Contre toi il n'est nul refuge,
Il n'est donc d'autre recours
Que confession, sermon et messe ;
Car tu sers, avant qu'on ait cuisiné,
Les gens d'un morceau indigeste,
Sans qu'on t'ait fait prière ou promesse.

III   Mort, tu prends chacun selon ton caprice :
Le fils meurt avant le père,
Le grain pourrit avant la balle,
Le plus jeune est le plus vieux,
La jeunesse n'est que tison ;
Tel qui coupe sa nourriture

A tes qui se viande taille.
32   On ne doit pas selonc l'escaille
Jugier li quels noiaus vaut miex.
On cuide que fisique i vaille,
Mais c'est tout trufe et devinaille :
36   Nus n'est fisiciens fors Dieux.

Explicit d'Adan.

---

34. f. uiaille

A sous une peau jeune des entrailles pourries.
On ne doit pas d'après l'écorce
Juger quelle noix est la meilleure.
On croit la médecine efficace,
Mais ce n'est que tromperie et chimère :
Il n'est de médecin que Dieu.

Fin d'Adam

TABLE

MÉLODIES

Dans les pages qui suivent sont réunies toutes les mélodies d'Adam de la Halle telles qu'elles figurent dans le manuscrit de La Vallière et telles que les a autrefois reproduites Coussemaker. Le texte qui figure sous les portées, édité par ses soins, offre des divergences avec celui qui est établi dans le présent volume et qui doit dans tous les cas être préféré.

CHI COMMENCENT LES CANCHONS

MAISTRE ADAM DE LE HALE.

I

D'AMOUROUS CUER VOEL CANTER.

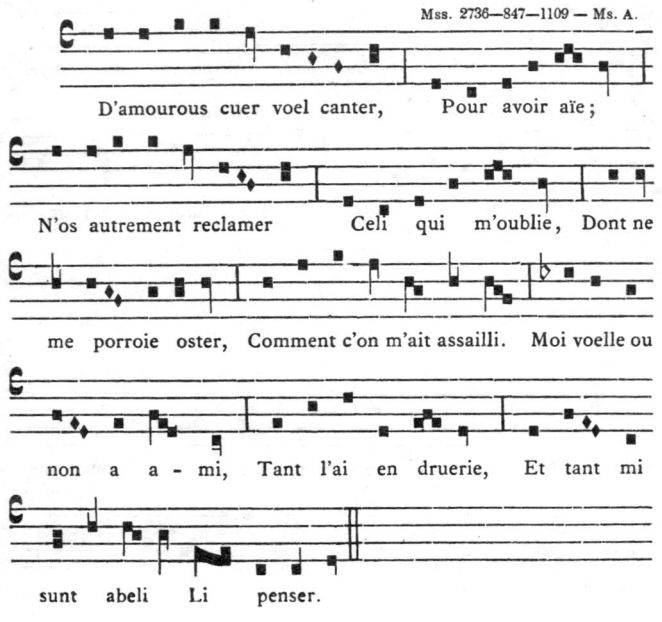

Mss. 2736—847—1109 — Ms. A.

D'amourous cuer voel canter, Pour avoir aïe;

N'os autrement reclamer Celi qui m'oublie, Dont ne

me porroie oster, Comment c'on m'ait assailli. Moi voelle ou

non a a-mi, Tant l'ai en druerie, Et tant mi

sunt abeli Li penser.

II

LI JOLIS MAUS QUE JE SENC.

Mss. 2736—12615 — Ms. A.

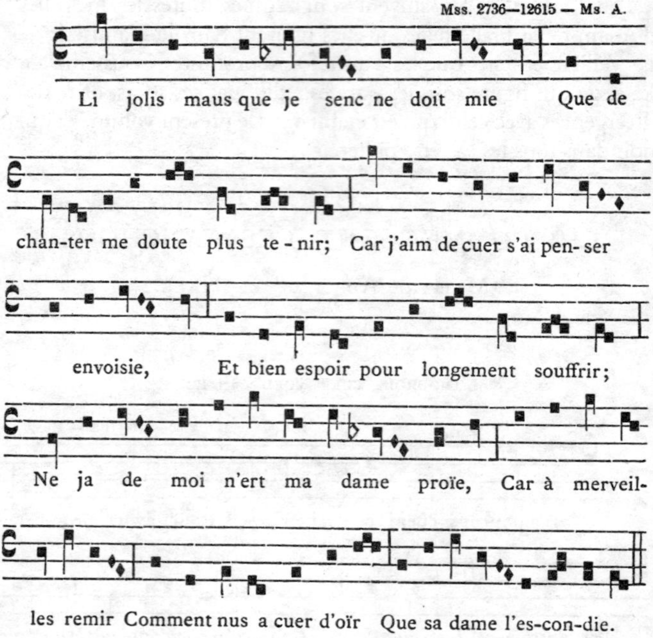

Li jolis maus que je senc ne doit mie   Que de

chan-ter me doute plus te - nir; Car j'aim de cuer s'ai pen- ser

envoisie,   Et bien espoir pour longement souffrir;

Ne ja de moi n'ert ma dame proïe, Car à merveil-

les remir Comment nus a cuer d'oïr Que sa dame l'es-con-die.

III

JE N'AI AUTRE RETENANCHE.

Mss. 2736—847—12615 — Ms. A.

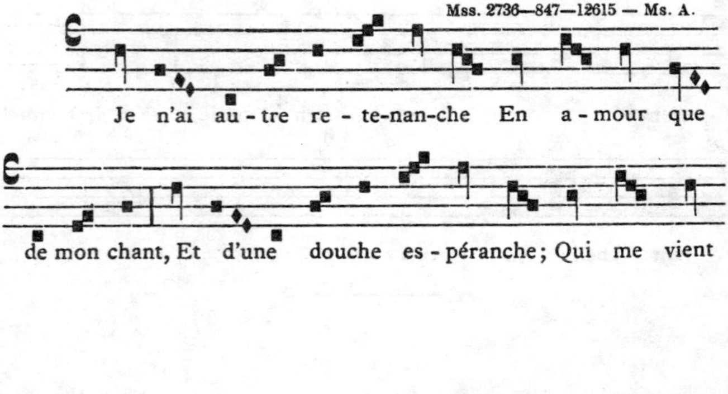

Je n'ai au - tre re - te-nan-che En a - mour que

de mon chant, Et d'une douche es - péranche; Qui me vient

adès devant, En re-cor-dant Le biau-té qui m'a

souspris, Et le regart atraiant En un douc viaire assis,

Cler et riant Dont chascun en esgardant Doit estre pris.

IV

IL NE MUET PAS DE SENS CHELUI QUI PLAINT.

Mss. 2736—847—12615 — Ms. A.

Il ne muet pas de sens chelui qui plaint Paine et travail

qui acquiert avantage; Pour chou ne puis veoir que chiex

bien aint, Qui pour goïr d'amour souffranche gage. Qui n'est souf-

frans et d'estable corage, Il ne se doit entremestre

d'amer; Car cuers ne puet en amour pourfiter Qui est

a - compaigniés à cuer vo- la- ge.

V

HÉLAS! IL N'EST MAIS NUS QUI AINT.

Mss. 2736—847—12615 — Ms. A.

Hé-las! il n'est mais qui aint Ain-sint c'on de-ve-roit a-mer; Chas-cuns a- mant o- ren-droit faint Et veut go-ïr sans en-du-rer; Et pour chou se doit bien gar-der che-le c'on prie, Car tant est le fem-me proi- si- - e, C'on ne li set que re-prou-ver.

VI

HÉLAS! IL N'EST MAIS NUS QUI N'AINT.

Mss., 2736—347 — Ms. A.

Hé-las! il n'est mais nus qui n'aint Plus c'on ne de- ve-

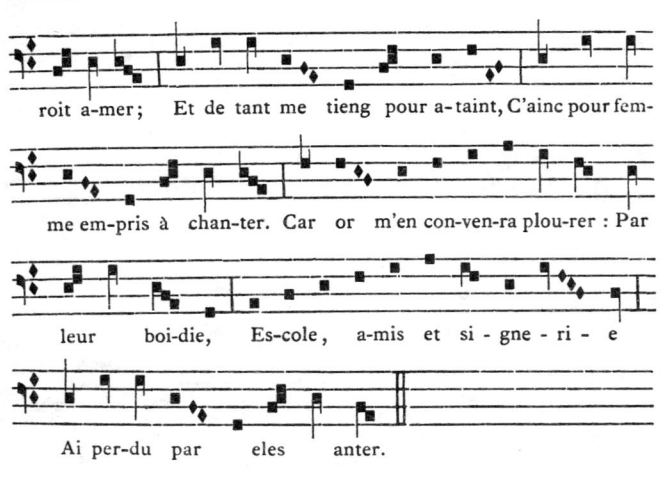

roit a-mer; Et de tant me tieng pour a-taint, C'ainc pour fem-

me em-pris à chan-ter. Car or m'en con-ven-ra plou-rer : Par

leur boi-die, Es-cole, a-mis et si - gne - ri - e

Ai per-du par eles anter.

VII

ON ME DEFFENT QUE MON CŒUR PAS NE CROIE.

Mss. 2736—12616.

On me deffent que mon cuer pas ne croie, Mais si ferai,

car il l'a déservi. Par lui sui jou en déduit et en

joie, Car il a fait a-mour ve-nir à mi, Par un dési -

rier joli, Qu'il prist en le contenanche, Et en le douche samblanche de l'amoureus viaire, de cheli Cui

je proi de cuer merchi.

VIII

JE SENCH EN MOI L'AMOUR RENOUVELER.

Mss. 2736—847.

Je sench en moi l'amour renouveler, Qui autrefois

m'a fait le douch mal trai-re, Dont je so-loie en dé-si-

rant chan-ter; Par coi mes chans re-nou-vè-le et re-pai-re,

Ch'est bons maus qui cuer esclaire ; Mais a-mour m'a le ju trop mal

par-ti, Car j'es-poir et pens par li Trop haut drois

est qu'il y paire.

I X

LI MAUS D'AMER ME PLAIST MIEX A SENTIR.

Mss. 12736 — 847 — Ms. A.

Li maus d'a-mer me plaist miex à sen-tir K'a maint amant

ne fait li dons de joi – e, Car mes es- poirs vaut d'autrui le

jo – ïr. Si bien me plaint quan-ques a-mours m'en-voi – e;

Car quant plus suef-fre et plus me plaist que soie Jo – lis

et chan-tans. Aus- si liés sui et joi- ans, Que se plus

a – vant es – toi – e.

X

LI DOUC MAUS ME RENOUVÈLE.

Mss. 2736—12615.

Li dous maus me re – nou-vè – le A – voec le prin-temps.

Doi jou bien es-tre can-tans, Pour si jo - li - e nou-vè - le; C'on-ques mais nus pour si bè - le, Ne plus sa-ge, ne meil-lour, Ne sen - ti mal ne do-lour. Or est en-si, Que j'a-ten-de - rai mer-chi.

XI

POUR COI SE PLAINT D'AMOUR NUS.

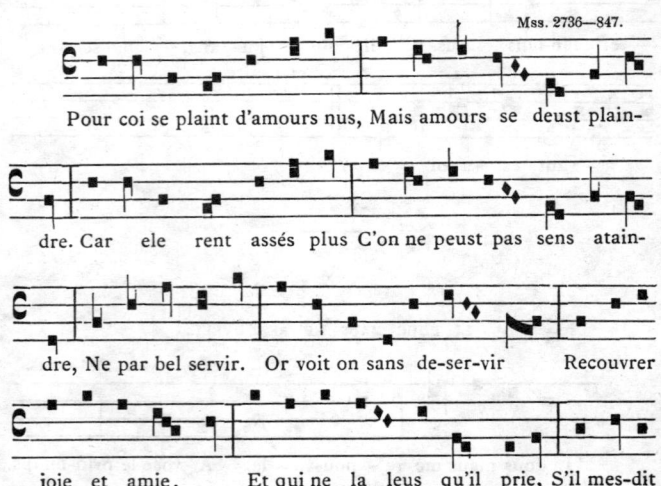

Mss. 2736—847.

Pour coi se plaint d'amours nus, Mais amours se deust plain-dre. Car ele rent assés plus C'on ne peust pas sens atain-dre, Ne par bel servir. Or voit on sans de-ser-vir Recouvrer joie et amie, Et qui ne la leus qu'il prie, S'il mes-dit d'a-mour, Et de tel ou on - ques jour, Ne trou - va

fors cour - toi - si - e.

XII

MERCHI AMOURS DE LE DOUCHE DOLOURS.

Mss. 2736—847—12615 — Ms. A.

Merchi amours de le douche dolours, Que vo mais-

trie au cuer me fait sentir. Pour le plus bele et toute le

meillour, C'on puist au mont ni amer ni servir. Ne jà de-

servir. Je ne porrai envers vous Les beaux avantages

dous, Que vous me faites venir En tant sans plus que

je l'aim et désir.

XIII

ON DEMANDE MOUT SOUVENT K'EST AMOURS.

Mss. 2736 — 847 — Ms. A.

On de-man-de mout sou-vent k'est a-mours. Dont mains hom

est de res-pondre es- bau - bis. Mais qui à droit sent les dou-ches

do- lours Par soi meis-mes en puet es - tre gar - nis, Ou pas

n'ai - me, che m'est vis; Et s'il aime, ch'est li vi - e En che-lui

mal em-plo-ïe Qui vit en si fole er-rour : Car il dist qu'il

a Se - gnour, Et si ne le con-noit mi - e.

XIV

AU REPAIRIER EN LA DOUCHE CONTRÉE.

Mss. 2736—12615.

Au re-pai-rier en la dou-che con - tré - e, Où je

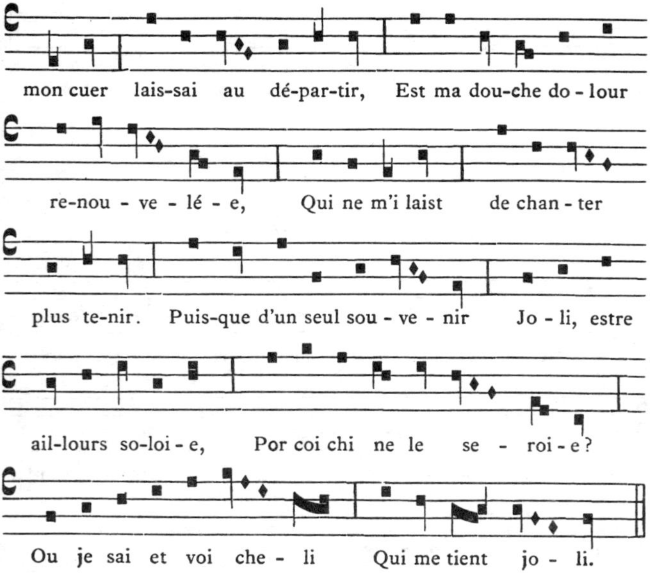

(musique)

mon cuer lais-sai au dé-par-tir, Est ma dou-che do - lour

(musique)

re-nou - ve - lé - e, Qui ne m'i laist de chan - ter

(musique)

plus te-nir. Puis-que d'un seul sou - ve - nir Jo - li, estre

(musique)

ail-lours so-loi - e, Por coi chi ne le se - roi - e ?

(musique)

Ou je sai et voi che - li Qui me tient jo - li.

XV

AMOURS M'ONT SI DOUCHEMENT.

Mss. 2736—847.

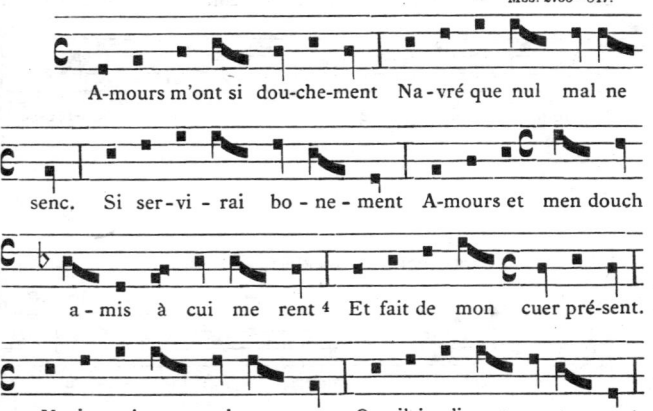

(musique)

A-mours m'ont si dou-che-ment Na - vré que nul mal ne

(musique)

senc. Si ser-vi - rai bo - ne - ment A-mours et men douch

(musique)

a - mis à cui me rent [4] Et fait de mon cuer pré-sent.

(musique)

Ne ja-mais por nul tour-ment Que j'aie n'i - ert au-tre-ment,

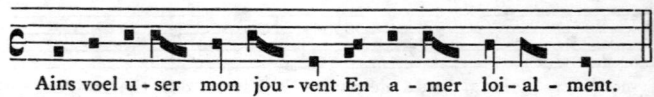

Ains voel u - ser mon jou - vent En a - mer loi - al - ment.

XVI

DE CHANTER AI VOLENTÉ CURIEUSE.

Mss. 2736—847.

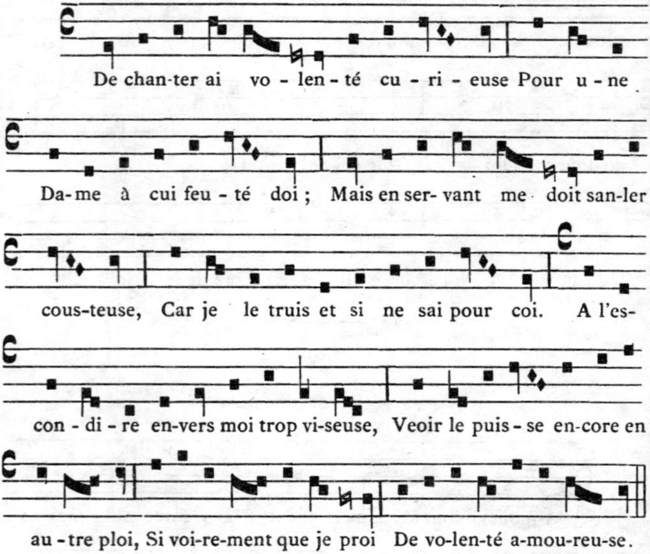

De chan-ter ai vo - len-té cu - ri - euse Pour u - ne

Da-me à cui feu - té doi ; Mais en ser- vant me doit san-ler

cous-teuse, Car je le truis et si ne sai pour coi. A l'es-

con - di - re en-vers moi trop vi-seuse, Veoir le puis-se en-core en

au - tre ploi, Si voi-re-ment que je proi De vo-len-té a-mou-reu-se.

XVII

MA DOUCHE DAME ET AMOURS.

Mss. 1109 - 847.

Ma douche Dame et amours Me font tant a - mer

me vi- e, C'uns ans me samble un seus jours, Et ma souf-

franche est jo - li- e; Mais si bien ne m'alast mi- e As

maus c'on me fait sen - tir; Se li es-poirs de jo - ïr,

Ne me te-noit com-pai - gni- e.

XVIII

QUI A DROIT VEUT AMOURS SERVIR.

Mss. 1109 — 847.

Qui à droit veut amours ser-vir, Et chan-ter de

joi-eus talent, Pen-ser ne doit as maus qu'il sent, Mais

au bien qui en puet venir. Che fait cueillir Sens et bon-

té et har-dement Et le mauvais bon de - venir; Car cascuns bée   à dé-ser - vir   Puis c'on i tent.

XIX

MERVEILLE EST QUEL TALENT J'AI DE CHANTER.

Mss. 1109—847.

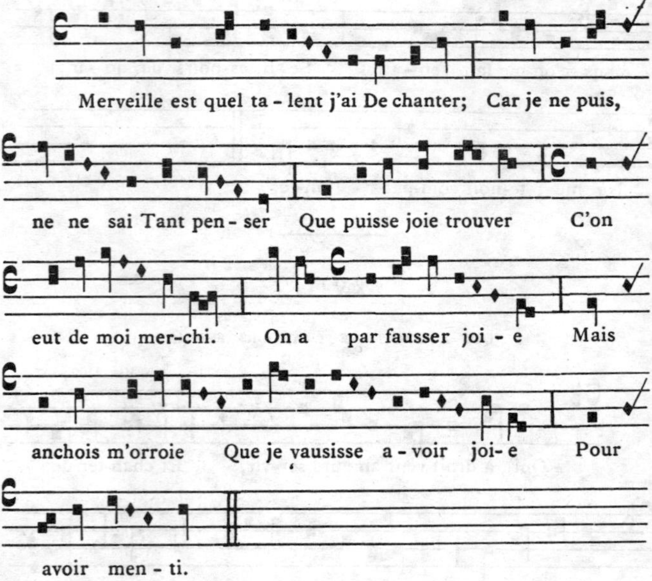

Merveille est quel ta - lent j'ai De chanter;   Car je ne puis,

ne ne sai Tant pen - ser   Que puisse joie trouver   C'on

eut de moi mer-chi.   On a   par fausser joi - e   Mais

anchois m'orroie   Que je vausisse a - voir joi - e   Pour

avoir men - ti.

XX

SANS ESPOIR D'AVOIR SECOURS DE NULUI.

Mss. 1109—847.

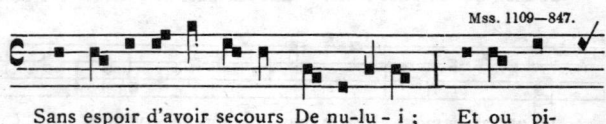

Sans espoir d'avoir secours De nu-lu - i ;   Et ou pi-

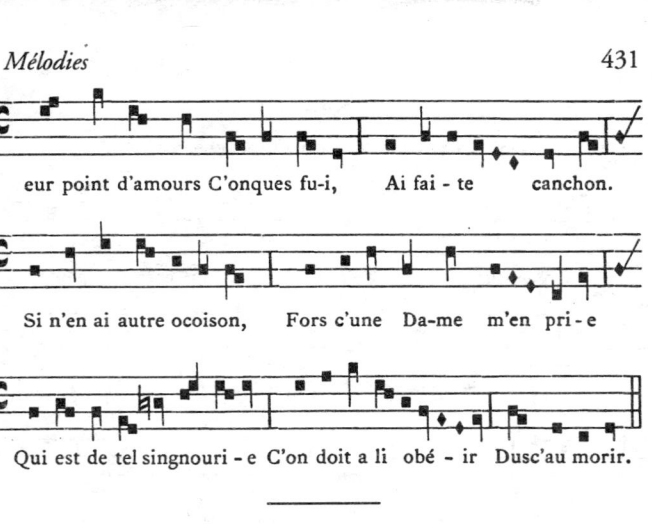

eur point d'amours C'onques fu-i, Ai fai - te canchon.

Si n'en ai autre ocoison, Fors c'une Da-me m'en pri - e

Qui est de tel singnouri - e C'on doit a li obé - ir Dusc'au morir.

XXI

JE NE CHANT PAS REVELEUS DE MERCHI.

Ms. 847.

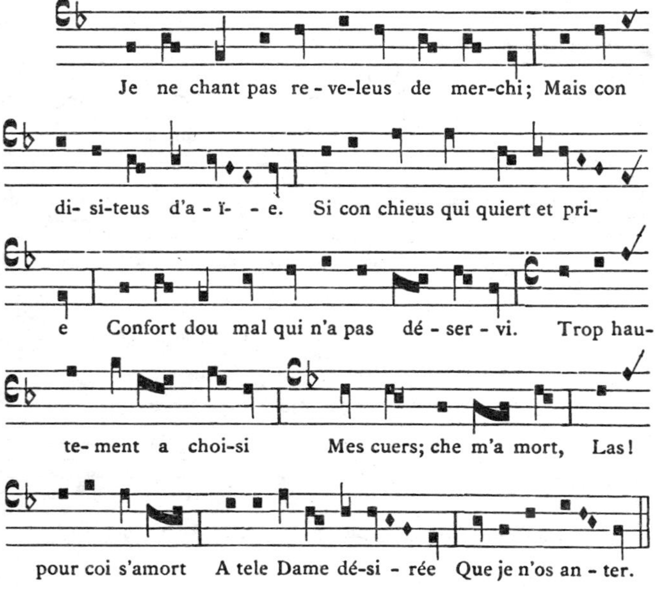

Je ne chant pas re - ve-leus de mer-chi; Mais con

di - si-teus d'a - ï - e. Si con chieus qui quiert et pri-

e Confort dou mal qui n'a pas dé - ser - vi. Trop hau-

te- ment a choi-si Mes cuers; che m'a mort, Las!

pour coi s'amort A tele Dame dé-si - rée Que je n'os an - ter.

XXII

TANT ME PLAIST VIVRE EN AMOUREUS DANGIER.

Ms. 12615.

Tant me plaist vivre en amoureus dangier, Qu'à paine

ai pen-sée à gue-re-don. Si ne chant pas pour mes maus

al-légier, Car je ne plains fors le male fuison. Tra-vail qui

plaist ne doit on, par rai - son; Trouver pour has-chi - e

Le mal d'a-mou-reuse vi-e Ne me font fors ca-til - lier

De joie et de dé-sir-rier, Sans penser nu-le fo-li - e.

XXIII

DAME VOS HOM VOUS ESTRINE.

Mss. 847 — 12615.

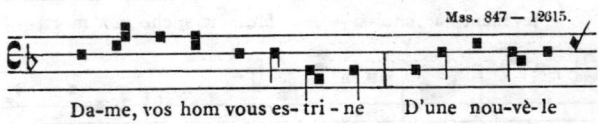

Da-me, vos hom vous es-tri - ne D'une nou-vè-le

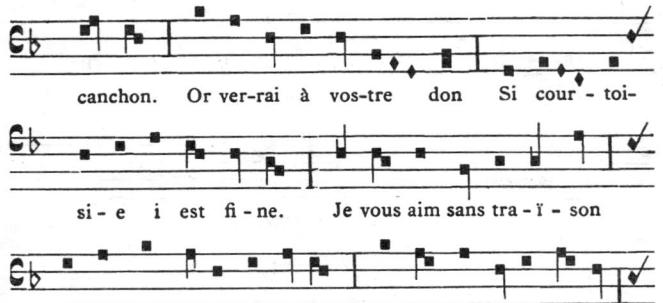

canchon. Or ver-rai à vos-tre don Si cour-toi-

si - e i est fi - ne. Je vous aim sans tra - ï - son

A tort m'en portés cue-rine, Car con plus avés fui-son.

De biauté sans tra-ï - son, Plus fors cuers s'i en - ra-chi-ne.

XXIV

MOUT PLUS SE PAINE AMOURS DE MOI ESPRENDRE.

Mss. 847—1109—12615.

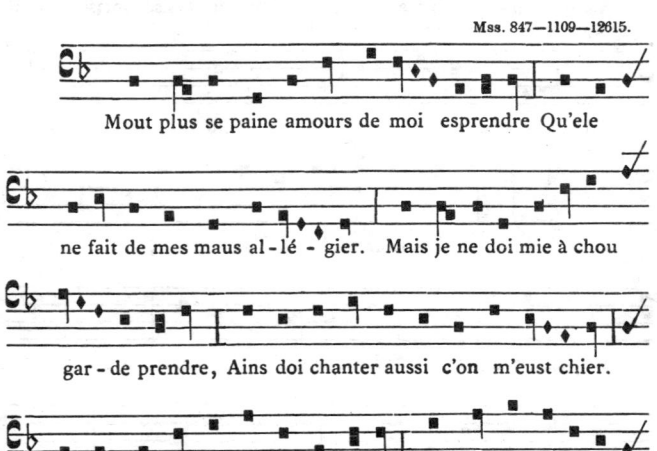

Mout plus se paine amours de moi esprendre Qu'ele

ne fait de mes maus al - lé - gier. Mais je ne doi mie à chou

gar - de prendre, Ains doi chanter aussi c'on m'eust chier.

N'est pas a-mis qui vit à soushaidier, Mais qui sert en avan-

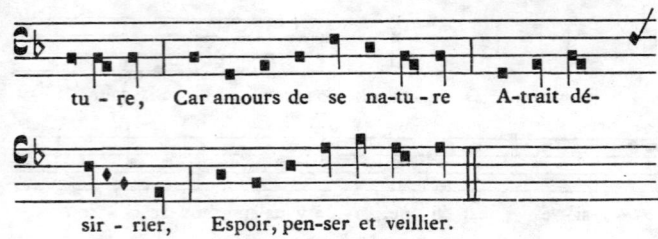

tu – re,   Car amours de se na-tu – re   A-trait dé-

sir – rier,   Espoir, pen-ser et veillier.

XXV

POUR CHOU SI JE N'AI ESTÉ.

Ms. 847.

Pour chou se je n'ai es – té   Chantans et jo-lis,

N'ai-je mi – e nains a – mé,   Ains sui plus souspris

C'on-ques mais et plus   es – pris,   Car behours veult en-

voi-si – e;   Biaus canters, langue po – li – e,

Ne solers a – gus   L'amour pas ne se-ne – fi – e,

Mais fins cuers loi-aus   re-pris   C'on ne mes-di – e.

XXVI

OR VOI-JE BIEN QU'IL SOUVIENT.

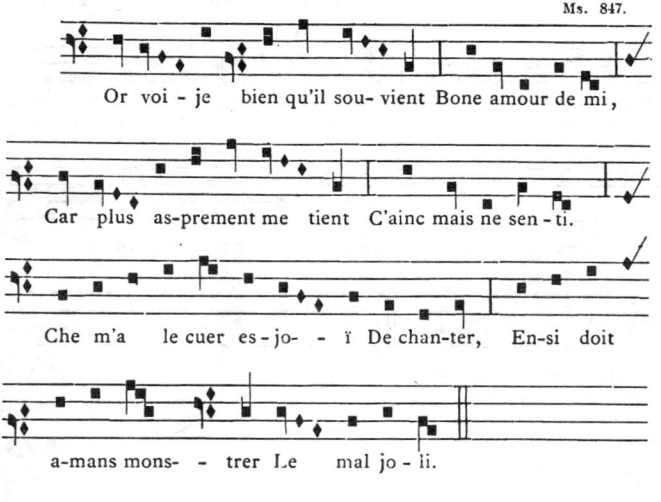

Or voi - je bien qu'il sou- vient Bone amour de mi,

Car plus as-prement me tient C'ainc mais ne sen - ti.

Che m'a le cuer es-jo - - ï De chan-ter, En-si doit

a-mans mons- - trer Le mal jo - li.

XXVII

PUISQUE JE SUI DE L'AMOUROUSE LOI.

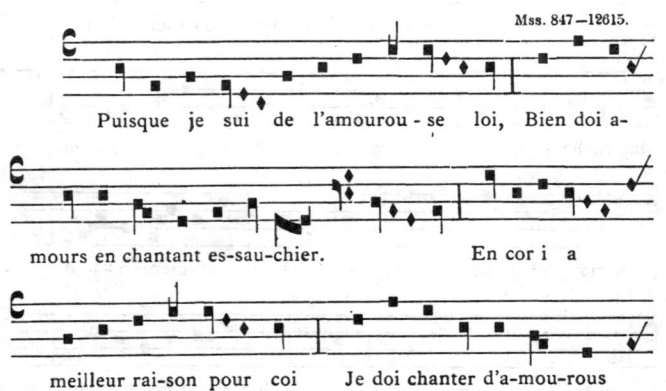

Puisque je sui de l'amourou - se loi, Bien doi a-

mours en chantant es-sau-chier. En cor i a

meilleur rai-son pour coi Je doi chanter d'a-mou-rous

dé - sir - rier;   Car, sans ma-ne - chier, Sui au

cuer trais et fé - rus   D'un vair iex sés et a - - gus,

Rians pour miex as-sé-ner : A chou ne peut contres- ter

Haubers ni es-cus.

XXVIII

GLORIEUSE VIERGE MARIE.

Ms. 847.

Glo-ri-eu-se Vierge Ma-ri- e, Puisque vo servi-ches m'est

biaus, Et je vos ai en-co-ra-gi - e, Fais en sera un chans nouviaus

De moi ki chant con chius ki pri-e De ses faux errements a - ï- e :

Car chier comperrai mes aviaus, Quant de juger sera fais li apiaus,

Se d'argumens n'estes pour moi gar-ni - e.

XXIX

SE LI MAUS C'AMOURS ENVOIE.

Ms. 12615.

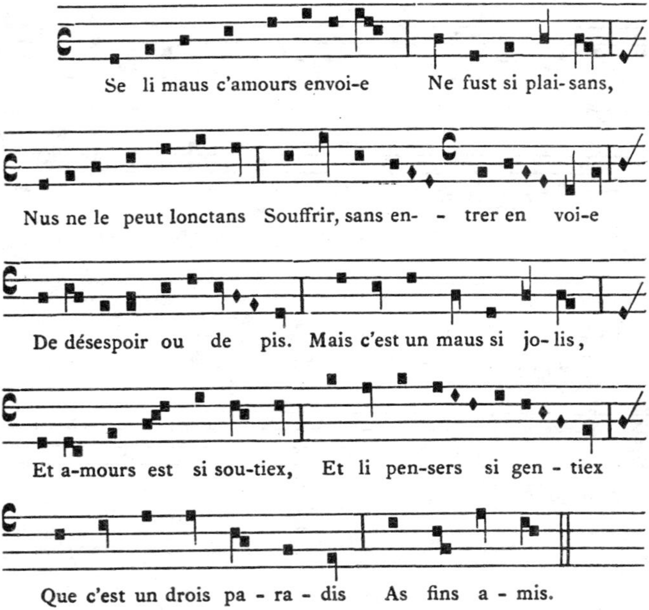

Se li maus c'amours envoi-e   Ne fust si plai- sans,

Nus ne le peut lonctans Souffrir, sans en- - trer en voi-e

De désespoir ou de pis. Mais c'est un maus si jo- lis,

Et a-mours est si sou-tiex, Et li pen-sers si gen - tiex

Que c'est un drois pa - ra - dis   As fins a - mis.

XXX

DOUS EST LI MAUS QUI MET LE GENT EN VOIE.

Mss. 847 — 12615.

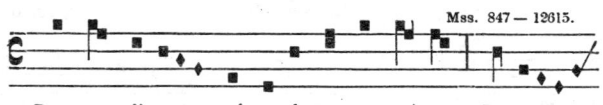

Dous est li maus qui met le gent en voi-e   De tout

bien dire et faire et a - le - ver. Bien doit on croire en che-

lui qui l'envoi - e, Et lui de cuer servir et ho-nerrer.

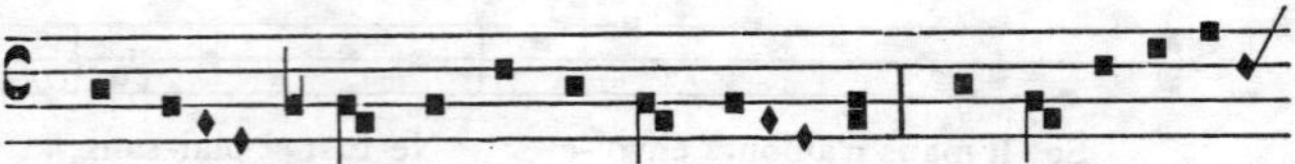

Ch'est bon - ne amours qui me fait trou - ver, Che que fai-re ne

sa - voi - e Quant li douch mal ne sentoit, Qui me fait

o - re pen-ser A la sa - veu - reu-se joi-e C'on ne

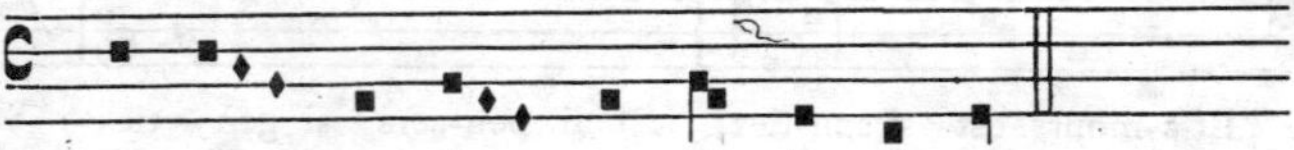

peut trop a - cha - ter, Ne de - sir - rer.

XXXI

AMOURS NE ME VEUT OÏR.

Mss. 847—12615.

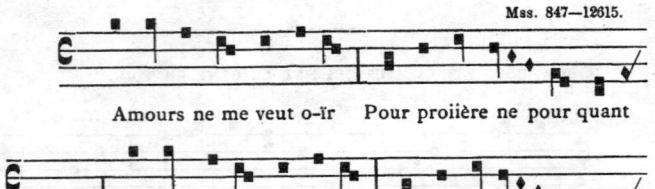

Amours ne me veut o-ïr Pour proiière ne pour quant

fai-re, Ne pour loial-ment ser-vir, Ne pour douchement atrai-re; Ams m'est si contrai-re , Et ma Dame ausi, Qu'il ne

leur est nient de mi, Ne dou mal qui me font trai - re.

XXXII

DE CUER PENSIEU ET DÉSIRRANT.

Mss. 847—12615—Ms. A.

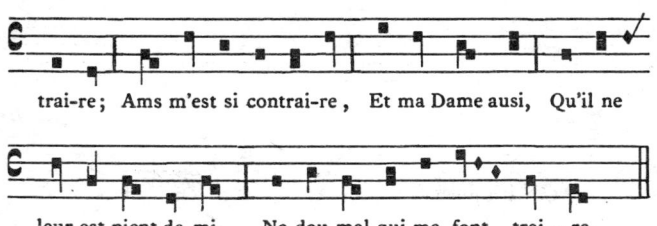

De cuer pen-sieu et dé - sirrant Vient qui bouche muet

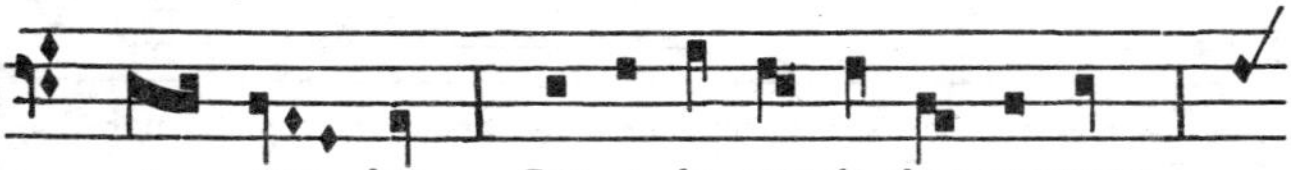

a par - ler, Car e - le sert de chou moustrer

Que cuers voit premiers de - vi - sant. De tel semblant

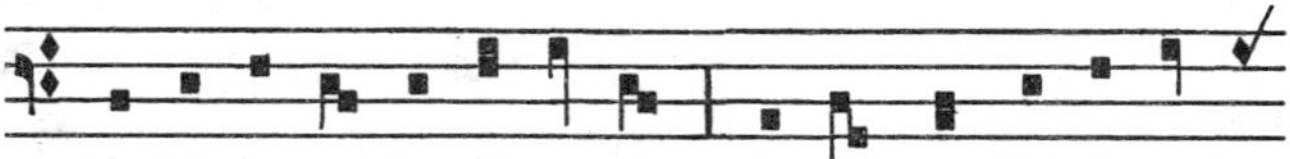

Me fait estre en jo - li - ve - té Amours, dont j'ai si grant

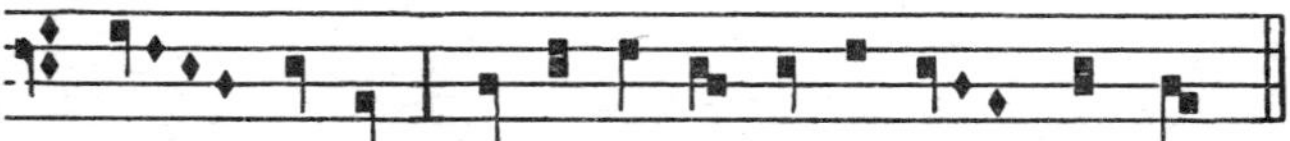

plen- - té C'a-lè - gement pro - i en chan-tant.

XXXIV

QUI N'A PUCHELE OU DAME AMÉE.

Mss. 847—12615.

Qui n'a puchele ou Dame a - mée Où n'a fors de-

che-van-che et vent Par raison doit sa - voir comment

Li Vier-ge doit être honne-ré - e Dont on atent meilleur

sau-dé - e. S'il en-tent bien cest ar-gu-ment ; Car par

painture est ra-vi - sé - e Toute cho-se c'on voit et sent.

LI PARTURES ADAN

I

ADAN S'IL ESTOIT ENSI.

Ms. 1109.

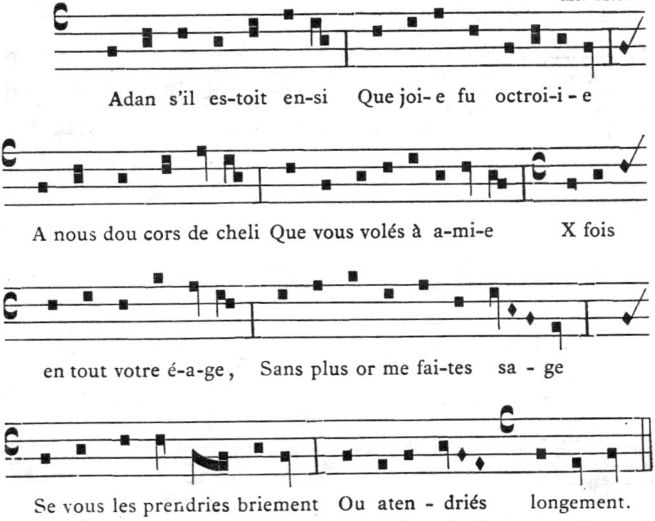

Adan s'il es-toit en-si Que joi- e fu octroi-i- e

A nous dou cors de cheli Que vous volés à a-mi-e X fois

en tout votre é-a-ge , Sans plus or me fai-tes sa - ge

Se vous les prendries briement Ou aten - driés longement.

II

ADAN , VAURRIÉS VOUS MANOIR.

Ms. 1109.

Adan, vaurriés vous manoir A Ar-ras toute vo

vi - e,   Si eus - siés tout l'a - voir   Qui en est

en bele a - mi - e,   Qui fut avoec vous manans.   Et l'a-

missiés ben tous tans, Mais jamais plus que vous deus vive-

riés   Ne ja-mais hors   de la vi - le   n'is - teriés.

III

ADAN, D'AMOURS VOUS DEMANT.

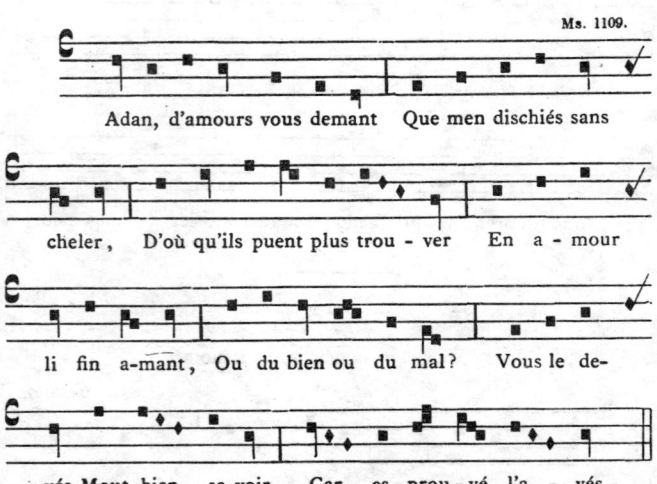

Ms. 1109.

Adan, d'amours vous demant   Que men dischiés sans

cheler,   D'où qu'ils puent plus trou - ver   En a - mour

li fin a-mant, Ou du bien ou du mal?   Vous le de-

vés Mout bien sa-voir, Car es-prou-vé l'a - vés.

I V

SIRE JEHAN, AINC NE FUSTES PARTIS.

Ms. 1109.

Si - re Jehan, ainc ne fus - tes   partis,   Ne de-

mandés d'amour con si, je croi, D'omme qui jà s'en alast es-

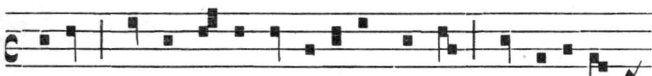

condis.   Or me sachiés dont a di-re quant doi Ont tant amée

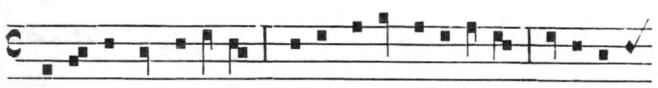

u-ne Dame proisi - e,   Que li uns d'amer li prie, L'uns en ri-

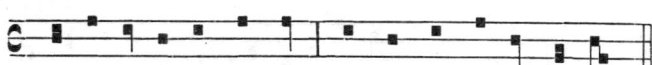

baut, li autres sans dausnois, Li quiex aime en meilleur foy.

V

ADAN, SE VOUS AMIÉS BIEN LOYALMENT.

Ms. 1109.

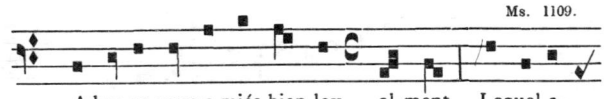

Adan, se vous a-miés bien loy - al-ment, Lequel a-

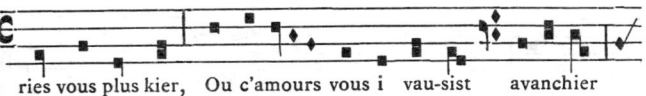

ries vous plus kier, Ou c'amours vous i vau-sist   avanchier

A son po-oir bo-ne — ment, Et vo Dame fust en

vo nui-sement, Ou que vo Dame a - vanchier vous vau-sist

A son po - oir et a-mours vous nui - sist.

V I

ADAN , A MOI RESPONDÉS.

A-dan, à moi respondés Con lais hom à cest af-

fai-re, Car ne sai point de gram-maire, Et vous estes bien

létrés. Lequel ariés vous plus chier, Ou vo Dame à gaingnier

Ou-tre vo gré, par droite traïson, Ou li ser-vir loi-au-ment

en pardon, Très tou-te vo vi - e, Et si s'en tiengne apaï-e?

VII

ADAN, QUI AROIT AMÉE.

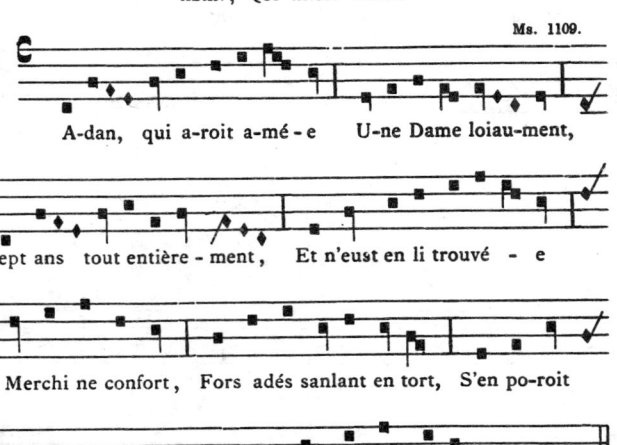

Ms. 1109.

A-dan, qui a-roit a-mé-e U-ne Dame loiau-ment,

Sept ans tout entière-ment, Et n'eust en li trouvé - e

Merchi ne confort, Fors adés sanlant en tort, S'en po-roit

il dépar-tir sans rai-son, Et querre ailleurs confort et ga-rison?

VIII

ADAN, VOUS DEVÉS SAVOIR.

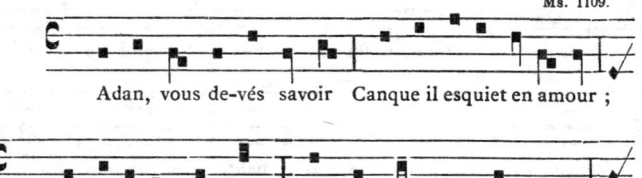

Ms. 1109.

Adan, vous de-vés savoir Canque il esquiet en amour ;

Or me dites donc voir, Dou quel doit plus grant paour

A-voir fins a-mis, ou d'estre escondis, Quant à se Dame

pro-ï-e,　Ou quant il a fait a-mi-e.　Dou reperdre

en au-cun tans　Or n'en soi-és pas men-tans.

I X

ADAN, MOUT FU ARISTOTE SACHANS.

Ms. 1109.

Adan, mout fu Aris-to-te sachans Et si fut il par

amours tes me-nés Qu'en cele fu comme chevau ferrans.

Et chevauchiés en-si que vous savés, Pour cheli que il vo-loit

à a-mie Qui en le fin couvent ne le tint mi-e

Vauriés vous estre a-tournés ense-ment. De vo Da-me,

se vous te-nist cou-vent.

X

ADAN AMIS, JE VOUS DIS UNE FOIS.

A-dan amis, je vous dis   u-ne   fois Vous et mais-

tre Jehan de Marli,   Que ja-mais ne par-tiroi - e,   Mais tenir

ne m'en porroi-e,   Qui fait mieus, ou chieus qui a - tent

mer - chi,   En bien servant,   un an ou deus ou trois,

Ou chieus qui loeus mer-chi   proi - e?

X I

ADAN AMIS, MOUT SAVÉS BIEN VO ROI.

Ms. 1109.

Adan a - mis, mout savés bien vo roi D'amour servir,

selonc chou que j'entend. Or me di-tes par a-mis-tés de coi

Vous le servés,   ne por coi, ne coment. J'ai bien mestier

de vo en-sei-gnement ; Car je n'en sai mi-e Le maintien

ne le mais-tri-e S'el voel sa - voir de vous apprendés m'ent.

XII

COMPAINS JEHAN, UN DON VOUS VOEL PARTIR.

Ms. 1109.

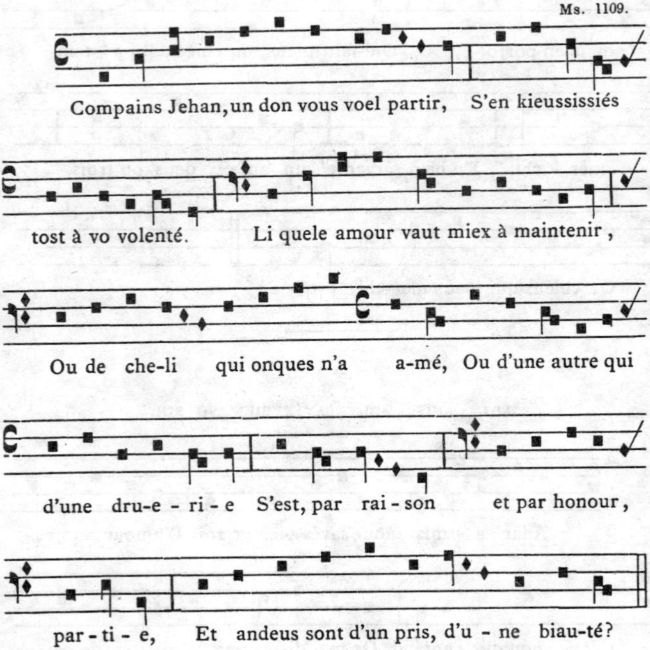

Compains Jehan, un don vous voel partir, S'en kieussissiés

tost à vo volenté. Li quele amour vaut miex à maintenir ,

Ou de che-li qui onques n'a a-mé, Ou d'une autre qui

d'une dru-e - ri - e S'est, par rai - son et par honour,

par - ti - e, Et andeus sont d'un pris, d'u - ne biau-té ?

XIII

ADAN, SI SOIT QUE ME FEME AIMÉS TANT.

Ms. 1109.

Adan, si soit que me feme amés tant C'on puet amer, et

jou le vostre aussy; Andoi sommes de goi-e dé-si-rans;

Amés n'estes, aus-si est-il de mi; Et pour itant, demanch

se vous vau-riés Que je fuis-se de la vostre a-

coin-ti-és Si très a-vant c'on en puet a- - voir

joi-e, Et fe-us-siés tout au-tel de le moi-e?

XIV

ADAN, LI QUELS DOIT MIEX TROVER MERCHI.

Ms. 1109.

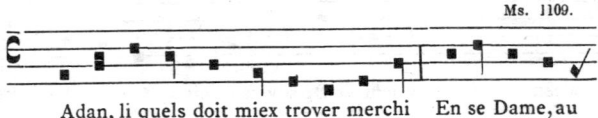

Adan, li quels doit miex trover merchi En se Dame, au

di - re voir, Ou chieux qui va toujours parler à li, Là où il

puet veoir, Jà tant n'i a - ra de gent, Pour le grand

amour qui sent, Ou chieus qui se lairroit anchois mo-rir

Que il lais-sast per-che-voir son dé-sir?

—————

X V

ASSIGNÉS CHI, GRIVILER, JUGEMENT.

Ms 1109.

As-si-gnés chi, Gri-vi-ler, jugement: Ou quel puet miex

chieus se paine emploi-er, Qui amours veut par parole essauchier,

Ou en che-lui qui ai-me loiaument, Pour ce qu'il n'ait vo-

len-té ni ta - lent De soy can - gier, Ou en che - lui

qui ai - me faus - se - ment pour ra- - voi - er.

XVI

AVOIR CUIDAI ENGANÉ LI MARCHIÉ.

Ms. 1109. — Ms. de Cambrai.

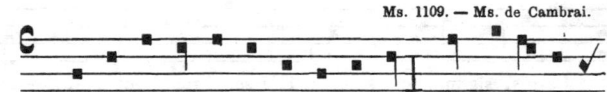

A-voir cui-dai en-ga - né li marchié, Quant convoitai

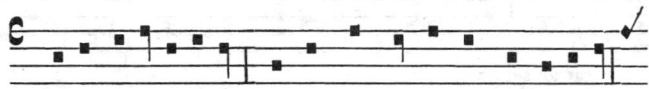

be-le Dame jo-li-e ; Et tant pourquis qu'ele m'eut o-troié

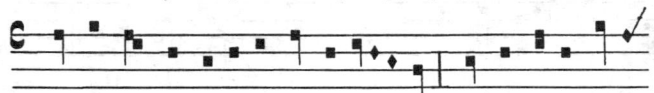

Qu'elle m'amoit et me fist courtoi-si - e. Mais li marchiés m'a

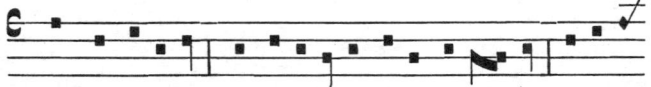

trop miex engané, Car en li n'a ne foi ne loi- au - té, Ains l'a

cas-cuns à son tour gaaingnié. A-dan ai jou perdu ou gaaingnié?

XVII

ADEST DIES HEC TERTIA.

Adest di - es hec ter - ti - a Passi redempto - ris,

Adam de la Halle

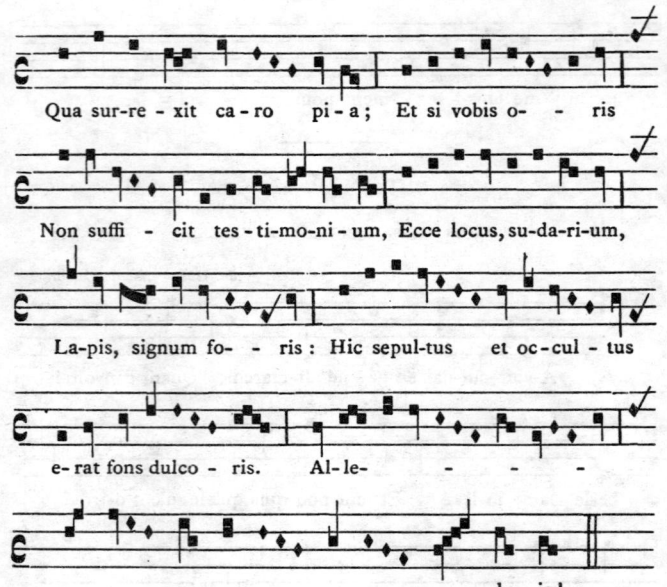

Qua sur-re-xit ca-ro pi-a; Et si vobis o- - ris

Non suffi - cit tes-ti-mo-ni-um, Ecce locus, su-da-ri-um,

La-pis, signum fo- - ris: Hic sepul-tus et oc-cul-tus

e-rat fons dulco- ris. Al-le- - -

- - - - - lu-ia!

LI RONDEL ADAN

I

JE MUIR D'AMOURETES.

Je muir, je muir d'a - mou-re - te. Las ai - mi!

Par dé-fau - te d'a - mi - e - te De mer - chi.

II

LI DOUS REGARS DE MA DAME.

Li dous re-gars de ma Da - me Me fait es-pérer mer-chi.

III

HAREU LI MAUS D'AMER.

Ms. de Cambrai 1

Ha - reu li maus d'a - mer M'o-chist.

IV

FINES AMOURETES AI.

Ms. de Cambrai 1.

Fi- nes amou-re-tes ai ; Dieu si ne sai Quand les

verrai. Or man-de-rai m'a - mi-et-te Qui est si cointe

et si jo-liette Et s'est savérousete, C'astenir ne m'en

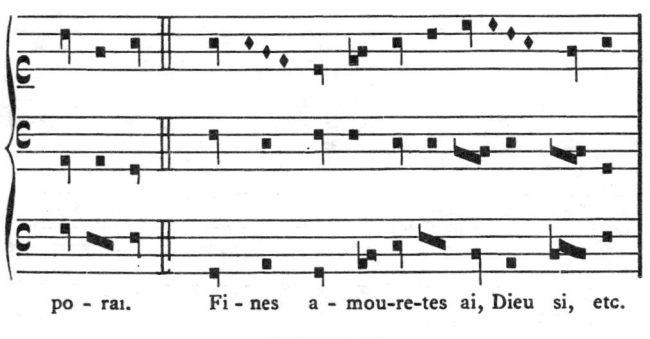

po - raı.　　Fi - nes a - mou-re-tes ai, Dieu si, etc.

V

A DIEU COMANT AMOURETES.

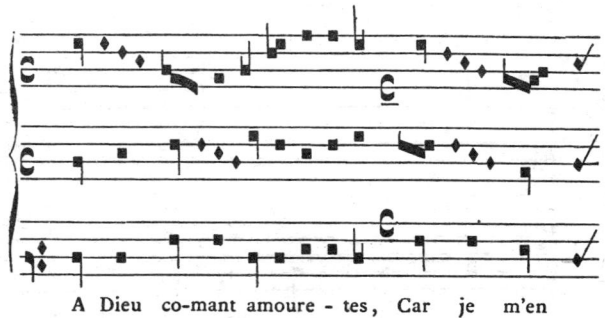

A Dieu co-mant amoure - tes, Car je m'en

vois sous - pi - rant En terre es - trange.

V I

FI MARIS DE VOSTRE AMOUR.

Fi maris de vostre amour, Car j'ai a-mi biaus et de noble atour.

V I I

DAME OR SUI TRAÏS.

Dame or sui tra - ïs Par l'o - coi - son

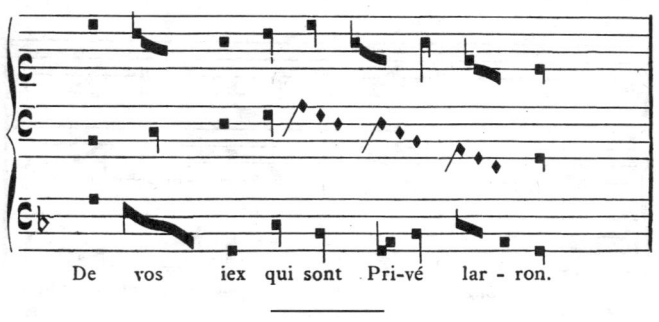

De vos iex qui sont Pri-vé lar - ron.

VIII

AMOURS ET MA DAME AUSSI.

Amours et ma Dame aus - si, Jointes mains vous proi merchi.

IX

OR EST BAIARS EN LA PASTURE.

Or est Bai - ars en li pas - tu - re, Hure,

des deus piés def - fé - rés Il por - te souef lamblure.

X

A JOINTES MAINS VOUS PROI.

A jointes mains vous proi Douce   Dame merchi   Liés sui quant.

XI

HÉ DIEX ! QUANT VERRAI.

Hé Diex ! quant ver - rai Che - li   que j'aim.

XII

DIEX COMENT PORROIE.

Diex co - ment por - roi - e Sans che - li

du - rer Qui me tient en joi - e.

XIII

TROP DÉSIR A VEOIR.

Trop dé- - sir   a   veoir Che   que   j'aim.

XIV

BOINE AMOURETE.

Boine a - mou - re - te Me   tient gai.

XV

TANT CON JE VIVRAI.

Tant con je vi - vrai, N'a - me - rai au - trui que vous. Jà n'en par - ti - rai.

XVI

DIEX SOIT EN CHESTE MAISON.

Diex soit en ches-te maison, Et bien et joie à fuison

No si-res no-ueus Nous envoie à ses amis; Ch'est as

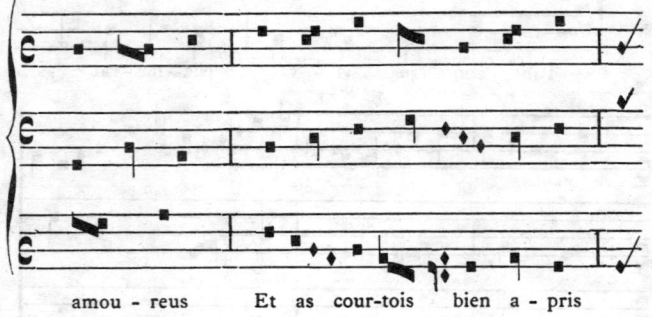

amou – reus   Et as cour-tois   bien a – pris

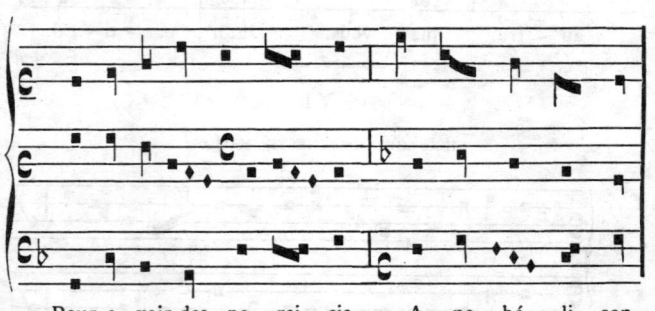

Pour a – voir des pa – rei – sis   A no – hé – li – son.

LI MOTET ADAN

I

A Dieu com - mant a-

Adan se sont lo - é d'a-

mouretes, Car je m'en

mours; Mais je m'en dois plus que

vois Dolans por les douchetes

nus blamer; Conques à nul jour

Fors dou pays d'Artois

ne poi loyauté trouver. Je cui-

Chi est si mus et destrois;

dai au premiers Avoir ami-e

Pour che que li bourgeois

par loiaument ouvrer. Mais gi

Ont es-té si fourme-nés

peusse longuement baer; Car

Qu'il ne quiert drois ne lois.

quant je miex aimai, Plus me con-

Super te.

Gros tournois Ont a - nu-

vient maux endurer. Nonques cele

lé, contes et rois Jus-tiches

que j'amoie, Ne mi vaut monstrer

et pré-las , tant de fois

Sanlant où je me dusse conforter

Que main-te be-le com-

Ne merchi espérer. Tout ades

paingne Dont Ar - ras

m'étoit paine a moi es-kié-ver.

me-haingne, Laissant a-mis

Trop mi don - na à penser Ains

et mai-sons et har- nois,

que je le peusse ou-vli-er,

Et fui - ent, chà deus,

Or voi je bien sans douter que

chà trois, Sous - pi-

loiaus hom est perdus qui veut

rant en terre es-tran-ge.

a-mer. Ne nus che m'es avis

ne s'en doit merler; Fors chil qui

bé-e A ser-vir de quiller.

II

1. DE MA DAME. — 2. DIEX COMENT. — 3. OMNES.

De ma Dame vient li

Diex co-ment por-roi-

dous maus que je trai Dont je

ie trouver joie D'aler à

mor-rai, S'esperanche ne

che-lui qui a-mi-e-te je sui

me retient; Et la grans joie

Chaintu-re-le va i en lieu

Omnes.

que j'ai; Car j'aperchoi

de mi, Car tu fus sieve de aus-

bien et sai C'on m'a gre-vé et

si Si m'en conquer-ra miex;

mel-lé, Si qu'ele m'a tout ein-

Mais coment serai sans ti Dieus

si qu'en trovullié Qui en soloie

chaintu-re-le mar le vi

estre au de-seure. Diex quant

Au deschain-dre m'ochies

ven-ra l'eure Qu'aie à li

De mes griétés à vous me con-

par-lé; Et de chou qu'on m'a

for-toi-e Quant je vous sen-

mis seu-re Mi es-cu-sé

toie, Ai-mi! A le sa-veur

Omnes.

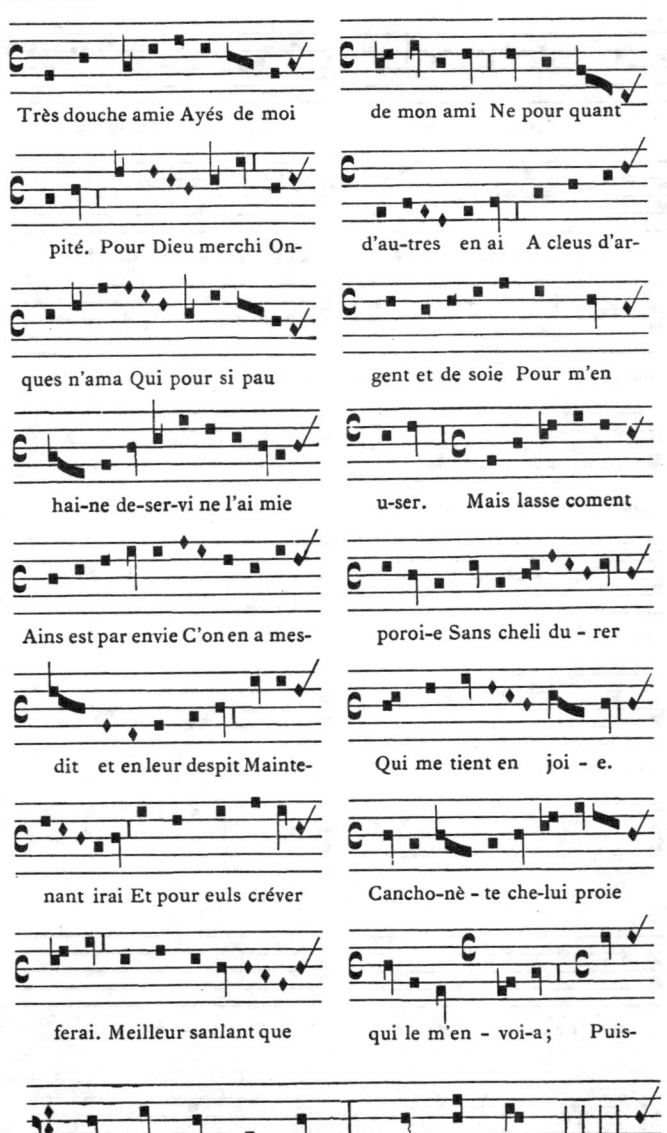

Très douche amie Ayés de moi

de mon ami Ne pour quant

pité. Pour Dieu merchi On-

d'au-tres en ai A cleus d'ar-

ques n'ama Qui pour si pau

gent et de soie Pour m'en

hai-ne de-ser-vi ne l'ai mie

u-ser. Mais lasse coment

Ains est par envie C'on en a mes-

poroi-e Sans cheli du – rer

dit et en leur despit Mainte-

Qui me tient en joi – e.

nant irai Et pour euls créver

Cancho-nè – te che-lui proie

ferai. Meilleur sanlant que

qui le m'en – voi-a ; Puis-

je ne de-ve - roi - e Fui-

que jou ne puis aler là Qu'il

te gai - té fais me voi - e Par

en viengne à moi Chi droit

chi pas-se gent de joie Tart m'est

a jour fail - li Pour fai-re

que gi soie Encore mi a - vés

tous ses bons.   Et il

vous mu-si Si serai de miex de li

mor-ra quant il ert

Conques ne fu se seulete an cui

poins Can-ter à hau-

en un destour Truis ma-miet-

te vois: Par chi va

te   La douchete La sade-

la   mi - gno - ti-

III

1. ENTRE ADAM ET HANIKIEL. — 2. CHIEF BIENSÉANT. — 3. APTATUR.

Ms. de Montpellier.

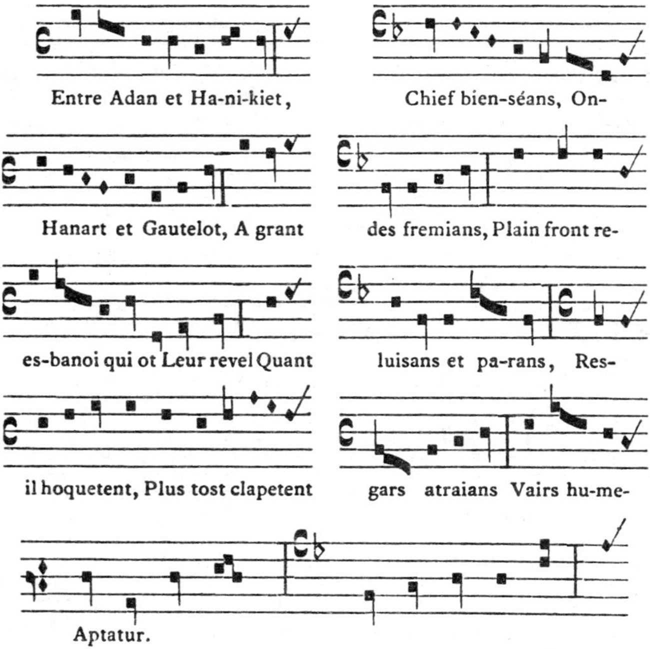

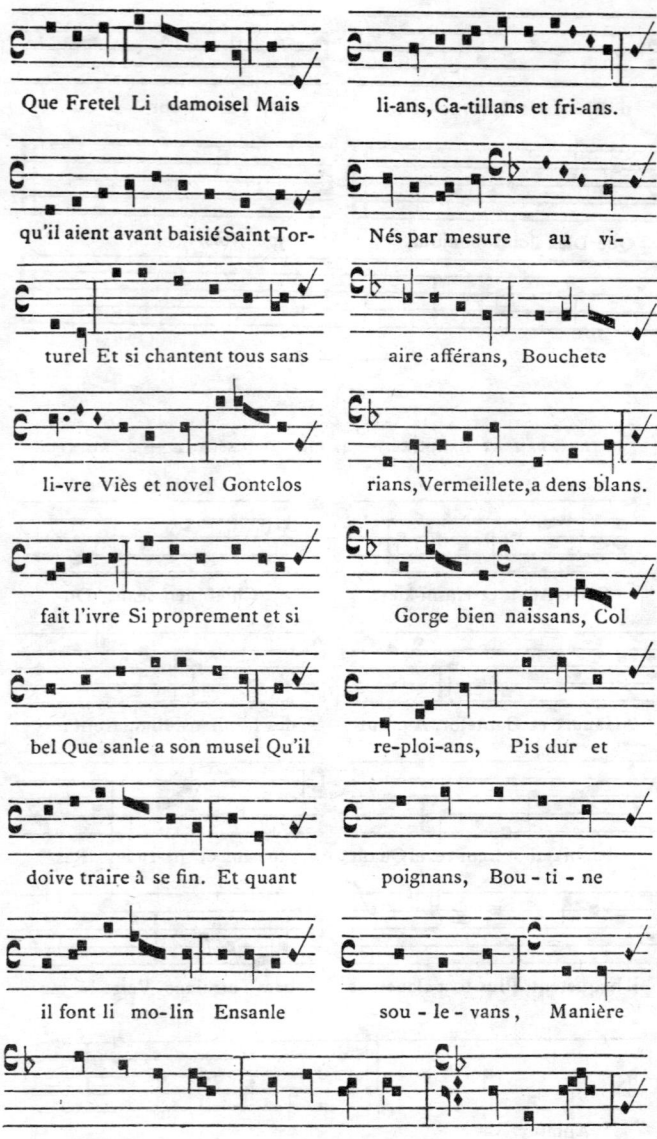

Que Fretel Li damoisel Mais

li-ans, Ca-tillans et fri-ans.

qu'il aient avant baisié Saint Tor-

Nés par mesure au vi-

turel Et si chantent tous sans

aire afférans, Bouchete

li-vre Viès et novel Gontclos

rians, Vermeillete, a dens blans.

fait l'ivre Si proprement et si

Gorge bien naissans, Col

bel Que sanle a son musel Qu'il

re-ploi-ans, Pis dur et

doive traire à se fin. Et quant

poignans, Bou - ti - ne

il font li mo-lin Ensanle

sou - le - vans, Manière

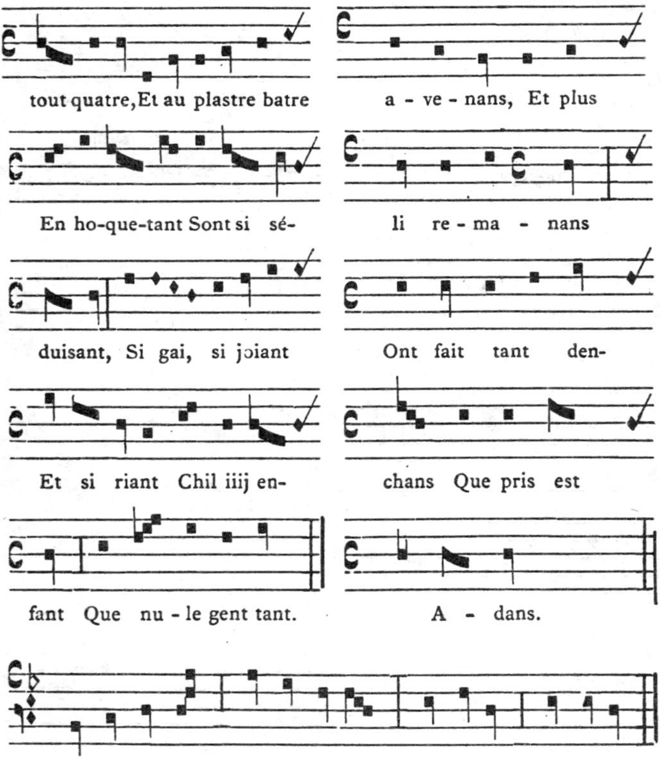

tout quatre, Et au plastre batre

a - ve - nans, Et plus

En ho-que-tant Sont si sé-

li re - ma - nans

duisant, Si gai, si joiant

Ont fait tant den-

Et si riant Chil iiij en-

chans Que pris est

fant Que nu - le gent tant.

A - dans.

IV

1. J'OS BIEN MAMIE. — 2. JE N'OS A MA MIE. — 3. SECULUM.

J'os bien à m'amie par-

Je n'os à ma mie a-ler

Seculum.

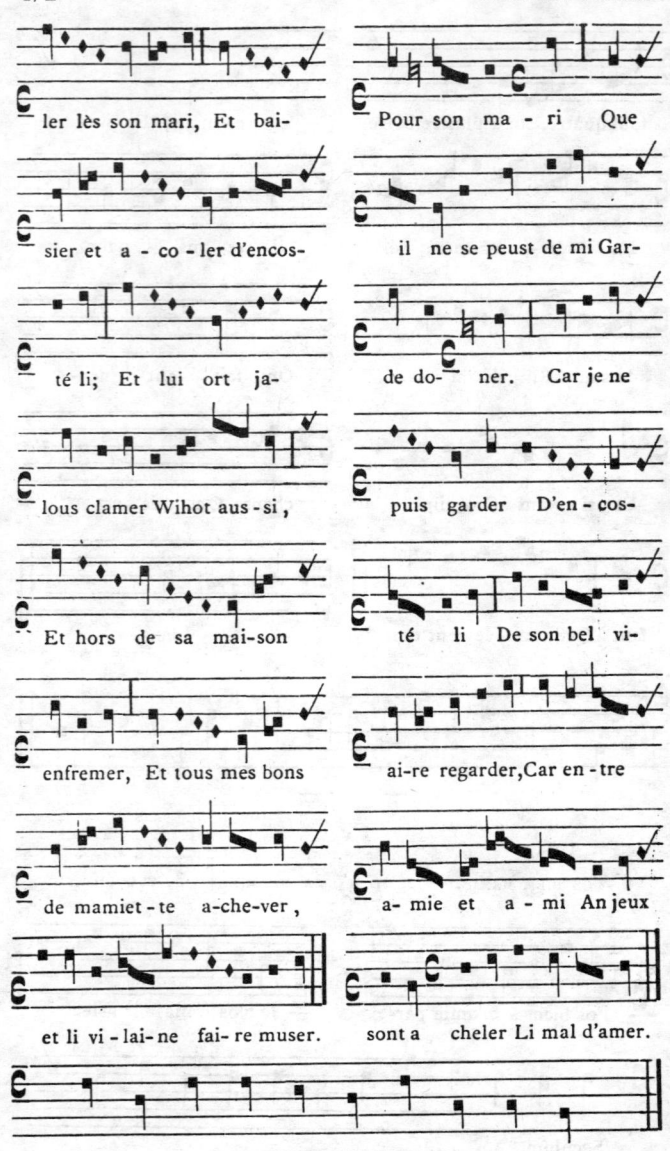

ler lès son mari, Et bai-

Pour son ma-ri Que

sier et a-co-ler d'encos-

il ne se peust de mi Gar-

té li; Et lui ort ja-

de do-ner. Car je ne

lous clamer Wihot aus-si,

puis garder D'en-cos-

Et hors de sa mai-son

té li De son bel vi-

enfremer, Et tous mes bons

ai-re regarder, Car en-tre

de mamiet-te a-che-ver,

a-mie et a-mi An jeux

et li vi-lai-ne fai-re muser.

sont a cheler Li mal d'amer.

V

1. J'AI ADÈS D'AMOURS CHANTÉ. — 2. OMNES.

J'ai a-dès d'amours chanté et ser - vi En bon

es-poir Ma dame et si ai guerpi pour li a-voir

Escole a - mis et avoir Est che dont drois k'amour mi

Lais-sant ne - nil voir.

Omnes.

LI GIEUS DE ROBIN ET DE MARION

C'ADANS FIST.

MARIONS.

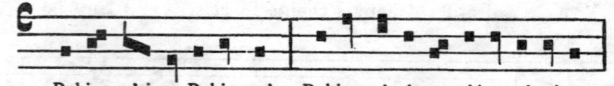

Robins m'aime, Robins m'a; Robins m'a deman-dé - e, si m'ara.

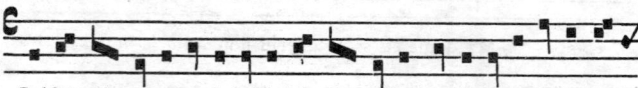

Robins m'a - ca-ta co-tè- le D'escar - la - te bone et bè-le, Souskanie et

chaintu-rèle, A leur i - va. Robins m'aime, Robins m'a; Robins m'a

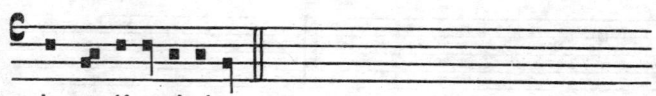

de - man-dé - e, si m'ara.

LI CHEVALIERS.

Je me re-pai-roi-e du tournoi-ement. Si trouvai Ma-ro-te seu-

lete au cors gent.

MARIONS.

Hé! Ro-bins, se tu m'ai - mes, Par a-mours mai - ne m'ent.

MARIONS.

Vous perdez vos paine, sir Aubert; Je n'a-merai au-trui que Robert.

MARIONS.

.Ber-ge-ronnè-te sui; mais j'ai A - mi bel et cointe et gai.

MARIONS.

Trai-ri, de-luriau, deluriau, de-lu-rie-le; Trairi, de-lu-riau,

de - lu - riau, de - lu - riau, de - lu - rot.

LI CHEVALIERS.

Hui main jou chevauchoie Lès l'o-riè-re d'un bos;

Trouvai gentil bre-giè-re, Tant bè-le ne vit roys. Hé, Trai-ri,

de-luriau, de-luriau, de-lu-rie-le; Trairi, de-luriau, de-luriau, de-lurot.

MARIONS.

Hé! Robe-chon, deure leure va; Car vien à moi leure leure,

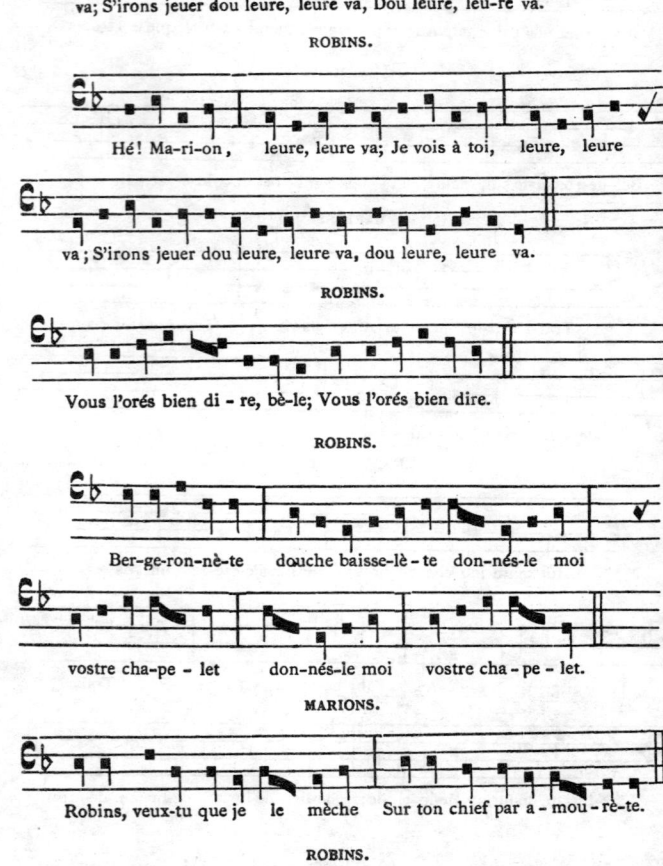

va; S'irons jeuer dou leure, leure va, Dou leure, leu-re va.

ROBINS.

Hé! Ma-ri-on, leure, leure va; Je vois à toi, leure, leure

va; S'irons jeuer dou leure, leure va, dou leure, leure va.

ROBINS.

Vous l'orés bien di - re, bè-le; Vous l'orés bien dire.

ROBINS.

Ber-ge-ron-nè-te douche baisse-lè-te don-nés-le moi

vostre cha-pe - let don-nés-le moi vostre cha - pe - let.

MARIONS.

Robins, veux-tu que je le mèche Sur ton chief par a - mou - rè-te.

ROBINS.

O - il et vous se-rez ma - mi - èt-e Vous a-ve-rez ma chain-

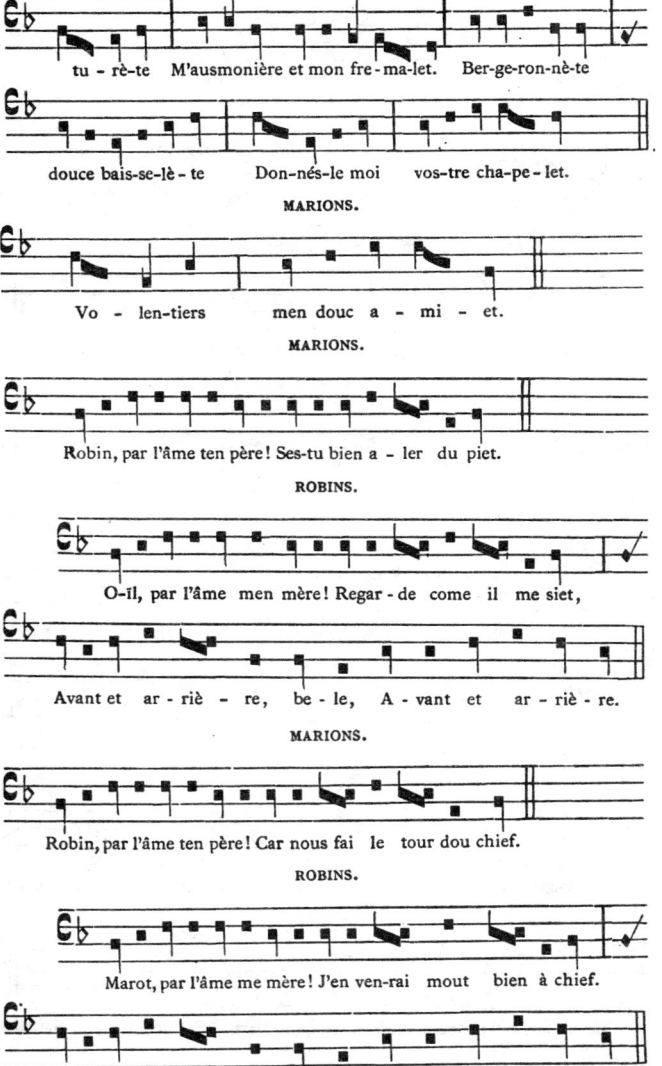

tu - rè-te M'ausmonière et mon fre - ma-let. Ber-ge-ron-nè-te

douce bais-se-lè - te Don-nés-le moi vos-tre cha-pe - let.

MARIONS.

Vo - len-tiers men douc a - mi - et.

MARIONS.

Robin, par l'âme ten père! Ses-tu bien a - ler du piet.

ROBINS.

O-ïl, par l'âme men mère! Regar - de come il me siet,

Avant et ar - riè - re, be - le, A - vant et ar - riè - re.

MARIONS.

Robin, par l'âme ten père! Car nous fai le tour dou chief.

ROBINS.

Marot, par l'âme me mère! J'en ven-rai mout bien à chief.

I fait-on tel chiè - re be - le, I fait - on tel chiè - re.

MARIONS.

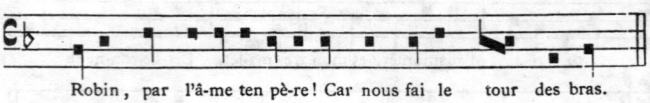

Robin, par l'â-me ten pè-re! Car nous fai le tour des bras.

ROBINS.

Marot, par l'âme men mère! Tout ain – si con tu vaurras.

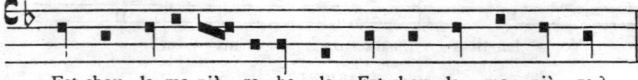

Est chou la ma-niè - re, be-le, Est chou la ma - niè - re?

MARIONS.

Robin, par l'âme ten père! Ses-tu ba – ler au se - rain?

ROBINS.

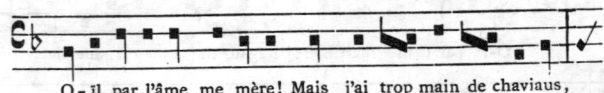

O - ïl, par l'âme me mère! Mais j'ai trop main de chaviaus,

De - vant que der - riè-re, be-le, De - vant que der-riè-re.

MARIONS.

J'oï Robin fla - go - ler au fla-gol d'ar-gent, au flagol d'ar-gent.

GAUTIERS

Hé, re-veil-le-toi, Robin, Car on enmaine Marot. Car on enmai-ne Marot.

LI COMPAIGNIE.

Aveuc te - le com - pai - gni - e Doit-on bien joi - e mener.

ROBINS.

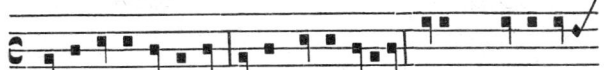

J'ai encore un tel pasté Qui n'est mi-e de lasté, Que nous mangerons,

Marote, bec à bec et moi et vous. Chi me r'atendés, Marote, Chi venrai parler à vous.

ROBINS.

Que jou ai un tel capon Qui a gros et gras cre - pon,

Que nous man - ge - rons, Ma - ro - te, Bec à bec, et moi et vous.

GAUTIERS.

Au - di - gier dist Raim - bri - ge, bou - se vous dist.

ROBINS.

Ve - nés a - près moi ve - nés Le sen - tè - le

le sen - tè - le le sen - tè - le Les le bos.

Composition réalisée par INTERLIGNE

IMPRIMÉ EN FRANCE PAR BRODARD ET TAUPIN
Usine de La Flèche (Sarthe).
Librairie Générale Française - 6, rue Pierre-Sarrazin - 75006 Paris.
ISBN : 2 - 253 - 06656 - 7   ✥ 30/4543/2